プラットフォーム革命

経済を支配するビジネスモデルはどう機能し、どう作られるのか

MODERN MONOPOLIES

What It Takes to Dominate the 21st Century Economy

Alex Moazed & Nicholas L. Johnson

アレックス・モザド
ニコラス・L・ジョンソン
藤原朝子 訳

英治出版

MODERN MONOPOLIES

What It Takes to Dominate the

21st-Century Economy

by

Alex Moazed and Nicholas L. Johnson

ジャネットとボニー、私たちの知る二人の最高の母に

プラットフォーム革命　目次

第3章
限界費用ゼロの会社 110

第4章
現代の独占
プラットフォーム資本主義と勝者総取り経済 136

第5章
ビリオンダラー企業をデザインする
コア取引がティンダーの成功を説明する理由 154

第6章
見える手
プラットフォームの四つのコア機能 176

第7章
ネットワークに仕事を任せよう 222

第8章 なぜプラットフォームは失敗するのか、どうすれば失敗を避けられるのか

結論

次のビッグチャンスを見つける方法

＊原注は番号を振って巻末に掲載。
＊訳注は本文中に〔　〕で記した。

プロローグ

燃えるプラットフォーム

２０１１年2月、ノキアは難題にぶつかっていた。携帯電話技術で圧倒的な地位にあったのは過去の話。いまやライバルに大きく水をあけられていた。10年以上も世界一の携帯電話端末メーカーだったのに、今はシェアを奪われるばかりだ。それも猛スピードで。

きっかけは、２００７年のアップルのｉＰｈｏｎｅ発売と、翌年のグーグルのスマートフォン向けＯＳ「アンドロイド」のリリースだった。二つのソフトウエア・プラットフォームは、それまでハードウエアが中心だった業界で大成功を収めた。ノキアは手も足も出なかった。ノキアのＯＳ「シンビアン」は時代遅れなうえに、対応アプリを開発しにくいことで知られた。次世代ＯＳ「ミーゴ」は、まだ世に出す準備ができていなかった。

あっという間の出来事だった。フィンランド企業のノキアは、もともと木材からゴム製品まで、多様な事業を手掛けるコングロマリットだった。ところが30年ほど前から業績は右肩下がりに。そこで1980年代末~1990年代初め、携帯電話事業への集中を決めた。アメリカ経営協会(AMA)はこの決定を、「史上最高の経営判断50」に選んだ。それだけに、今度のピンチも奇跡的に乗り越えられるのでは、という期待がノキア内部にあったのは無理もない。

2010年9月、ノキアはマイクロソフトの元幹部スティーブン・エロップを最高経営責任者(CEO)に迎え入れ、起死回生を託すことにした。

エロップは着任早々、重大な選択を迫られた。ノキアは次世代OSの開発を続けるべきか、それとも独自のOS開発を断念して、ライバルのOSを採用するべきか――。2011年1月の時点では、経営陣は独自OSの開発続行に傾いていた。ところがあるミーティングを境に、エロップは考えを改めた。シンビアンの開発責任者であるジョー・ハーロウが、新OSミーゴは「未完成」であり、完成するまでの時間をシンビアンでしのぐのは不可能だという見方を示したのだ。では、このOSを採用するべきか。アップルの「iOS」は、同社の厳しい管理を受けることになるから、ありえない。であれば、誕生間もない「ウィンドウズフォン」かアンドロイドのどちらかだ。[1]

エロップは、この劇的な方向転換と、硬直的な社内機構の改革を実現するには、思い切った措置が必要だと考えた。そこで2011年2月4日、のちに「燃えるプラットフォームのメモ」と呼ばれるようになるメッセージを、全社員宛てに送った(その全文が2日後にリークされた)[2]。このなかでエロップは、ノキアが直面している状況を、石油プラットフォームで火災に巻き込まれた作業員になぞらえた。「炎は目の前まで迫っており、どうするか数秒で決めなくてはいけない。プラットフォームにとどまって煙に巻かれるか。それとも30メートル下の凍てつく海に飛び込むか。男は『燃えるプラットフォーム』で選択を迫られた」。結局、男は海に飛び込み、予想に反して命拾いをした。その経験は、男のその後の生き方を大きく変えた――。このたとえ話が、ノキアの置かれた状況を意味するのは明らかだった。「私たちも『燃えるプラットフォーム』に立っている」と、エロップは書いている。「そして今後のあり方をどう変えるか決めなくてはならない」

エロップは、当時ノキアが直面していた多くの問題に詳しく言及した。「第一世代iPhoneが発売されたのは2007年だが、ノキアはいまだに、それに近いエクスペリエンスを約束する商品を提供できていない。アンドロイドのリリースは2年前だが、今週、アンドロイド端末は販売台数でノキアの首位を奪った」。ノキアは独自のOSミーゴで対抗するはずだったが、「年内に発売されるミーゴ端末は、わずか一機種になるかもしれない」。一方、時代遅れのシンビアンは、「(対応アプリを)開発しにくいOSであることが明らかに」なり、「(対応機種の)開発の遅れにつながっている」。もっと悪いことに、ノキアは高位機種の市場ではアンドロイド端末とiPhone、低価格機種の市場では中国メーカーにはさみ打ちにされていた。

いずれも深刻な問題だが、それらはたった一つの大きな失敗から生じた「症状」に過ぎないと、エロップは暗に認めた。すなわちノキアは、ソフトとハードの統合という画期的なトレンドを逃してしまったのだ。ノキアは相変わらず端末メーカーとして考え、行動していた。だが今、スマートフォン業界で一番重要なのは端末ではない。プラットフォームだ。

「われわれは武器さえ間違った」とエロップは語った。「いまだにどの価格帯でも、端末ベースで競争しようとしている。（だが）現在の戦いは端末ではなく、エコシステムの戦いになった（強調追加）」

シンビアン開発チームを率いるハーロウも翌月、フィナンシャル・タイムズ紙に同様の考えを語っている。「業界が変わっていくなか、ノキアはデバイス中心からソフト中心に移行するスピードが遅かった。……もっと素早く移行できていたら、今の状況は違っていただろう[3]」

ノキアは、端末の仕様や機能で戦うことに慣れていた。だがエロップは、「われわれのライバルは、端末によってシェアを奪っているのではない。エコシステム全体でノキアのシェアを奪おうとしている」と明言した。

エロップは正しかった。ｉＯＳとアンドロイドは、無数の消費者とアプリ開発者を結びつけることによって、今までにない巨大なネットワークを構築するプラットフォーム・アプローチを取っていた。そのプラットフォームが勝利を収めたのは、機能や技術が優れていたからではない（当時はノキアの一部端末のほうが高い評価を得ていた）。新しい市場を生み出し、新しい価値の源を活用できたからだ。エロップはそのことに気がついたが、すでに手遅れだった。

ノキア社員へのメッセージがリークされた2日後の２０１１年2月11日、エロップはウィンドウズフォンの採用を発表した。エロップは当初、アンドロイドを選ぶべきか迷い、グーグルと話し合いもしていた。だが、アンドロイド端末はすでに多数存在したため、競争が激しいと考えて、採用を断念したのだった。

だが、残念ながら、この決断も失敗だった。それからの数年、ノキアもウィンドウズフォンも健闘したとは言えなかった。

試行錯誤を重ねた結果、エロップは2013年9月3日、携帯電話端末事業を72億ドル相当でマイクロソフトに売却することを発表した(4)。ノキアはそれまでの戦略の失敗を認め、サプライチェーンを含む生産設備すべてを手放して、技術や知的所有権のライセンス会社になることを決めた。

2014年初めまでに、ノキアの時価総額は300億ドルに落ち込んだ。10年前は2000億ドルだったことを考えると、驚くほどの減少だ。ノキアが「燃えるプラットフォームにいる」というエロップのたとえは正しかった。だが、そのたとえ話に出てくる石油作業員と違って、ノキアは生き残れなかった。

プラットフォームの覚醒

「燃えるプラットフォーム」のメモがリークされたことで、シンビアンは大打撃を受けた。時代遅れで、iOSやアンドロイドほどの勢いはなかったものの、携帯電話のOSとしては最大のシェアを握っていた。新たなライバルの台頭に長くは対抗できなかっただろうが、エロップのメモはその衰退を加速した。

常識的に考えれば、CEOが自社の看板商品をけなすコメントをするなんてありえない。しかも後継品は完成していない。市場はそれに敏感に反応して、ノキア株は急落した。エロップはのちに、自分の書いたメモが、ノキアに打撃を与えたことを認めている。ノキアの取締役会でも厳しく非難された。だが、現代の企業経営者なら、ノキアの凋落を経営者の力量不足のせいと決めつけるのは間違いだ。

むしろノキアの崩壊は、もっと大きな現象の一部であり、これからも多くの会社がその犠牲になるだろう。携帯電話業界は、特殊な業界と考えられがちだ。要するにシリコンバレーを中心とするテクノロジー業界であり、カルチャーも世界観も実体経済の主要業界とは根本的に異なると考える人が多い。だが、スマートフォン戦争は特殊なものではなく、あらゆる業界に警鐘を鳴らす出来事だ。もしあなたが、自分の会社はノキアの置かれた状況とは無縁だと思っても、いずれ似たような事態に直面するだろう。なぜならテクノロジーは組織の定義を変え、業種の境界線を動かしたり、すっかり取り払ったりして、経済全体を再編しつつあるからだ。

ノキアの全盛期から現在までの間に、企業の経営環境は根本から変わった。業界のトップ企業も、数年後には落ちこぼれる可能性がある。60年前、アメリカの代表的株価指数S＆P５００種を構成する企業の「平均寿命」は50年超だったが、今は15年以下だ。この大変動は、既存の企業にとてつもないリスクと、巨大なチャンスをもたらす。この時代の変わり目を最大限に利用するには、その変動がなぜ起きているのか、どうすれば利用できるのかを理解する必要がある。あなたにその知識をもたらすこと、それが本書の最大の目的だ。

ノキアのトップに就いたエロップは、正しい方向性を示した。だが、もはや手遅れだった。「なぜ、ノキアはこんな風になってしまったのか」と、エロップは問いかけた。「なぜ、世界が進化しているのに、ノキアは取り残されてしまったのか」。それはノキアが、それまでの10年間に社会と経済で起きていた劇的な変化を見落としたからだ。その変化は、ビジネスのやり方を根本的に変えた。それを見誤れば、ノキアのような業界のトップ企業でさえ、燃えるプラットフォームに立たされる。それに正しく対処すれば、とてつもなく莫大な利益の分け前にあずかれる。

産業革命がそうだったように、この変革は私たちができることを急速に増やすだろう。10年前は不可能と考えられていた多くのタスクが、今では当たり前のように行われている。こうした技術革命が社会と経済にもたらす変化がいかに大きなものかは、きちんと理解されてこなかった。

だが、テクノロジーだけで世界が変わるわけではない。本書は、人が企業、モノ、そして他人と関わる方法も変わりつつあることを示す。それは21世紀初めのモバイル技術の普及とともに始まったシフトであり、まだ始まったばかりだ。その変化を示す例は、私たちの身近な場所で見つかる。たとえば、10年前なら、テクノロジーおたくだけの関心事と思われていたこと（無線接続やソーシャルメディア）が、いまや巨大ビジネスの中核をなすようになった。その結果、これから長期にわたり、新しいビジネスモデルが伝統的な組織構造を脅かすだろう。

この新しいビジネスモデルとは、プラットフォームだ。すなわち相互に依存する複数のグループを結びつけ、すべてのグループが恩恵を得られるようにするビジネスだ。プラットフォーム・ビジネスは、伝統的なビジネスとは大きく仕組みが異なる。既存のビジネスのほとんどは、現在のようなコネクテッドネス（つながり）など想像もできなかった20世紀の考え方に基づいてできている。簡単に言うと、プラットフォームは消費者とプロデューサー（モノやサービスやコンテンツを作ったり提供したりする人）を結びつけて、モノやサービスや情報の交換を可能にする。たとえば、イーベイ（ebay）は買い手と売り手を結びつけるし、iOSやアンドロイドは消費者とアプリ開発者を結びつける。ウーバー（Uber）は乗客とドライバー、エアビーアンドビー（Airbnb）は旅行者と住宅所有者を結びつける。こうしたプラットフォームは新しい市場を作り、そのネットワークとビジネスを、ごく最近まで想像もできなかった規模に拡大した。

現在、世界で最も成功した企業の一部は、プラットフォーム・ビジネスモデルを中核に据えている。2016年初めの時点で、時価総額で全米最大の企業であるアップルとグーグル（アルファベット）は、どちらもプラットフォーム・ビジネスを展開している。「アップルって、iPhoneなどの端末と、iOSなどのソフトウエアを作っている会社じゃないの？」と思う人は多いだろう。そのとおりだが、近年アップルがとてつもない成長を遂げているのは、モノやアプリを作る会社から、プラットフォーム企業に移行したからだ。もはやアップルは、ハードウエアとソフトウエアを作るだけの会社ではない。iOSやiTunes、アップストア（App Store）を通じて、ありとあらゆるデジタル製品の売り手と買い手を結びつけるプラットフォームを提供しているのだ。のちほど詳しく説明するが、このプラットフォームによって、アップルはスマートフォン市場首位の座をノキアから奪った。

同様に、グーグルを単なるソフトウエアメーカーと考えたら、その成功の理由を見落とすことになる。検索エンジンやアンドロイドなど、グーグルの中核的サービスは、すべてプラットフォームだ。アンドロイドを見ればわかるように、グーグルは核となる検索プラットフォームを使って、まったく無関係に見える市場に新しいプラットフォームを構築するのが非常にうまい。そして最近の貪欲な企業買収を見る限り、グーグルがプラットフォームを構築しようとしているのは、スマートフォンの世界にとどまらないようだ。すでにグーグルは、ウエアラブル端末とヘルスデータ、さらにはコネクテッドカーのプラットフォームをリリースしているほか、最近買収したネスト（Nest）を武器にコネクテッドホームの市場にも参入しようとしている。ウーバーのような配車サービスに乗り出すという噂もある。アマゾンのようなネットショッピングと配達を組み合わせたプラットフォームの実験も行っている。

先にも述べたように、プラットフォームは私たちの経済で支配的な地位を築きつつある。それは今後も変わらないだろう。プラットフォーム・ビジネスは今後数十年にわたり、拡大を続けるに違いない。

有名なヘンリー・フォードの組み立てラインは、産業革命の技術革新によって可能となり、産業と社会の両方を一変させた。プラットフォームも私たちの働き方、ビジネスのやり方、そして他人とのつながり方に革命を起こして、産業と社会をがらりと変えるだろう。

こうしたパワーバランスのシフトは、エロップが「エコシステムの戦争」と呼んだものの一つだ。プラットフォームはエコシステムを作るが、プロダクトはエコシステムを作れない。アップルとグーグルは2000年代末にプラットフォーム企業になったが、ノキアはなれなかった。

その結果、ノキアの企業価値は大幅に減少し、かつて自慢だった携帯電話事業部門は、ピーク時の数分の一の評価額で売却された。これに対してアップルとグーグルは、自己変革を続けることで圧倒的な成功を収めた。そして積極的な企業買収を進め、コネクテッドホームやコネクテッドヘルスケア、コネクテッドカーなど新しい市場に進出している。こうした業界の既存企業は、これから起こることを覚悟したほうがいい。現代の世界では、勝利するのはプラットフォームなのだ。

進行中の危機

ノキアが燃えるプラットフォームにいたとき、カナダのウォータールーでも火事が起きようとしていた。ブラックベリー（当時はリサーチ・イン・モーション、ＲＩＭ）が、業界首位から転落する危機に陥っていたのだ。

株価は大幅に下がり、市場シェアも縮小したため、創業者で長年共同ＣＥＯを務めてきたマイク・ラザリディスとジム・バルシリーは、株主から辞任を求められた。ごく最近までスマートフォン市場を圧倒してきたＲＩＭにとって、愕然とするような展開だ。フォーチュン誌が、ＲＩＭを世界最速の成長企業に選んだのは２００９年のこと(5)。それからわずか数年で、ＲＩＭの時価総額は激減してしまった。ラザリディスとバルシリーは株主の怒りをなだめるために、社外取締役による委員会を設置して、管理体制の見直しを図ることにした。結局、ラザリディスとバルシリーは辞任に追い込まれたが、新ＣＥＯのトールステン・ハインズは社内の生え抜きで、やはり抜本的な構造改革を怠った。このためＲＩＭは衰退を続け、ハインズも２０１３年11月に更迭された。

なぜＲＩＭは落ちぶれたのか。２０００年代半ばは、スマートフォンといえばブラックベリーのことだった。それが数年後には、ブラックベリーは笑いの種になっていた。ノキア同様、ＲＩＭの転落を経営ミスと決めつけるのは簡単だ。たしかにいま考えれば、ラザリディスとバルシリーがこの業界について長年言ってきたことは、明らかに間違っていた。タッチスクリーンを採用したｉＰｈｏｎｅとアンドロイド端末が、ブラックベリーのシェアを奪い始めたとき、ラザリディスはＱＷＥＲＴＹキーボードを「最もエキサイティングなモバイルトレンド」と評したのだ。(6)

多くの人がブラックベリー凋落の原因として指摘するのは、まさにこの点だ。ラザリディスとバルシリーはトップに長居しすぎた。ＲＩＭはイノベーションをやめてしまった。動きが鈍すぎて、独創的なプロダクトを生み出せなかった。組織が官僚的すぎた。経営判断を誤ったせいで、ｉＰｈｏｎｅから手痛い一撃を食らい、アンドロイドに息の根を止められた――。アナリストたちは決まってそう言う。

こうした要因がブラックベリーの凋落につながったのは事実だ。けれども、そこにはもっと単純な理由があった。すなわちプラットフォームが勝負の世界で、ＲＩＭはプロダクトカンパニーの考え方を捨てられなかったことだ。ブラックベリーはキーボードにこだわったが、実はそれはさほど重要な魅力ではなかった。市場を支配するカギは基本システムと、アプリ開発者のネットワークだったのだ。

「そのためのアプリがあります……」

１９９９年に登場したブラックベリーは、スマートフォンのパイオニアと言っていい。のちに

ＣＥＯとなるハインズによると、ＲＩＭはブラックベリーの使命を明確に理解していた。[7] だから
バッテリー寿命と、文字入力のしやすさ、セキュリティー、そしてデータ圧縮に注力した。これら
の点ではブラックベリーは成功した。メッセージングアプリのブラックベリー・メッセンジャーも
大ヒットして、ブラックベリーの「キラーアプリ」になった。

それから5年間、ブラックベリーは信頼性とセキュリティー、そして画期的なＱＷＥＲＴＹキー
ボードが支持されて、スマートフォンの代名詞になった。ビジネスユーザーにとって、ブラックベ
リーはマストアイテムとなり、ポップカルチャーでも広く目につくようになった。世界の大統領、
首相、ＣＥＯ、セレブがブラックベリーを愛用し、「ブラックベリー中毒」という意味の「クラッ
クベリー」という造語まで登場し、そのためのウェブサイトまで生まれた。

ＲＩＭは、魔法の成功のレシピを見つけたかにみえた。２００６年末までに、ブラックベリーは
アメリカのスマートフォン市場で40％近いシェアを握った。

そこにｉＰｈｏｎｅが登場した。２００７年1月9日のことだ。

たちまちｉＰｈｏｎｅは社会現象なみの話題になったが、ＲＩＭの経営陣は、ｉＰｈｏｎｅなんて大
したスマートフォンではないと、真剣に受け止めなかった。ブラックベリーのクオリティーには到
底及ばないというのだ。伝統的な基準で考えれば、その見方は正しい。ｉＰｈｏｎｅはバッテリー寿
命が短かったし、内蔵メモリを食い過ぎて、セキュリティーにも不安があった。それにタッチパネ
ルはユーザーに支持されないと、ラザリディスは考えた。

「ちっぽけなガラス（のディスプレイ）をタイプするなんて、万人向けじゃない。ノートパソコン

にも電話にも物理的キーボードがあるじゃないか。デザイン的に（ｉＰｈｏｎｅよりもブラックベリーのほうが）優位だと思う[8]」

ＲＩＭの経営陣は、ブラックベリーの優れたハードウエアが勝つと信じて疑わなかった。特にメール中毒のユーザー、つまりビジネスユーザーという中核市場では、ｉＰｈｏｎｅはブラックベリーに太刀打ちできないはずだと確信していた。ブラックベリーはビジネスユーザーのマストアイテムであり、企業はセキュリティーの怪しい（しかも1回の充電で1日もたない）デバイスに乗り換えるはずがない――。

こうしてＲＩＭは、ｉＰｈｏｎｅは目新しい商品にすぎないと決めつけて、引き続き既存のユーザーのニーズに応えることに力を注いだ。だが、実のところＲＩＭは、成功したビジネスモデルを捨てるのが怖かったのだ。時代遅れ気味のＯＳを一新するのは容易ではなく、長い時間がかかるだろう。バルシリー自身、それを認めている。２０１１年4月、バルシリーはニューヨーク・タイムズ紙に、「（企業が自身のビジネスモデルを抜本的に改革した）例はほとんどない」と語っている。なぜなら「テクノロジー企業にとって、それは死を意味する」からだ。もし「皮肉な予言大賞」というものがあれば、これほどぴったりなコメントはないだろう[9]。

自信満々のＲＩＭの共同ＣＥＯは、恐ろしく間違っていた。ｉＰｈｏｎｅは爆発的にヒットしたのだ。ただ一点において、ＲＩＭは正しかった。ブラックベリーを採用している企業は、ｉＰｈｏｎｅに乗り換えない、というものだ。だが、個人は違った。誰もがｉＰｈｏｎｅをほしがった。だから、さほどたたないうちに、企業は「個人所有の機器の持ち込み可（ＢＹＯＤ）」というポリシーを定めて、社員が自分の好きなスマートフォンを使えるようにせざるをえなくなった。当然、会社にｉＰｈｏｎｅの採用を求める社員も増えた。

さらにＲＩＭにとって悪いニュースが続いた。ｉＰｈｏｎｅの大ヒットで、新たなライバルが参入してきたのだ。２００７年11月5日、グーグルがスマートフォン向けＯＳのアンドロイドをリリース。アンディー・ルービン取締役（モバイルプラットフォーム担当）は、アンドロイドは「モバイル端末初の、真にオープンかつ包括的なプラットフォーム」だと胸を張った。[10] オープンなプラットフォーム、すなわちソースコードを公開したことで（アップルの閉鎖的なやり方とは対照的だ）、アンドロイドはユーザーに大きな価値を提供し、とてつもない成長を見せた。さらにアンドロイドのリリースと同時に、グーグルは「オープン・ハンドセット・アライアンス（ＯＨＡ）」を立ち上げた。これはアンドロイド端末の開発を推進するコンソーシアムで、モトローラ、サムスン、ＨＴＣなどの端末メーカーから、スプリント、ネクステル、Ｔモバイルなど携帯電話事業者（通信キャリア）まで30社以上が参加していた。グーグルはアンドロイドとＯＨＡを「オープンなエコシステム」の基盤と位置づけ、イノベーションを促して、スマートフォン用ＯＳの標準規格を作り、それを無償提供しようと考えた。

グーグル勢とＲＩＭの違いは歴然としていた。ＲＩＭは、閉鎖的な独自ＯＳに基づき、対応アプリの開発を厳しく管理した。アップルも当初は、ハードとソフトを厳しく管理する戦略をとった。ところがグーグルは、多くのアプリ開発者が参加する無敵艦隊を作ることにした。すでにライバルがひしめく市場に、ただ参入するのとは違う、もっと劇的な計画だ。

アンドロイドが対応アプリを開発しやすい設計になっていたのに対して、ブラックベリーはビジネスユースを念頭に置いている点も違った。ラザリディスとバルシリーは、ブラックベリーの主要顧客である大手企業のＩＴ部門トップが、ｉＰｈｏｎｅのようなセキュリティーの弱い端末を認めるはずはないと考えた。ところがグーグルのアプローチ（アップルもアップストアによってすぐに追随した）で最も重要なのは、アプリ開発者とユーザーの両方にとって魅力的なプラットフォームを構築することだった。そして市場は、このプラットフォーム戦略のほうを、はるかに魅力的と受け止めた。ＲＩＭが見誤ったのはそこだ。真の顧客は法人ではなく、最新の端末向けにアプリを作る末端のアプリ開発者や、買い物客に商品を勧めるステープルズ（オフィス用品大手）の店員だった。だが、ＲＩＭがそこに気づくことはなかった。

ノキアと同じで、ＲＩＭは市場を読み誤った。ＲＩＭは機能や仕様という古い物差しで競争することに慣れきっていた。だが、シリコンバレーからやってきた新参者たちは、そのフォーマットを一変し、スマートフォン業界を自分たちが得意なプラットフォーム・ビジネスにした。グーグルによって、ＲＩＭの競争相手は単なる別の機種ではなくなった。多数の端末メーカーからなるアンドロイドのエコシステム全体になったのだ。

その影響はすぐに現れた。ＲＩＭの２００８年第1四半期および第2四半期の収益は予想を下回った。それでもＲＩＭは方針を変えないどころか、昔ながらの戦略を強化した。おなじみのＱＷＥＲＴＹキーボードとトラックボールを持つ、さらにハイスペックな「ブラックベリーボールド」を発売したのだ。それでも悪い流れは断ち切れなかった。２００８年10月、ｉＰｈｏｎｅは月間販売台数で初めてブラックベリーを抜いた（iPhoneが690万台、ブラックベリーが610万台）[11]。さらにアップルの勢いは止まらなかった。「iPhoneの売れ行きは絶好調で、アップルの四半期決算は史上最高水準になった」と、スティーブ・ジョブズCEOは誇らしげに宣言している。「RIMよりも多くのスマートフォンを売ったぞ」[12]

それでもスマートフォン市場全体では、RIMはまだ大きなリードを維持していた。iPhone発売後の2年間、RIMのスマートフォン販売台数は2300万台だったのに対して、アップルは1300万台だった[13]。だからラザリディスとバルシリーが方針を転換しなかったのはもっともだった。ところがジョブズはiPhone 3Gを投入して、競争のレベルを引き上げた。さらに重要なことに、2008年7月10日には、アップストアがオープンした。

アップストアがいかにiPhoneの成功に貢献したかは、言葉では表現しきれない。だが、アップストアを可能にしたのは、たった一つの地味なイノベーションだった。歴史的に端末業界と通信キャリアの関係では、キャリアのほうが圧倒的優位にあった。だが、iPodとiTunesで成功していたアップルは、iPhoneのキャリアを選ぶとき、きわめて有利な立場で交渉を進められた。結局、何が何でも契約を取り付けたかったAT&Tは、iPhoneの独占キャリアに選んでもらえるなら、通常端末メーカーに課す制約を一部緩和することに同意した。このうち最も重要な譲歩は、iPhoneのアプリは、AT&Tではなくアップルがアップストアで販売できる、というものだった。それまでスマートフォン用アプリは、キャリアが販売の窓口になっていて、厳しく管理されていた。だが、アップストアは違った。もっとずっとオープンなうえに、売り上げにかかる手数料はキャリアよりも大幅に低い30％としていた。このためアプリ開発者は、他のOSよりもiPhone向けアプリの開発を優先するようになった。

アップストアもたちまち成功を収め、リリース後初の週末のダウンロード数は1000万件を超えた。(14) RIMは、顧客がスマートフォンに何を求めているかわかっていると決めつけ、その推測に基づき管理しようとしたが、アップストアはそんな推測はせず、顧客の自由にさせた。アップストアの成功を受け、「そのためのアプリがあります」というキャッチフレーズがどこでも聞かれるようになり、そのプラットフォームの無限のポテンシャルを見せつけるCMが、ちまたにあふれた。

iPhoneは、それまでにない柔軟な使い方を可能にした。ユーザーがやりたいと思うことは何でも、そのためのアプリが存在した。これがプラットフォームの威力だ。iPhoneは巨大なソフト開発者のコミュニティーを活用して、これまでになく質の高いアプリを、これまでになく数多くもたらした。

2008年末までに、アップストアでは1万5000本を超えるサードパーティー製アプリが公開され、(15) ダウンロード数は5億件に達した。その後もアプリの数は猛烈な勢いで増え続け、2015年末には150万本超、ダウンロード数はのべ1000億件に達した。

グーグルも負けていない。グーグル版アップストアである「アンドロイドマーケット」は2009年3月にオープン。その後、「グーグルプレイストア」と看板を掛け替えて、やはり大きな成功を収めた。2015年末の時点で、アプリ数は180万本以上、ダウンロード数は500億件に達した。(16)

対応を迫られたRIMは、2008年末に新しい端末「ブラックベリーストーム」を発売した。RIM初のタッチスクリーン端末で、「iPhoneキラー」という触れ込みだった。だが蓋を開けてみれば、iPhoneには遠く及ばなかった。例えば、ストームの目玉であるタッチスクリーン技術「シュアプレス」は、タイプしたとき、キーボードを打っているような音と感覚が得られるという触れ込みだった。だが、もはやタッチスクリーンを使うことに慣れたユーザーにとって、それは大した魅力だとは思えなかった。結局、ストームの売り上げは振るわず、評価も平凡に終わった。

2009年4月、RIMは「ブラックベリーアップワールド（現ブラックベリーワールド）」をリリースした。だが、すでにアプリ開発業界は、iPhoneとアンドロイド端末向けのアプリ開発に忙しく、ブラックベリー向けアプリは第三のオプションになっていた。そもそもブラックベリーのOSは、対応アプリを開発しにくいことで有名だった。このためブラックベリーは、エコシステムを確立するのに苦労した。

私たちはそのことを身をもって経験した。アレックスが大学の寮で、ブラックベリー向けのアプリ開発会社アプリコを立ち上げたのは2009年のこと。ブラックベリー向けアプリに集中することにしたのは、誰もやりたがらなかったから、そこにビジネスチャンスがあると思ったからだ。アプリコはiOSやアンドロイド向けアプリ開発者と提携して、ソフトウエア開発の世界で足場を築くことができた。

私たちはそれでよかったが、RIMは厳しい状況に置かれた。アップルやグーグルとの差を縮めようにも、ブラックベリーは対応アプリの開発のしにくさがネックになった。一方、アプリ開発者にとって、ブラックベリー向けアプリを開発するべきかどうかは、単純な計算で決断できた。つまり市場規模に対して、複雑でコストがかかりすぎたのだ。

企業はどこで死ぬのか

２０１０年11月に開かれたウェブ２・０サミットで、ＲＩＭのジム・バルシリー共同ＣＥＯは、相変わらず携帯端末業界の変化をわかっていないことを露呈した。「ｉＰｈｏｎｅやｉＰａｄには30万本のアプリがあるかもしれない。だが本当に必要なアプリはブラウザだけだ。ウェブにアプリは必要ない。……ＳＤＫ（ソフトウエア開発キット）なんて使う必要はない。ウェブツールを使えば……ネイティブコードを書かずにブラックベリー向けアプリをリリースできる[17]」

バルシリーの見解は目新しいものではなかった。その3年前、スティーブ・ジョブズも奇妙なほど似たようなことを言っている。初代ｉＰｈｏｎｅ発表直前にアップル世界開発者会議（ＷＷＤＣ）で、ｉＰｈｏｎｅ向けアプリの開発ツール公開を求める声に対して、ジョブズは、ウェブアプリがアップルのソリューションだと答えたのだ。集まっていた開発者たちはがっかりした。ある有名テクノロジーブロガーは、ジョブズのプレゼンを「クソだらけ」とこき下ろした[18]。ところがジョブズはその年の末には軌道修正して、ｉＰｈｏｎｅ向けＳＤＫとアップストアをリリースすると発表した。だが、ＲＩＭが軌道を修正することはなかった。

２０１１年初めまでに、ブラックベリーワールドで入手できるアプリは２万５０００本程度しかなかった。これに対してアンドロイドマーケットでは20万本、アップストアでは45万本以上の品揃えがあった。当時、まだブラックベリーを使っている友達に、ｉＰｈｏｎｅやアンドロイド端末でできることを見せると、その友達は「そのためのアプリがあるかもしれません」と自虐的なジョークを言って笑った。

そんなときＲＩＭで内紛が起きた。２０１１年6月、経営幹部の一人が匿名で、経営陣に公開書簡を送りつけたのだ。当時ＲＩＭは、アップルやグーグルに追いつくべく、新ＯＳ「ＱＮＸ」のリリースを計画していた。だが、そのための手段が相変わらず間違っていた。

公開書簡は、ＲＩＭが遅れている部分を率直に指摘した。「ブラックベリー向けアプリはひどい」として、ブラックベリーのＳＤＫと開発プラットフォームを、「１９９０年代のフォード・エクスプローラー」になぞらえた。「技術的に上だからといって、消費者が買いたい気持ちになるとはかぎらない。つまり、売れるとはかぎらない(19)」。アップルとグーグルはこのことを理解していた。ＲＩＭはノキアと同じで理解していなかった。どちらも銃で戦う時代に、剣で戦おうとしたのだ。より正確には、プラットフォームの戦いに、端末で戦おうとしていた。

ＲＩＭはさらにタブレット型端末「プレイブック」と「ブラックベリー10」を投入し、社名もブラックベリーに変更したが、かつての輝きを取り戻すことはなかった。２０１１年末までに、スマートフォン市場におけるブラックベリーのシェアは15％を割り込み、時価総額は75％近く下がった。

スティーブ・ジョブズのＲＩＭの問題点に関する予言は的中した。２０１０年10月にアナリストらとの電話会議で、ジョブズはＲＩＭにささやかな助言をした。「（ＲＩＭは）自分たちにとって快適な領域から、未知の領域へと踏み出して、ソフトウエア・プラットフォーム会社にならないといけない。……競争的なプラットフォームを構築して、ｉＯＳでもアンドロイドでもない第３のプラットフォーム向けアプリを開発するよう、開発者を説得するのは難しいだろう。アップストアには30万本のアプリがあるから、ＲＩＭが乗り越えるべき壁は高い」[20]。プラットフォームとエコシステムをめぐる戦争では、しばしば勝者がすべてを支配する。ジョブズはそのことをわかっていた。アップルとグーグルはプラットフォームを構築して勝利した。ＲＩＭとノキアはプラットフォームをつくらなかった。だから負けた。

ノキアはその過ちを認めたが、マイクロソフトという間違ったパートナーを選んだ。ＲＩＭは新しいＯＳで追いつこうとしたが、手遅れだった。ＲＩＭは相変わらずプロダクトカンパニーとして行動し、ジョブズが示唆した改革ができなかった。バルシリーは一点では正しかった。そんな抜本的な改革は、多くのテクノロジー企業にとって死を意味する、ということだ。残念ながら、それは彼自身の会社に起きることになった。

プラットフォーム・イノベーション——本書の目的

アプリコはブラックベリーのアプリ開発者として一定の成功を収めると、ｉＯＳとアンドロイド向けアプリ開発にシフトして、一時期はアメリカで最も成功したアプリ開発者の一つになった。だが、モバイル業界が変わるにしたがって、アプリコも進化した。ライバルの多くは買収されるか、会社をたたんだけれど、アプリコは世界初のプラットフォーム・イノベーション会社となって成功を収めた。私たちは日々、世界のリーディングカンパニーや成長著しいスタートアップと組んで、独創的なプラットフォームを構築して育てている。顧客にはグーグルやHP、インテル、ディズニー、ディレクTV、フィリップス、ロッキード・マーティンなど、フォーチュン誌の米主要企業100社に名を連ねる企業がずらりと並ぶ。グーグル・ベンチャーズや未来学者レイ・カーツワイル、それに大手ベンチャーキャピタル（VC）が支援するスタートアップもいる。機密保持契約のために名前を挙げられない会社もあるが、グラムスクアド（Glamsquad　メークアップなどの出張サービス）やオークショナタ（Auctionata　高級美術品のオークションアプリ）などアプリコがプラットフォーム構築を手伝ったスタートアップは、莫大な資金調達に成功し、億単位のエグジットを果たしてきた。アプリコはそのサービスを通じて、誰よりも深くプラットフォーム・ビジネスを研究してきた。プラットフォーム・ビジネスを構築するための枠組みづくりもしてきた。

つまり私たちは今、誰よりもプラットフォームのことをよく理解している。この5年間、その技術改革の中心にいて、口先だけでなく実際に成功を収めてきたのだから。

そこで本書では、現代の最も独創的な会社のいくつかと仕事をするなかで、私たちが学んできたことをシェアしたいと思う。アプリコがアプリ開発者から、プラットフォームづくりを請け負う会社にシフトした理由もお伝えしたい。本書の前半（第1～4章）では、プラットフォーム・ビジネスモデルとは何かを説明し、プラットフォームが現代の経済を作り変えている理由を明らかにする。後半（第5〜8章）は、プラットフォーム・ビジネスモデルの仕組みを解き明かし、アプリコの顧客が現代の独占企業になるに至った枠組みとインサイトの一部を紹介する。

もしあなたが起業家なら、いま最も成功している企業が成功した理由と、それと同じ道をたどる方法がわかるだろう。あなたが伝統的な企業の経営者か社員なら、手遅れになる前に、その世界の崩壊を見極める助けになるだろう。本書を読み終えたとき、あなたは自分の会社が燃えるプラットフォームに立たされないようにし、新しい時代で成功するためのツールを手に入れているだろう。

第1章 プラットフォームが世界を食い尽くす

ネットワークのことを本当に理解したら、計画や戦略の立て方が変わるはずだ。今までとやり方が変わるはずだ。

——リード・ホフマン、リンクトイン創業者・CEO

ソフトウエアが世界を食い尽くそうとしている——。ネットスケープの創業者で著名ベンチャーキャピタリストのマーク・アンドリーセンは、2011年8月20日付のウォール・ストリート・ジャーナル紙で、事実上そう主張した。ソフトウエア企業は世界経済の要になりつつある。「私たちは、劇的かつ幅広い技術的・経済的転機にいる。そこではソフトウエア企業が経済の大部分を乗っ取ろうとしている」と、アンドリーセンは書いている。つまりソフトウエアが、経済というパイを着々と「食べて」いるというのだ。[1]

アンドリーセンは正しかった。ソフトウエア企業は現代経済で巨大な役割を果たしている。だが、新しいビジネスすべてをソフトウエア企業とひとくくりにするのは、産業革命時代のすべてのビジネスをハードウエア企業と分類するようなもので、これらの企業が実際に何をし、どのように機能しているかは、はっきりしない。また、ソフトウエアは企業の成功や成長の形をいかに変えてきたかという、もっと重要な問いにも、多くを答えてくれない。

ソフトウエアを使い、事業をインターネットと結びつけることで、多くの企業が利益を増やし、サプライチェーンを効率化してきた。アンドリーセンは寄稿のなかで、フェデックスやウォルマートなど、いくつかの企業名を挙げている。同時に、ソフトウエア経済へのシフトを牽引する、多くの企業の名前も挙げている。アップル、フェイスブック、ツイッター、リンクトイン（LinkedIn）、グーグル、マイクロソフト、スカイプ、アマゾン、スクエア（Square）、ペイパル（PayPal）などだ。だがアンドリーセンは、これらの企業が、彼が言う「昔のビジネス」とはどう違うのか説明していない。たしかに、これらの企業はみなインターネットを中心に構築されている。だが、もっと重要なことに、これらはみなプラットフォーム企業だ。つまり、既存のビジネスの効率を少しばかり高めるだけでなく、インターネットの可能性をフルに活用したビジネスモデルに基づき事業を展開している。アンドリーセンが寄稿する間にも、多くの伝統企業がプラットフォームを基盤とするライバルに取って代わられていった。実際、アップルはアンドリーセンの寄稿のぴったり1年後、アメリカで最も時価総額が大きい会社になった。

この変革を引き起こしたのはソフトウエアかもしれないが、伝統的な経済を食べているのはプラットフォームだ。プラットフォームは、インターネットと私たちの経済を支配している。インターネットは中立であるべきだと主張する人たちが、インターネットの基本的な技術インフラを提供・整備するインターネット・サービスプロバイダーによって、自由かつオープンなネット環境が脅かされているのと批判するのは間違いではない。たしかに構造的に見れば、インターネットは今もかなり公平な競争の土俵だ。誰でもオンラインでビジネスを立ち上げることができるのだから。だが現実には、オープンなインターネット環境など神話にすぎない。現代のインターネットは、ほぼ完全に、プラットフォームに支配されている。たとえば、アメリカのインターネット利用の25％近くは、フェイスブックを使うことが目的だ(2)。グーグルの影響力はもっと大きい。２０１３年４月16日、原因不明の理由により、同社のプラットフォームが数分間ダウンしたとき、世界のインターネット・トラフィックが推定40％も低下した(3)。検索エンジンとソーシャルネットワークだけではない。プラットフォームは現在、想像しうるほぼすべての商業分野で、大きな役割を果たしている。２０１５年、アメリカで最も多くのトラフィックを集めたウェブサイトのトップ10はすべて、トップ25では20サイトがプラットフォームだった(4)。

プラットフォーム・ビジネスの優位は、アメリカに限ったことではない。プラットフォームは真にグローバルな現象だ。むしろアメリカよりも途上国で、目覚ましい役割を果たしている。多くの途上国では、経済の急激な成長がインターネットの普及と同時に起きた。このため産業そのものが、インターネットを中心に構築されつつある。中国がいい例だ。金融、建設、石油生産など国が支援する産業以外では、メッセージングサービス大手のテンセント（騰訊控股）や検索エンジン最大手のバイドゥ（百度）など、最も価値の高い企業のほとんどがプラットフォーム・ビジネスだ。

中国のインターネットも、プラットフォームに支配されている。中国のウェブ・トラフィックの上位８社がプラットフォーム・ビジネスに占められている。しかもプラットフォーム・ビジネスによる経済の支配は、アメリカより中国のほうが顕著だ。２０１４年9月にニューヨーク証券取引所に上場したアリババ集団は、タオバオ（淘宝網）やTモール（天猫）といったプラットフォームによって、中国の電子商取引の80％を支配している。[5] さらに電子決済サービスのアリペイ（支付宝）は、中国最大の決済プラットフォームで、これを使えば投資商品「ユエバオ（余額宝）」に投資することもできる。ユエバオは２０１５年1月の時点で資産規模が９４０億ドルと、世界有数のＭＭＦ（マネーマーケットファンド）となっている。[6]

このような経済的環境では、あなたがプラットフォーム・ビジネスを構築しているのであろうと、そうでなかろうと、プラットフォームの仕組みを理解していなければ、成功はできない。商品やサービスを、ネットで消費者に直接売り込みたい？　それは可能だが、グーグルの検索結果で上位に表示されたほうがいい。コンテンツをもっと多くの人に読んでほしい？　それならフェイスブックを使えばシェアされやすい。自分たちが開発したアプリのダウンロード数を増やしたい？　それならアップストアで上位に表示される（あるいは「おすすめ」にとりあげられる）ようにするべきだ。商品をオンラインで売りたい？　それならイーベイやアマゾンを使う手もある。手作り品を売る？　それならエッツィー（Etsy）がいい。中国在住者なら、おそらくとっくにアリババのタオバオとTモールを使っていて、アリペイやテンセントの決済サービス、テンペイ（財付通科技）で代金を支払っていることだろう。こうした例を挙げるときりがない。たしかにインターネットは、前代未聞のレベルで経済を民主化・自由化している。誰でもオンラインビジネスを始められるし、成功できる。ただし、インターネットは完全にオープンなわけではない。誰かが、さまざまな経済活動の調整を図らなくてはならない。その結果、プラットフォームがインターネットをまとめ上げ、動かすようになった。プラットフォームは、取引活動と情報を体系的にまとめて、現代の経済を作り上げている。現代のインターネットがどう機能しているか、そして今後数年の経済がどのように動くか知りたければ、まず、プラットフォームを理解することから始めるべきだ。

IPO、彗星のごとく現れて

スーパーボウルは、毎年約1億人がテレビにくぎづけになるアメリカンフットボールの祭典だ。だが、2000年のスーパーボウル中継では、異例の光景が見られた。セントルイス・ラムズ（現ロサンゼルス・ラムズ）が初優勝を飾ったことではない。例年どおり、一番の見物はコマーシャル（CM）だった。あるときスタジアムの映像が、急に悲しそうな顔の犬に切り替わった。飼い主がガレージから車を出すのをじっと見ている。すると横から指人形が出てきて、シカゴのヒット曲「愛ある別れ」を切々と歌いあげる。ただし、歌詞はちょっと変えてある。どうしてオンラインでペットフードを買ってくれないの？　なぜ？　ネットで買えば、ペットをひとりぼっちで家に残して買い物に行かなくてすむのに……。

このCMは、ペット・ドットコム（Pets.com）のもの。当時、ドットコム・ブームの頂点にいた会社だ。USAトゥデー紙が発表したCM好感度ランキング「アド・メーター」によると、ペット・ドットコムのCMは堂々ナンバーワンに輝いた。その年のスーパーボウルは、ドットコム企業のＣＭが多かったことから、「ドットコム・スーパーボウル」と呼ばれるようになったが、その中でもペット・ドットコムは、最も視聴者の記憶に残った。制作費１２０万ドルのＣＭは大成功を収めたわけだ。マスコットの指人形も人気者になり、３大ネットワークの朝の情報番組に出演するなど大活躍。11月の感謝祭には、ニューヨークで行われた恒例のパレードにも登場した。

１９９８年8月に設立されたペット・ドットコムは、早く大きくなることを目指して、最初から積極果敢なマーケティングを展開した。当時のインターネット企業の多くが同じ戦略だった。つまりスケールメリットを求めるビジネスモデルだ。ペット・ドットコムは、創業から2年もしない２０００年2月9日（スーパーボウルの直後だ）に、ＩＰＯ（新規株式公開）を実施。ＩＰＥＴｓという株式コードでナスダック（店頭市場）に上場し、11ドルの初値をつけて、８２５０万ドルの資金調達に成功した。

だが、ペット・ドットコムは問題を抱えていた。そのビジネスモデルは破綻していたのだ。いっきに一定の規模まで大きくなれば、自然と利益は上がるようになる——。ペット・ドットコムや、ドットコム企業に投資した著名投資家の多くは、そう思っていた。先発優位を目指せ、というわけだ。この戦略は、Ｗ・ブライン・アーサーが１９９４年の論文[7]で示した「ネットワーク効果」という概念とともに人気になった。アーサーはこの論文で、最初に大きくなった会社が勝利することを示唆していた。

だが、ペット・ドットコムに勝利は訪れなかった。まず、当時はペットフードやペット関連製品のためだけに、ネットショッピングを始めようと思う人はあまりいなかった。さらにペット・ドットコムは、商品を保管する大きな倉庫を借り上げていて、高い固定費を抱えていた。もっと悪いことに、既存店と競争するためには価格を抑える必要があったが、ペットフードはもともと利幅が極めて薄い商品だ。このため、ペット・ドットコムは事実上、商品が売れるたびに赤字を出していた。高コストと利幅ゼロでは事業継続は不可能だ。ペット・ドットコムと投資家がそのことに気がつくのに、さほど時間はかからなかった。

2000年11月6日、ペット・ドットコムは破産法の適用申請を行ったことを発表した。IPOからわずか9カ月後のことだ。同社は創業2年弱で、3億ドルの調達資金も使い切っていた。株価は、上場時の11ドルに対して、破産法申請の日は0・19ドル。ペット・ドットコムは、「市場最大の投資失敗」リストの常連となった(8)。

だが、ペット・ドットコムが彗星のごとく登場して、同じくらいのスピードで消えていく一方で、別のドットコム企業がまったく異なる道を歩み始めていた。1995年9月初め、あるコンピュータープログラマーが、新しいウェブサイトのコードを書き始めた。サイトの名前は「オークション・ウェブ」。インターネット上で誰でも何でも売買できる「完全なマーケット」を作ろうというのだ。

そんなマーケットプレースがあったらいいのにと思っていた人は、どうやら大勢いたようだ。オークション・ウェブは急成長を遂げ、1996年には25万件のオークションを仲介。翌1997年1月は、1カ月で200万件を仲介した。売上高は、1年で35万ドルから430万ドルへと1200%も伸びた。その年の9月、オークション・ウェブはイーベイに社名を変更した(9)。

サイトを立ち上げたピエール・オミダイアは、そろそろ経営のプロを雇うべきだと考えた。そして１９９８年３月、メグ・ホイットマンをＣＥＯとして迎え入れた。その半年後の９月21日、ホイットマンはイーベイのＩＰＯを実施。18ドルだった初値は、その日のうちに53・50ドルまで上昇して、オミダイアは一夜にして億万長者になった。

ビジネスモデルのごく短い歴史

ペット・ドットコムは、過熱したドットコム時代の典型例だ――。そう言う人は多い。その指摘は間違いではない。持続可能なビジネスモデルも、まともなターゲット市場もなく、マーケティングに何百万ドルも費やしたのだから。当時の多くの投資家は、インターネット企業の評価方法を知らなかったから、多くのドットコム企業が、今なら笑ってしまうほど高い評価を受けて、莫大な資金を調達していた。

こうした企業のほとんどは、同じ失敗を犯していた。古いビジネスモデルに、インターネットをくっつけただけだったのだ。しかしそれではネットワーク効果とコスト削減という、約束された恩恵は現実にならなかった。一方、ドットコム・バブルがはじけて、多くの人気企業が消え去った後も、イーベイは利益を上げ続けた。やがてイーベイは、時価総額６６０億ドル超の会社に成長し、ドットコム時代の数少ない成功物語の一つになった。それは運のおかげではない。イーベイと崩壊したドットコム企業とでは、ビジネスモデルが違っていたのだ。

ペット・ドットコム（と多くのドットコム企業）は、プラットフォームの時代に、直線的なビジネスモデルを選ぶという間違いを犯した。

直線的なビジネスモデルとは何か。それは産業革命の時代に蒸気機関や鉄道などの新技術によって垂直統合された大組織が誕生して以来、ずっと経済を支配してきたビジネスモデルだ。スタンダード・オイル、ゼネラルモーターズ（GM）、USスチール、ゼネラル・エレクトリック（GE）、ウォルマート、トヨタ自動車、エクソンモービルなど、20世紀の業界最大手は直線的なビジネスを展開していた。

これらの企業はみな、商品またはサービスを作り、それを顧客に販売した。そこでは、価値はサプライチェーンを通じて一方向に直線的に流れる。このサプライチェーンでは、企業の左側に費用、右側に収益がある。直線的な企業は、商品やサービスという形で価値を作り、それをサプライチェーンの下流に売る（**図1・1**）。

歴史的に、直線的なビジネスは主に2種類あった。第一は、典型的なプロダクトカンパニーだ。たとえばレノボは、物理的なモノを作って売る。その商品を製造し、消費者に届けるために、工場や流通センターといった物理的な資産を構築した。過去1世紀、ほとんどすべての製造業が、このような直線的な形で動いてきた。流通業者や小売業者もそうだ。その代表格であるウォルマートやベストバイ、ターゲットなどの小売業者は物理的なモノを流通させ、販売するために、物理的な資産や技術を構築したりリースしたりする。

現代のソフトウエア企業の多く、そしてソフトウエア・アズ・ア・サービス（SaaS）企業の

図1.1 直線的ビジネスにおける価値の流れ。企業はプロダクトを作り、それをグループＢ（販売業者）に売る。グループＢはさらにグループＡ（消費者）に販売する。

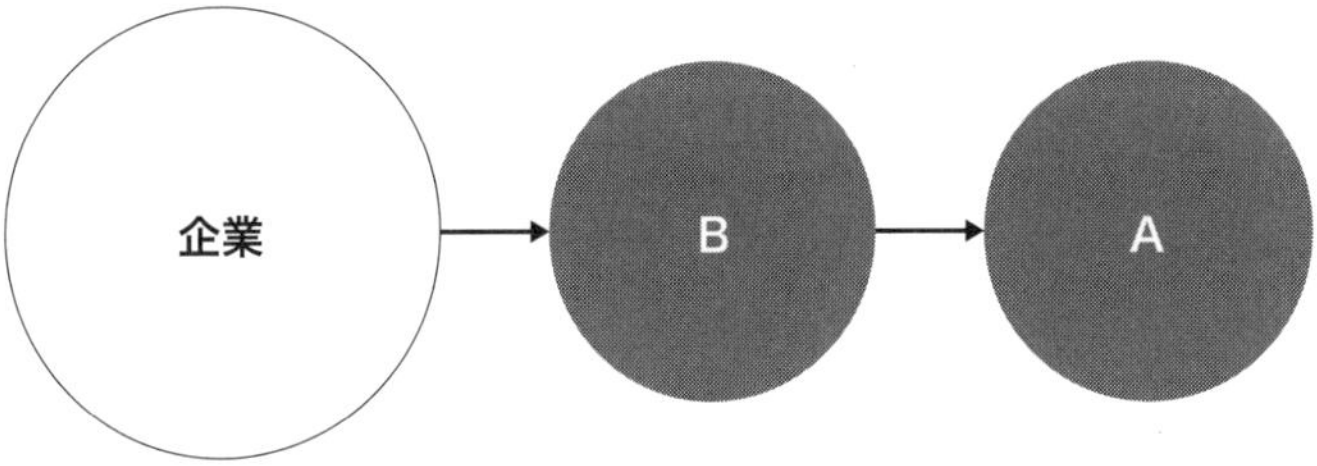

ほとんども、このグループに当てはまる。こうした企業の商品はデジタルだが、その価値は企業から顧客へと一方向に流れていくから、やはり直線的ビジネスと言える。唯一の違いは、ソフトウエア企業は、デジタル流通による限界費用の安さから恩恵を得ている点だ。

第二のタイプの直線的ビジネスは、オラクルやＪＰモルガン、ジフィー・ルーブ（シェル石油傘下の自動車修理チェーン）などのサービス企業だ。これらの企業は社員を雇って顧客にサービスを提供する。こうしたサービスカンパニーは、主に二つのグループに分けられる。一方は、自動車工や配管工など、肉体労働サービスを提供・販売する会社。第二のグループは、人的資本や無形資産（知的所有権など）を構築して、その資産を使った専門サービスを提供する会社だ。税理士事務所や投資銀行、経営コンサルティング会社などがこれに属する。

直線的ビジネスモデルが20世紀を支配していたの

には、十分な理由がある。大幅な効率化が可能なのだ。このタイプの企業は、トップダウン式の経営計画と階層的組織によって価値を生み出し、それをターゲット顧客層に効率的に分配する。それを可能にするのはサプライチェーン、すなわち企業から顧客にモノやサービスを動かす活動や資源を体系化した高度なシステムだ。

サプライチェーンも直線的で、そのプロセスは何度も繰り返して価値を生み出すことができる。モノはメーカーから流通業者、そして顧客へと動いていく。たとえば、GMなどの自動車メーカーは、サプライヤーから部品を購入する。そのサプライヤーは、別のサプライヤーから部品や原材料を購入しているかもしれない。GMはこれらの部品を使って、最終品を作り上げる。この場合は自動車だ。そして販売店に売る。すると販売店が顧客に売る。この、サプライヤーからメーカー、そして最終的には消費者へとつながるサプライチェーンで、価値は直線的に流れる。各段階で、商品またはサービスに価値が付加され、次の段階へと動いていく。このビジネスモデルでは、情報も直線的に流れる。一般に、トップが売り上げや経営環境の予想をし、それが最終的な生産に反映される。こうした直線的な価値と情報の流れが、サービス企業のサプライチェーンを形作る（図1・2）。

サプライチェーンは、20世紀を通じて、競争優位をもたらす主な領域の一つだった。サプライチェーンが効率的かどうかが、会社を大きくすることもあれば、破壊することもあった。だから20世紀の偉大なビジネス・イノベーションの多くは、サプライチェーンの改善および効率化と関係していた。

ヘンリー・フォードの組み立てラインは典型的な例だ。フォードは、移動組み立てラインを採

図1.2 サプライチェーンにおける価値と情報の直線的な流れ

用することで、自動車1台の製造時間を12時間から1時間半に短縮した。[10] このサプライチェーン・イノベーションは、自動車産業にとてつもなく大きな影響を与えた。自動車の大量生産を初めて可能にし、かつては金持ちしか持てなかったモノの価格を下げ、平均的な消費者でも入手できるようにした。より最近では、トヨタ自動車が、無駄を削ぎ落としたジャストインタイム（JIT）生産によって、自動車業界に革新をもたらした。トヨタは、より柔軟で効率的なサプライチェーンを作ることによって、フォードやGMといった伝統的な業界のリーダーを追い抜いた。

だが、効率を追い求めるサプライチェーンのアプローチは、代償を伴った。直線的なビジネスは大型の工場や、人的資本や細かい流通経路への大規模な投資を必要としたのだ。

完全な店

21世紀には、サプライチェーンは企業価値の中核をなさなくなった。ネットワークが企業と個人を結びつけ、お互いの価値交換を可能にしているからだ。これは、プラットフォーム・ビジネスモデルのエッセンスと言える。

直線的なビジネスは、社内で価値を生み出し、その価値を顧客に動かすことに力を入れる。価値の流れは左から右、つまりプロデューサーから消費者へ（図1・2）と一方向だ。そこでは企業が社内に保有していて動員できる資源が、最も価値ある資産になる。だが、ネットワークにおける価値の交換は、左から右、右から左へと、多様な方向性を持つ（図1・3）。その結果、プラットフォーム・ビジネスの仕組みは、伝統的なサプライチェーンのなかで動く企業とは大きく異なる。

現在、ビジネスの価値の中核をなすのは、ネットワークだ。次章で詳しく触れるが、世界がよりコネクトされると、企業が何を所有しているかよりも、何を結びつけられるかのほうが重要になる。現在最も価値が高い企業は、大規模なネットワークを構築して調整できる企業であって、社内に大量の資源をためこみ、それを動かす企業ではない。昔のビジネスモデルでは、社内の内的資源に投資して、成長させることで、スケールが得られた。だが、ネットワーク化された世界では、自社のビジネスの外にネットワークを育てることによって、スケールを得る。

ドットコム・バブルの崩壊を振り返ると、この違いがすぐわかる。インターネットは、顧客との取引を安く、簡単にするはずだった。だが、もっと大きな環境の変化を理解していなかった企業に

図1.3 プラットフォームビジネスモデル

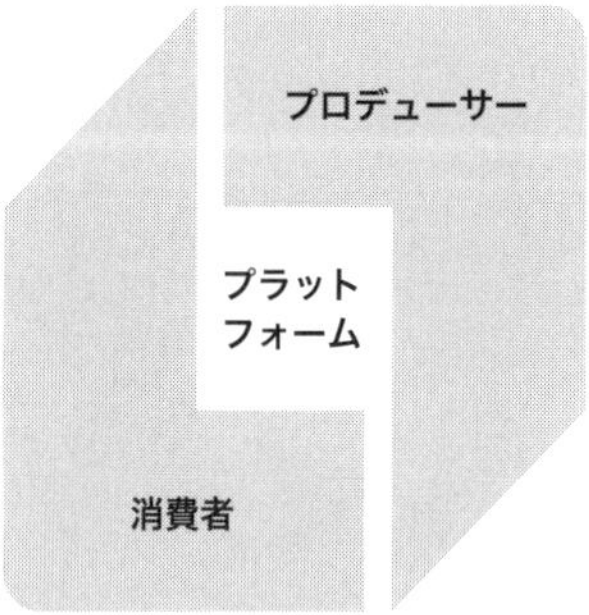

先ほど直線的ビジネスにおける価値の流れを示したが、プラットフォームにおける価値の流れを図にすると、上のようになる。プラットフォームは消費者とプロデューサーにぐるりと囲まれており、そのネットワークによってプラットフォームの形が決まる。消費者とプロデューサーがいなければ、プラットフォームは存在しえない。

本書では、特定のプラットフォームを詳細に取り上げるページにこの図を配置した。それを見れば、そのプラットフォームでは誰が消費者で、誰がプロデューサーかを把握したうえで、そのプラットフォームが置かれた状況や問題を理解しやすくなるだろう。

どの図でも、消費者を左側に、プロデューサーを右側に、プラットフォーム名を中央に配置した。複数タイプの取引が可能なプラットフォームもあるが、この図ではスタート時のコア取引（このコンセプトについては間もなく説明する）を示した。

とって、その約束は現実にならなかった。それどころか、急速に大きくなったものの、もっと急速に破綻した。それは古いビジネスモデルでは、インターネットの可能性を受け止めきれなかったからだ。ペット・ドットコムとは異なり、イーベイは高い倉庫の維持費も、輸送費も負担する必要がなかった。それはイーベイで売られる商品が、ありとあらゆる所から供給されているからだ。オミダイアは、「(今までとは)違うことをしたかった」と言う。「ユーザーに、プロデューサーにも消費者にもなれるパワーを与えたかった」[11]。イーベイは商品そのものを占有するのではなく、人と人とを結びつけて、その人たちの間で商品を売買できるようにした。そしてこの電子マーケットプレースのために、在庫や資源を確保するのではなく、デジタルインフラを提供して、その周囲にコミュニティーを作った。オミダイアに言わせれば、それは「完全な市場」だ。イーベイは、ベンダーにわずかな手数料を課すことで利益を得た。

当時、ほとんどの人はイーベイを理解できなかった。雑貨やら変わったアイテムを売っている「デジタルのみの市」の何がそんなにすごいのか。だいたいイーベイは、何をするのか。サイト以外、たいしたリソースもないようじゃないか——。だが、重要なのはそこだ。イーベイの初代社長で社員第1号でもあるジェフリー・スコールは、イーベイは「シンプルなウェブサイトをはるかに超えて」いたと言う[12]。そこはベンダーにとっても、買い手にとっても愉快な場所だった。世界中のレアグッズが誰でも買えるようになり、関連情報もたっぷり得られるようになったのだ。イーベイが有名になったきっかけの一つは、「ビーニーベイビーズ(動物のぬいぐるみ)」の収集ブームだったが、それはイーベイで見つかる商品のごく一部に過ぎなかった。ブームのピーク時でさえ、ビー

イーベイ
プロダクトマーケットプレース
プラットフォーム

ニーベイビーズはイーベイの全売上高の6％程度だった。それ以外の人気カテゴリーとしては、コンピューター関連アイテムや骨董品、貨幣、それに切手や野球カードといった収集品があった。

ベンダーにとって、世界中の人に商品を売れるイーベイは、まさに黄金のチャンスをもたらしてくれる場所だ。地理的な制約のあるビジネスが、突然、費用はほぼゼロでグローバルな流通経路を得た。ネブラスカの骨董品店が、ニューヨークやロンドンに買い手を見つけた。商品を発送できる場所なら、どこにでも売ることができた。オミダイア自身、壊れたレーザーポインターが14ドルで売れたとき、このアイデアは大成功すると確信したという。自分が出品したものが壊れていることをきちんと伝えるため、オミダイアは買い手にフォローアップの連絡を入れた。するとその人物は、壊れたレーザーポインターの収集家だとわかった。当時ニューヨーカー誌に、「インターネットでは、君が犬だってことは誰も知らない」という風刺画が掲載されて話題になったが、イーベイではあなたがどこに住んでいて、どんなルックスかなんて重要ではない。重要なのは、あなたには売りたいものがあって、それを買いたいと思っている人がいることだ。

昔ながらのベンダーの一部は、苦しい立場に追い込まれた。ある国でモノを買い、別の国で売ることで利ざやを得ていた商売が成り立たなくなったからだ。その一方で、無数の人が、趣味や副業を生活の糧にできるようになった。イーベイによると、世界にはイーベイでの活動で生活を立てている人が数百万人いる。[13] 経済学者から見れば、これは社会的効率性が実現された結果だ。イーベイは、いわば日用品の株式市場だ。モノを、売り手から最大の価値をつける人に移動させることによって、全員にとって莫大な価値を生み出したのだから。イーベイはまた、どこかで忘れ去られていたかもしれないモノが、それにかけがえのない価値を見出す人の手元にわたる方法をもたらした。イーベイは、オミダイアが目指した「完全な店」になった。

その成功を最も雄弁に物語るのは、イーベイが立ち上げから1998年のIPOまでずっと利益を出し続けたこと、そして80%以上の粗利率を誇っていたことだろう。[14] いずれもドットコム・ブームの時代には、ほとんど聞いたことがない実績だ。だからイーベイは、ペット・ドットコムのようなライバルを圧倒したのだ。当時のほぼどんな会社よりも、イーベイはインターネットの可能性をフルに活用していた。

もちろんイーベイは、プラットフォームだ。それはドットコム・バブルを生き抜いて成功したビジネスの事実上すべて（アマゾン・ドットコム、アンジーズ・リスト、モンスター・ドットコム、マイクロソフト、シャッターフライ、ヤフーなど）に共通する要素だ。やがてプラットフォームは、インターネットの決定的なビジネスモデルであることが一段とはっきりしてきた。

プラットフォーム——定義といくつかの例

イーベイの目の覚めるような台頭以降、プラットフォームが経済に与える影響はどんどん大きくなった。イーベイの成功はまぐれではなく、新たな経済イノベーションの前触れだったのだ。

プラットフォームとは何か。それは複数のユーザーグループや、消費者とプロデューサーの間での価値交換を円滑化するビジネスモデルだ（図1・3）。この交換を実現させるために、プラットフォームは、ユーザーとリソースからなり、好きなときにアクセスできるスケール化可能な大型ネットワークを作る。また、プラットフォームは、ユーザーが交流し、取引ができるコミュニティーと市場を作る。

インターネットが普及し、その処理能力が高まるにつれて、プラットフォームは急増している。プラットフォーム企業は、プロデューサーと消費者を結びつけ、価値を交換するのを可能にする。配車サービスのウーバー、民泊のエアビーアンドビー、アップル、ユーチューブがやっていることを考えるといい。どれも伝統的な直線的ビジネスではない。みなプラットフォームだ。

イーベイと同じように、これらの企業は直線的ビジネスのように、サプライチェーンによって在庫を確保したり管理したりしていない。プラットフォームは、生産手段を所有するのではなく、つながる方法を作っているのだ。

これまでで最も成功したプラットフォームは、グーグルとアップルだ。そのスマホ業界における躍進はプロローグで触れたとおりだが、両社は氷山の一角にすぎない。経済界のトップに君臨するプラットフォームは増える一方だ。フォーブス誌によると、２０１５年に最も価値の高かったブランドの３社、さらには上位20ブランドのうち11がプラットフォーム企業だった[15]。フェイスブック、ツイッター、リンクトインなど、大手ソーシャルメディアもみなプラットフォームだ。近年で最大級のＩＰＯや企業買収の対象となる企業のほとんどと、最も成功しているスタートアップのほとんどもプラットフォームだ。たとえばアップル、グーグル、マイクロソフト、フェイスブック、ツイッター、アマゾン、イーベイ、インスタグラム（Instagram）、ユーチューブ、スクエア、ソーシャルファイナンス（ＳｏＦｉ）、キックスターター（Kickstarter）などだ（プラットフォーム企業の企業価値については、図1・4を参照）。プラットフォームの成長は、アメリカに限ったことではない。アリババ、テンセント、バイドゥ、楽天といったプラットフォーム企業が、中国とアジアの多くを席巻している。

だが、こうした企業のすべてが、10年後も存在するとは限らない。ドットコム・バブルがはじけた後は、現在業界最大手と見られている企業（アマゾンなど）さえ破綻しかけた。こうした企業にとって、チャンスの大きさと寿命は、各業界の環境や技術進歩のスピードなど多くの要因によって左右される。

ただし、これらの企業が本当に破綻するときは、もっと新しくて、もっと優れたプラットフォームに取って代わられることが原因になるだろう。これはすでに現実になっている。アップルがアメリ

図 1.4 プラットフォーム企業の企業価値（2016 年 1 月、単位：億ドル）

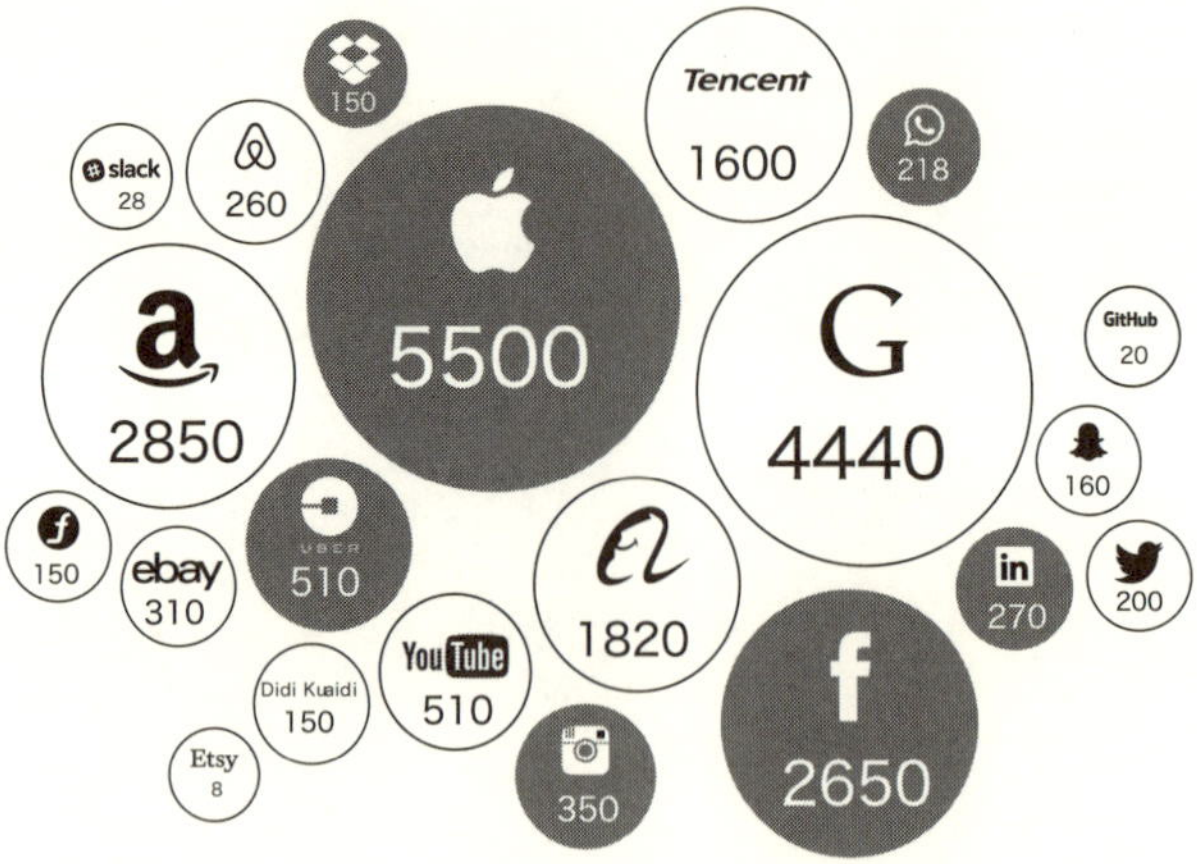

〔訳注：2017 年 12 月時点では、アップル 8,688 億ドル、グーグル（アルファベット）7,294 億ドル、アマゾン 5,635 億ドル、フェイスブック 5,127 億ドル、テンセント 4,955 億ドル、アリババ 4,361 億ドル〕

カ最大の企業（時価総額ベース）になったとき、どこからその座を奪っただろう？　マイクロソフトだ。モバイル・インターネットがデスクトップを上回る成長を見せたとき、ウィンドウズのプラットフォームは、ｉＯＳに取って代わられた。

今後も技術が進歩すれば、主役は交代するだろう。だが、プラットフォームはずっと続く。なぜか。それはプラットフォーム・ビジネスモデルを採用すれば、企業は前代未聞のペースで拡大できるようになるからだ。直線的なビジネスが新しい顧客を獲得すると、商品またはサービスの買い手が一つ増えるだけ、つまり新しい関係が一つ加わるにすぎない。だが、プラットフォームに新しいユーザーが加わると、そのユーザーはたった一つの関係だけでなく、そのプラットフォームにすでにいるユーザー全員との関係を構築する。つまりプラットフォームは直線的ではなく、指数関数的に成長する。その結果、プラットフォーム・ビジネスモデルは、直線的なビジネスモデルよりもはるかに費用対効果に優れ、はるかに大きくなる可能性を秘めている。

ただのツールではない

さて、ここでいうプラットフォームとは、ビジネスモデルだ。ビジネスモデルとは、会社が顧客に価値をもたらし、それによって会社にお金が回ってくることを可視化して理解するための手段と考えてほしい。このビジネスモデルには、会社の費用構造と主な事業活動、それに他社またはパートナーにやってもらう領域が含まれる。本書でプラットフォーム・ビジネスモデルと言うときは、ある会社が価値を生み出し、提供し、とらえる方法の総体的な表現と考えてほしい。決して、一つの技術のことではない。

ただ、厄介なことに、最近のテクノロジー業界では、「プラットフォーム」という言葉が大流行している。最近のスタートアップはこぞって、うちはプラットフォームを構築していると主張する。資金や注目を集める戦術としてはうまくいくかもしれないが、こうしたスタートアップのうち、プラットフォーム・ビジネスモデルを本当に理解しているところはわずかだ。

たとえば、「〇〇〇版ウーバー」を称するスタートアップは無数にある。商品やサービスをオンデマンドで提供すると言いたいようだが、基本的なビジネスモデルがなければ、ウーバーのようにスピーディーかつ見事な成長はできないだろう。これらの企業は、直線的なビジネスにありがちな費用構造と、社内リソースを重視したアプローチをとることで、ペット・ドットコムなどドットコム・バブルではじけた企業と同じ間違いをしている。

ウーバーを真似したスタートアップのほとんどが、大した成功を収めていないのは驚きではない。ウーバーやエアビーアンドビーだけでなく、インスタカート（Instacart）やハンディー（Handy）など、オンデマンド経済で大きな成長を収めてきたスタートアップはすべて、プラットフォームだ。「プラットフォーム」という言葉を誤用している企業のほとんどは、ビジネスモデルではなく、特定のテクノロジーを指して使っている。いくつか例をあげよう。

●コンピューター・プラットフォーム……コンピューターのＯＳ（例：シンビアン）

●プロダクト・プラットフォーム……特定の商品ラインの基礎となる共通のデザイン、製法、あるいは多目的部品（例：複数のモデルに共通する自動車のシャシー）
●業界プラットフォーム……補完的な商品、サービス、テクノロジーの基礎となる商品、サービス、テクノロジー（例：インテル）
●サービスとしてのプラットフォーム……コンピューター・プラットフォームやソリューション・スタックをオンラインサービスとして提供するクラウドサービス（例：アマゾンウェブサービス）

このような使い方をされるときの「プラットフォーム」は、特定の機能単位のコンポーネントの基礎となる商品やテクノロジーを意味する。プラットフォーム・ビジネスモデルは、この種の機能単位での修正をよくするため、こうした技術的な基盤という意味の「プラットフォーム」と一緒にされやすい。

おそらく最もよく見られる「プラットフォーム」という語の誤用は、複数のソフトウエアのセットという意味で使われるときだろう。とりわけＳａａＳを提供する会社は、「〇〇にぴったりのプラットフォーム」と宣伝するのが大好きだ。この場合の「プラットフォーム」は、マーケティング用語として使われている。だが、ＳａａＳ提供会社も、直線的ビジネスにすぎない。これらの会社が提供するのはサービスという名の商品であって、ネットワークではないから、プラットフォーム企業の費用構造や経済構造を持たない。詳しくは第3章で触れるがここでは、「プラットフォーム

#テクノロジー」であることを覚えておいてほしい。

オープンソース、もうイライラしない

リーナス・トーバルズは、おたくのヒーローだ。テクノロジー関係の仕事をしている人なら、その名前を聞いたことがあると思うが、知らない人でも、その日常生活はほぼ確実にトーバルズが生み出したものの影響を受けている。トーバルズは、オープンソースOS「リナックス」の開発者だ。リナックスとは、オンラインサーバーやスーパーコンピューターの世界で圧倒的に採用されている基本システムで、クラウドサービスから、IBMの人工知能型コンピューター「ワトソン」、ニューヨーク証券取引所、さらにはテレビ録画サービス「ティーボ」まで、あらゆる機器にとって理想のOSと考えられている。グーグルのアンドロイドは、リナックスから派生したモバイルOSだ。

トーバルズの発明は、莫大な経済価値を生み出したわけだが、彼はそのすべてを無償で配布した。リナックスは自由であると同時にタダだ。無料で入手でき（このためIBMやグーグルのように複数のサーバーを運営する大手企業に人気がある）、ユーザーが好きなように改変して再配布することもできる。リナックスにいくつかの機能を加えたプレミアム版を提供して、利益をあげている企業もある。たとえばレッドハット（2016年1月の時点で時価総額145億ドル）の中核ビジネスは、リナックスの配布と関連サービスの販売だ。[16] 大手プラットフォーム企業のほとんどは、その技術インフラのどこかでリナックスを使っている。フェイスブックがいい例だろう。フェイスブックのフ

ロントエンドサーバーは、ＬＡＭＰ環境を使っているが、ＬＡＭＰの「Ｌ」はリナックスのことだ。このように、リナックス自体は直接金銭的な利益をあげていないが、その周囲に大きなビジネスが構築されている。それだけではない。トーバルズはリナックス以外にも、ソフトウエア開発コミュニティーに大きく貢献してきた。

１９９０年代末にリナックスが登場したばかりの頃、トーバルズはオープンソース・コミュニティーから集まった提案すべてを、リナックスに取り入れるのに苦労していた。ソフトウエア開発業界では、このようにさまざまな提案を管理して、一つのシステムに組み込むプロセスを、「バージョン管理」と呼ぶ。当時、ほとんどのバージョン管理システムは、一つのプロジェクトの全コードやファイルを保持するセントラルリポジトリを中心に構成されていた。そのシステムに何らかの変更を加えるときは、セントラルリポジトリのコードを直接変更するわけだ。

トーバルズはリナックスのバージョン管理システムで、中心的なゲートキーパー役を務めていた。何らかのバグを修正した人は、トーバルズにその旨をメールで報告するのだ。ところがリナックスの人気が上昇して、開発コミュニティーが拡大するにしたがい、この管理法は現実的でなくなっていった。数多くの改良コードが、日の目を見ずに終わった。そこで２００５年、トーバルズはオープンソース・コミュニティーのリーダーならではの解決法を示した。この問題を解決するオープンソース・ソフトウエアを開発したのだ。その名もギット（Git）。イギリス英語で「いやな奴」という意味のスラングだ。ギットは、リナックスのバージョン管理システムを分散型にするとともに、修正を考えたり提案したりするプロセスを大幅に簡素化した。

ギットを使えば、クリック一つで独自版のリナックス、または公開されているプロジェクトをダウンロードして、いじって、その変更案をプロジェクトのオーナーらに提案できる。プロジェクトマネジャーとしては、プロジェクトが上書きされてしまうことを心配せずに、リポジトリの修正や変更を管理しやすくなった。

この管理システムは、リナックスのような大規模オープンソース・プロジェクトの管理を大幅に簡単にしたが、それ以外にもプラス面があった。ギットを使えば、簡単に独自版のリナックスを作り、メンテナンスができる。レッドハットなどの会社がやったのは、まさにこれだ。また、ギットを使えば、リナックス以外のソフトウエア・プロジェクトも変更を管理できたから、大手企業が大規模なソフトウエア開発プロジェクトを管理したり、遠隔地に散らばった開発者が協力し合ったりするとき非常に便利だった。

そんなギットにも問題点が一つあった。とんでもなく使いにくかったのだ。ギットはコマンドラインツール（MS-DOSを思い出してほしい）で、複雑なコマンドを知っているユーザーでないと使えなかった。一部のプログラマーには苦にならなくても、リナックスのユーザビリティー全般を制限した。GUI（グラフィカルユーザーインターフェース）を使って育った世代にはなおさらだ。また、ギットの分散型の性質は、たしかに自分のプロジェクトを進めやすくしたが、一般のプログラマーが参加したいプロジェクトを探すのは厄介だった。このため2007年まで、ギットはリナックスコミュニティーの外では、ほとんど知られていなかった。

そこにギットハブ（GitHub）が登場した。いわば、テクノロジーおたく向けフェイスブック、プログラマー向けウィキペディア、あるいはコード用ツイッターだ。実際には、この三つを少しずつ混ぜ合わせたスペースで、プログラマー向けのソーシャルネットワーキングプラットフォームと、ウィキペディアのようにファイル編集・変更を追跡できるコンテンツプラットフォームをミックスしたもの、と言っていいだろう。他人が書いたコードに誰でもコメントできるし、新しいコードを追加したり、改良したりできる。また、リポジトリにある特定のコードをフォローしたり、何らかの変更があったら通知をもらったりもできる。ツイッターで誰かをフォローして、その人がツイートしたら通知をもらうのと同じだ。

また、ギットハブはＧＵＩを加えることで、ギットを使いやすくした。さらに、メッセージング機能などのアクセサリも追加して、遠距離にいるプログラマーとの間でもプロジェクトを調整・維持しやすくした。ギットハブの共同創設者であるトム・プレストンワーナー元ＣＥＯは、ギットはコラボレーションを可能にしたが、コラボレーションをしやすくしたわけではないと指摘する。ギットハブは、そのプロセスを大幅に簡素化した。同社の最初のスローガンは、「ギットホスティング、もうウザい作業とはおさらばだ[17]」だった。

ギットハブで管理されるプロジェクトは、基本的に公開プロジェクトだ。つまり誰でもそのコードを見てコピーできる。グーグル、フェイスブック、ツイッター、マイクロソフトも、ギットハブで大規模なレポジトリをホストしている。アプリコも、ギットハブで多くのオープンソース・プロジェクトを管理している[18]。こうしてギットハブは、企業がオープンソースコードをホストしたり、

ギットハブ
コンテンツプラットフォーム

見つけたりする場所になった。一定の料金を払えば、アクセスを制限するプライベートレポジトリを作ることもできる。個人開発者なら月数ドル、複数の大規模かつ複雑なプロジェクトを管理する大企業だと年間数万ドルだ。プライベートレポジトリを使えば、ギットハブで社内プロジェクトを管理することもできる。

ギットハブで管理されているプロジェクトは、およそすべてのプログラミング言語で書かれている。書籍などソフトウエア以外の共同プロジェクトでも、ギットハブが使われることがある。ギットについて書かれた本『Pro Git』は、ギットハブで多くの言語に翻訳されている。また、ナポレオン時代からのフランスの全法典を収めたレポジトリもあり、フランスで法改正があったら、ギットハブで変更が記録される。

プラットフォームとイライラするコスト

2012年、ギットハブは大手VCのアンドリーセン・ホロウィッツから1億ドルを調達した。当時としては、アンドリーセン・ホロウィッツ史上最大の投資だった。3年後、ギットハブは企業価値20億ドルという評価を受け、さらに2億5000万ドルを調達した[19]。現在の登録ユーザーは約900万人で、さらに毎月2000万人の未登録ユーザーが訪問している[20]。何がギットハブをこれほど価値の高く、ユーザーにとって魅力的なサービスにしているのか。

まず、そのプラットフォームは、開発者が自分のプロジェクトを管理したり、よそのプロジェクトを探したりするのを簡単にした。経済用語で言うと、ギットハブは、ソフトウエア開発プロジェクトに参加する人にとっての取引費用を大幅に低下させた。取引費用とは、経済学者のロナルド・コースが唱えた言葉で、取引をする際に発生する一切の費用を意味する。調整費用とも言う。要するに、取引費用または調整費用とは、交流への参加費用だ。現実世界の市場やコミュニティーは、経済学の授業に出てくるような完全なものではないから、取引費用が発生する。完全な市場モデルでは、すべての市場参加者が完全な情報を持っていることを前提とするが、現実にはそんな状況はありえない。現実の市場に存在する、さまざまな不完全性や理想的状況からの逸脱が、取引費用を発生させる。

取引費用は、金銭的なコストだけではない。むしろ、金銭的なコストはゼロで、非金銭的なコストだけかかることもある。たとえば、ギットハブに一銭も払っていなくても、特定のプロジェクトを探すときの時間や関心や努力はコストになる。既存のプロジェクトのアップデートを通知したり、他の参加者のアップデートを管理したりするときも、金銭的ではないコストが生じる。

おおざっぱにいうと、取引費用は三つのカテゴリーに分けられる。第一は、探すコストと情報コストだ。これには特定の商品を探す費用が含まれる。ギットハブの場合、特定のプロジェクトを探す時間と努力がこれにあたる。第二のカテゴリーは交渉コストだ。たとえば、ギットハブ上のレポジトリにアップデートを通知した場合、プロジェクトマネジャーは、その提案を認めるか否か判断しなければいけない。ギットハブはこのプロセスを標準化して、コード変更の管理に要する時間と労力を大幅に縮小した。第三の取引費用は執行コストだ。これは価値取引の参加者全員に、適切な行動を促すために発生する費用だ。ほとんどのプラットフォームと同じで、ギットハブはコミュニティーをモニタリングしており、悪質な参加者を排除し、良い行動を奨励する。

ギットハブは、三つの取引費用すべてを大幅に縮小し、ユーザーに大きな価値を提供する。スローガンにあるとおり、ギットホスティングに伴うコストを取り除くのだ。取引費用は総じて煩わしいコストと言える。プラットフォームはみな、何らかの形でこのコストを減らす。たとえば、グーグルはウェブサイトを見つけるのに要する煩わしいコストを削減する。ウーバーは、タクシーをつかまえるのに要する煩わしいコストを減らす。エアビーアンドビーは短期レンタルできる住宅を探し予約するのに要するコストを減らす。フェイスブックは、友達の近況を知り、交流するのに要する煩わしいコストを減らす。ペイパルはオンライン決済に要するコストを減らす。

あなたがプラットフォームを構築するにあたり、どのような価値提案を中核に据えようか決めかねているなら、いい判断基準がある。やり方を変えたい活動を選んで、それを次の文章にはめ込んでみるのだ。「〇〇〇、もうウザい作業とはおさらばだ」。少しばかり乱暴な表現だが（ギットハブのスローガンもほどなくして変更された）、このやり方は手軽な見分け方になるはずだ。

そのためのアプリがある

ギットハブは、取引費用の削減だけでなく、コードを管理編集しやすい環境を提供するという価値をもたらした。そのプラットフォームは、ユーザーが取引をするだけでなく、創造することも奨励するように設計されていた。これはプラットフォームの役割の二つめに重要な側面だ。プラットフォームは、補完商品や補完サービスを生み出しやすいインフラを提供する。ギットハブの場合、この補完品はレポジトリだ。ユーザーが作るレポジトリが増えるほど、プラットフォームとしてのギットハブの価値は上がる。だからギットハブは、ソフトウエア開発者がオープンソースプロジェクト（バージョン管理、編集、コミュニケーションを含む）をホストし、管理するのを簡単にする基本的なツールを提供する。これらのインフラは、参加者がコードを書き、編集するのを助ける仕組みになっている。なぜならギットハブの究極的な価値は、レポジトリの設置と編集をいかにやりやすくするかにかかっているからだ。

アップルのiOSプラットフォームもよく似ている。ギットハブが、レポジトリを作る開発者にとって魅力的でなくてはならないように、iOSはアプリ開発者にとって魅力的でなければならない。このためアップルは、安価なSDK（ソフトウエア開発キット）と、多くのAPI（アプリケーションプログラミングインタフェース）を提供する。SDKとAPIがあれば、アプリ開発者はデバイスの中核的機能を活用したアプリを開発できる。開発者にとってiOSの価値は、iPhoneの多くの機能と組み合わせて、キャンディークラッシュやスナップチャット（Snapchat）、ティンダー（Tinder）など、iPhoneでできる新しいエクスペリエンスを生み出せることにあった。アップルのかつての宣伝文句「そのためのアプリがあります」を思い出してほしい。アップルは早い段階で、iPhoneの価値の大きな部分は、電話そのものではなく、アプリがユーザーに提供する新しいエクスペリエンスにあることに気がついた。ギットハブでいうなら、「そのためのレポジ

アップルのiOS
開発プラットフォーム

トリがあります」だろう。ギットハブを調べれば、誰でも探していたソフトウエア開発プロジェクトが見つかる可能性は高い。

要するに、すべてのプラットフォームは二つのことをする。取引費用を下げ、補完的イノベーションを可能にすることだ。この二つの価値提案を組み合わせると、大きなインパクトを生み出せる。ウーバーがタクシー業界を変革したように、既存の産業を変革することができるし、アップルがモバイルアプリでしたように、まったく新しい業界を作ることができる。ギットハブが登場するまで、有料ギットホスティング市場は存在しなかった。ギットハブはプラットフォームを構築することで、その市場を作ったのだ。

プラットフォームの構造

究極的には、プラットフォームは取引を円滑化することによって、価値を創造する。直線的なビジネスが、商品やサービスを作ることで価値を生み出すのに対して、プラットフォームはつながりを作り、取引を「製造する」ことで価値を生み出す。GMは自動車を作るが、ウーバーはドライバーと乗客の取引を作る。ただし輸送そのものをするのではなく、ドライバーと乗客のつながりと、両者間の価値交換を円滑化する。あるプラットフォームの中核をなす取引は、「コア取引」と呼ばれる（**図1・5**）。コア取引は、ユーザーにとっての価値を生み出すという意味で、プラットフォームの「工場」だ。それは潜在的なつながりを取引に変えるプロセスでもある。このコア取引を正しく

図 1.5

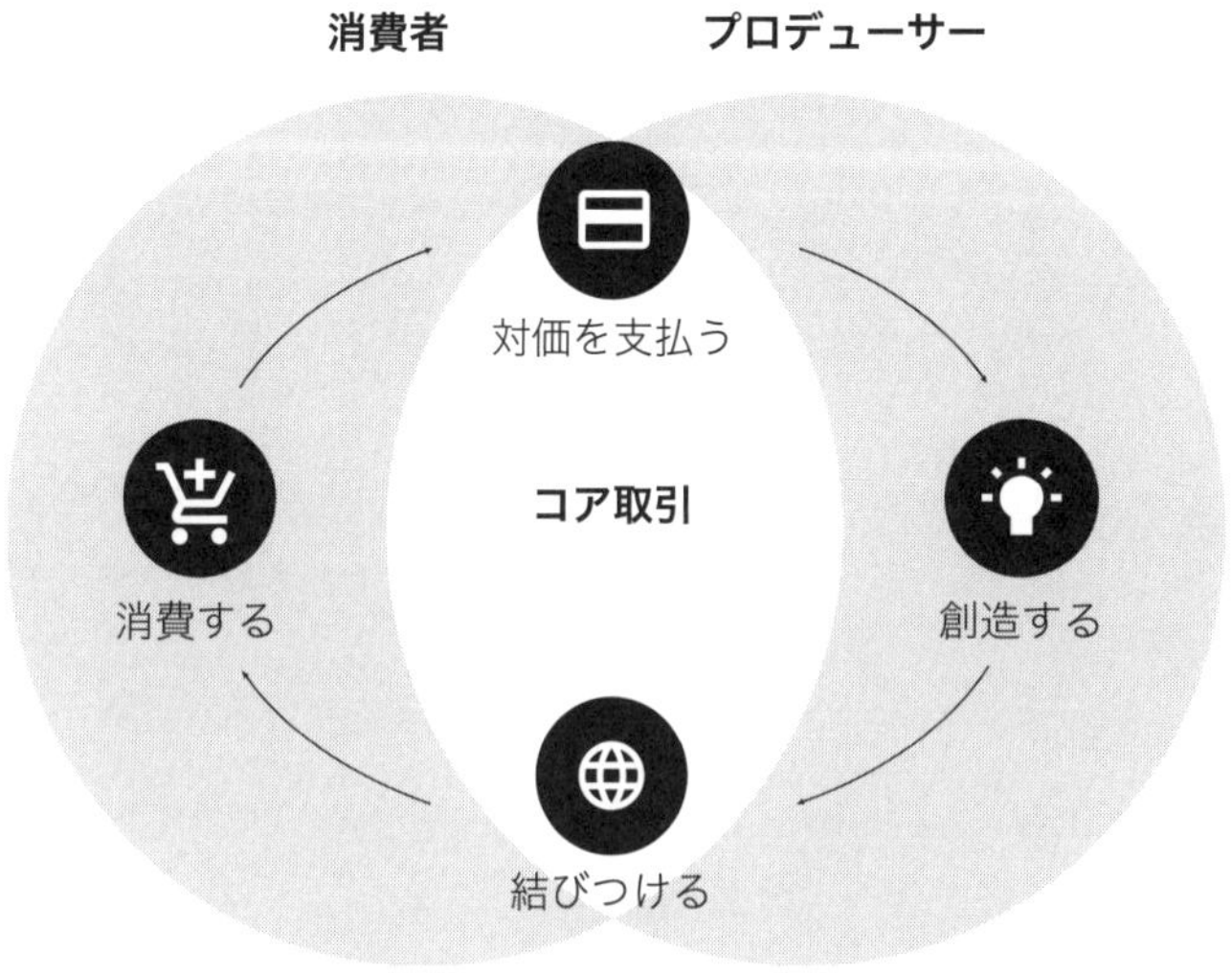

設定することは、プラットフォーム設計でもっとも重要な部分だ。なぜならプラットフォーム自身の価値は、ユーザーがコア取引を繰り返して、価値を生み出し、交換することによって高まるからだ。

ただし、コア取引を円滑にするといっても、プラットフォームはユーザーの行動を直接コントロールすることはできない。この課題は実にユニークだ。どうすれば無数のユーザーを、思いどおりに動かせるか。それにはユーザーをネットワークに参加させ、そのマッチングを助け、取引をしやすくする技術を提供し、信頼を醸成して質を維持するためのルールを作ることが必要だ。これらはプラットフォームの四つのコア機能だ（**図1・6**）。

1　オーディエンス構築
2　マッチメーキング
3　中核的ツールとサービスの提供
4　ルールと基準の設定

図1.6

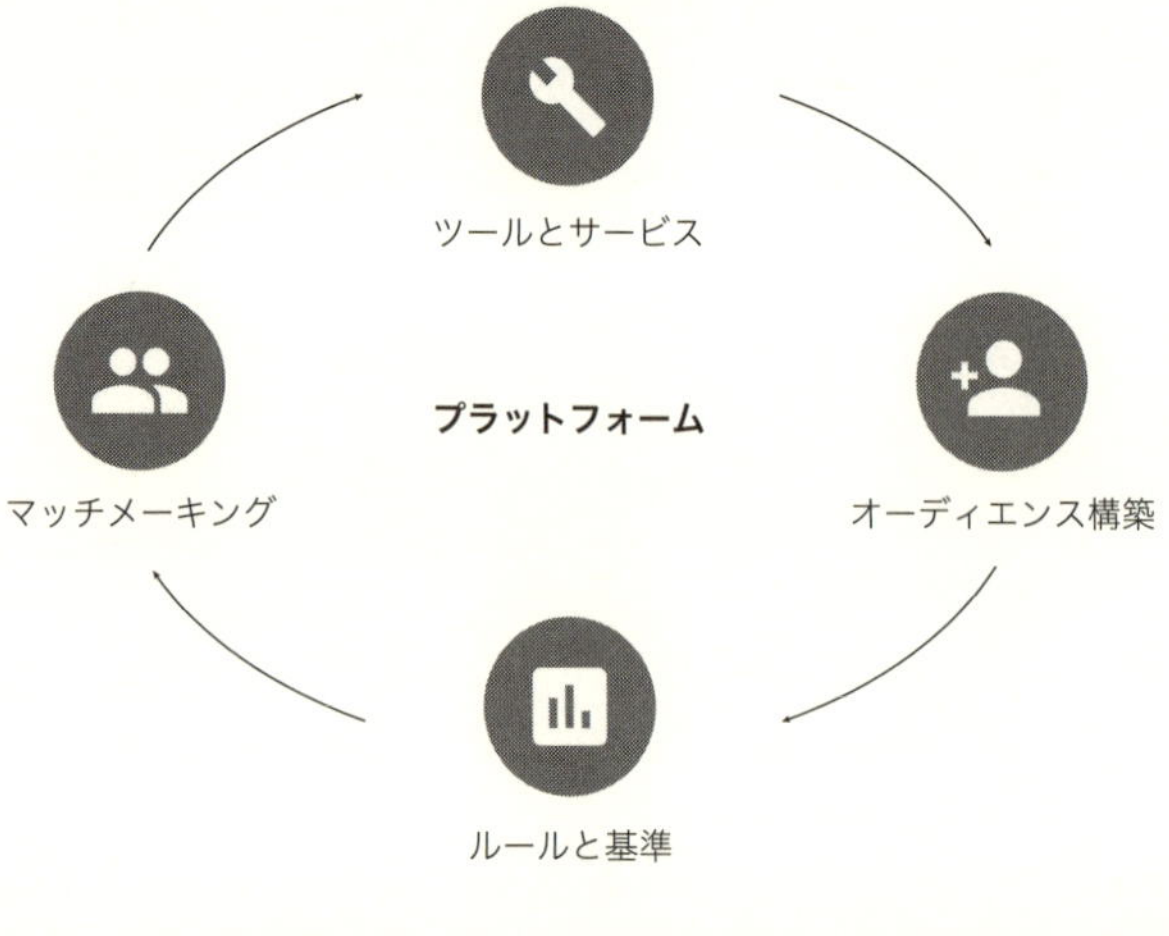

この四つの機能をうまく働かせることができれば、そのプラットフォームはコア取引を円滑化できる。コア取引については、第５章で詳細に触れる。第６章では、四つのコア機能を詳述する。本章ではまず、プラットフォームがネットワークを構築・維持し、そのつながりを取引に変えることを理解してほしい。

交換型対メーカー型――基本的なプラットフォームの違い

アリババのようなプラットフォームと、ｉＯＳのようなプラットフォームを比較すると、その中核的価値が異なることに気づくだろう。プラットフォームには、アリババのように取引費用の縮小に重点を置いているものもあれば、みずからの基本的なインフラを提供して、ユーザーの創作活動の推進に注力するものがある。

後者の例としては、ｉＯＳやアンドロイドのような開発プラットフォーム、それにミディアム（Medium　記事やブログを投稿できるプラットフォーム）やユーチューブのようなコンテンツプラットフォームがある。ギットハブもそうだ。これらのプラットフォームはそれぞれ、プロデューサーがソフトウエアやコンテンツを書いたり、動画やコードを作ったりするためのツールとインフラを提供する。一方、アリババやウーバー、エアビーアンドビーのようなプラットフォームは、ユーザー間の直接的な取引を円滑化することに重点を置いている。

消費者とプロデューサーの直接取引を最適化することで価値を提供するプラットフォームと、プロデューサーが補完商品を作り、それを大規模なオーディエンスに向けて公開または頒布できるようにすることで価値を生み出すプラットフォームとでは、大きな違いがある。この第一のカテゴリーを交換型プラットフォーム、第二のカテゴリーをメーカー型プラットフォームと呼ぶ。どちらも根本にあるのはプラットフォーム・ビジネスモデルだが、交換型プラットフォームとメーカー型プラットフォームの機能は基本的に大きく異なる。

マッチング意思――1対1と1対多

最大の違いの一つは、マッチング意思と呼ばれるコンセプトと関係がある。マッチング意思とは、所定の時間内にプロデューサーが交換できるアイテムの単位数の最大値だ。

イーベイのようなプロダクトマーケットプレースを見てみよう。売り手は、一つのアイテムを売りたがっている。そのオークションが終了したら、そのアイテムを別の買い手が買うことはできない。売り手が、同一アイテムを複数持っている可能性はある（同じTシャツ5枚など）が、マッチング意思は在庫一単位につき1だ。ウーバーのドライバーのマッチング意思も似ている。所定の時間内に一人の乗客を乗せたいと思っている。1時間に複数の実車をできるかもしれないが、特定の客を探しているとき、マッチングしたいのは乗客一人または乗客グループ一つだ。乗客一人が、ドライバー一人を予約したら、そのドライバーはその時間、そのプラットフォームで別の活動はできない。だからドライバー一人のマッチング意思は1だ。

あるプロデューサーのマッチング意思の値は、取引の性質によって変わる。しかし交換型プラットフォームでは、プロデューサーのマッチング意思には必ず限界がある。比率で示すと、ある交換型プラットフォームにおけるプロデューサーのマッチング意思は1対1または、せいぜい1対いくつか、だ。たとえば、スカイプでの3者会話では、その電話をかけた人のマッチング意思が1対2になる。それでもスカイプをかける人のマッチング意思は、依然として、その人が所定の時間に通話できる人の数に限定される。

メーカー型プラットフォームでは、マッチング意思に限界がない。メーカー型プラットフォームにいる一人のプロデューサーにとって、マッチング意思は理論的には無限だ。無限の数の人がユーチューブで同じ動画を見て、アップストアで同じアプリをダウンロードして使い、ミディアムで同じ記事を読むことができる。プロデューサーは無数のオーディエンスに向けてアプリやコンテンツを公開する。そこではマッチング意思は1対∞（無限）、あるいは少なくとも1：たくさん、だ。ビデオゲーム中継プラットフォームのツイッチ（Twitch）でのライブストリーミング配信と、スカイプの例を比べてみよう。ツイッチでゲームを中継している人は、視聴者と1対1でコミュニケーションをしているのではなく、大人数のグループに向けてブロードキャストしている。

このダイナミクスを理解するもう一つのカギは、交換型プラットフォームは在庫に限界がある（所定の時間に、一定の人数しか在庫を消費できない）のに対して、メーカー型プラットフォームにはそうした限界がないことだ。たとえば、前述の通り、ユーチューブでは同時に何人でも同じ動画を見ることができる。ユーチューブのサーバーが処理できるなら、地球上の全員が同時に同じ動画を見ることもできる。だがウーバーでは、特定の車に乗れる人は限られているし、エアビーアンドビーでも、所定の時間に一つのアパートを借りられる人の数は限られている。

プラットフォームのタイプ

プラットフォームは、交換型とメーカー型の中でも、さらにいくつかのタイプに分けられる（図1・7）。どのタイプも、交換される価値（モノやサービス）を中心にコア取引が構築されている。業界を問わず、同じタイプに属するプラットフォームは、仕組みも似ていることが多い。このことは私たちがプラットフォーム企業のデータベースを作成しているときにわかってきた。(21)

以下に、交換する価値の種類（それがコア取引を定義する）とともに、プラットフォームの九つのタイプを示す。

交換型

1　サービスマーケットプレース……サービスの交換
2　プロダクトマーケットプレース……物理的商品の交換
3　決済プラットフォーム……金銭による支払い
4　投資プラットフォーム……投資（株か融資かを問わず、金融商品のために交換される金銭）

図 1.7 プラットフォームの種類

5　ソーシャルネットワーキングプラットフォーム……ダブルオプトイン式（友達申請型）の交流

6　コミュニケーションプラットフォーム……1対1の直接交流（例：メッセージング）

7　ソーシャルゲームプラットフォーム……複数のユーザー（味方かライバルかを問わず）がいるゲーム交流

メーカー型

1　コンテンツプラットフォーム……一つのコンテンツ（記事、写真、動画等）

2　開発プラットフォーム……ソフトウエアプログラム

各タイプには、コモディティー化のレベルが高いプラットフォームから低いプラットフォームがあり、そのレベルがプラットフォームの仕組みや設計を決める。なぜならコモディティー化のレベルは、コア取引の複雑度を反映しているからだ。別の言い方をすると、コモディティー化とは、消費者とプロデューサーが取引をするとき発生する費用を反映するものだ。したがって、取引費用が低いビジネスには、コモディティー化のレベルが高いプラットフォームが向いている。

たとえばサービスマーケットプレースの中でも、そのサービスがどのくらいコモディティー化されているかによって、プラットフォームの形は違ってくる。ここで、サービスが「コモディティー化されている」とはどういうことか。簡単に言うと、消費者があるサービスで重視する側面は限られているということだ。もし重視する側面が少ないなら、コア取引もシンプルにしたほうがいい。たとえば、トイレ修理や食事配達といったサービスで、消費者が重視するのは、そのサービスが時間以内に完了することだ。プラットフォームが適正な料金とサービスの質を保証してくれるなら、誰がそれを実行してくれても基本的には構わない。

したがって、コモディティー化されたサービスを仲介するプラットフォームは、できるだけシームレスに消費者とプロデューサーをマッチングさせることに力を注ぐべきだ。実際、このタイプのプラットフォームで最も成功しているところは、それをやっている。たとえば、ウーバーの自動マッチングや（議論になっている）ピーク料金システムは、できるだけ多くの取引を円滑化するためのものだ。これに対して、エアビーアンドビーが仲介するアパートレンタルは、非コモディティー化サービスだ。こちらは消費者が重視する要素が極めてたくさんある。アパートの所在地、広さ、アメニティーの種類、ホストがいるかどうか、アパート全体を借りられるのか、ソファが一つだけか、犬も泊まれるか、喫煙できるか、などだ。こうなると消費者が重視する要素が多すぎて、自動マッチングはしにくい。だからエアビーアンドビーは、自動マッチング機能を強化するよりも、ユーザーが物件を簡単に検索できるようにすることに力を入れている。非コモディティー化サービスプラットフォームにとっては、それが正しいあり方だ。

このようにサービスや商品のタイプに合わせてプラットフォームを設計することは、成功の決定的なカギになる。逆にこの部分を間違ってしまうと、競争に取り残されてしまうことが多い。サービスマーケットプレースでは、タスクラビット（TaskRabbit）がいい例だ。タスクラビットは、アメリカ初の大規模サービスマーケットプレースの一つで、掃除や家の修理といった雑用をやってくれる「タスカー（請負人）」を探すプラットフォームだった。それはコモディティー化されたサービスなのに、タスクラビットは非コモディティー化サービスのようなプラットフォームを作ってしまった。まず、ユーザーが依頼したいタスクを投稿して、請負人が入札するオークション式のプラットフォームを構築した。「これは面倒臭いのでは？」と思われた読者は正しい。やがてタスクラビットはコア取引の設定を間違ったことに気がつき、2014年7月、シンプルで透明性の高い価格設定方法に変えた。新しいモデルでは、入札式を廃止して、ユーザーがタスクを投稿すると、自動的に3人の請負人候補が表示される。そこには時間あたりの料金と経験レベルも表示されるから、ユーザーはそのなかから気に入った請負人を選ぶ。これは正しい変更だったのだが、依然として価格決定は当事者たちに任されていた。コモディティー化されたサービスのマーケットプレースは、プラットフォーム側が価格決定を担うべきだ。この種のサービスを仲介するハンディー、リフト（Lyft）、グラムスクアドのプラットフォームを見ると、シームレスなマッチングは、透明性の高い価格決定によって確保されることがわかる。タスクラビットはコア取引の円滑化に失敗したため、ハンディーのような後発業者に抜かれた。ハンディーは価格決定や発注プロセスの円滑化を重視した設計になっていた。その結果、優れたユーザーエクスペリエンスとシームレスな取引モデルが確立されて、全米最大の家事代行サービスマーケットプレースに成長した。

誤解のないように言っておくと、コア取引がコモディティー化しているということは、そのプラットフォームが不利な立場にあるという意味ではない（コア取引のコモディティー化はビジネスのコモディティー化とは違う)。コア取引のコモディティー化レベルが、そのビジネスモデルをどのように設計して、プラットフォームを最適化するべきかを決める。自分たちのビジネスに合ったプラットフォームのタイプは見つかっても、コモディティー化のレベルを見極めるのは難しい。いま思えば、家事代行サービスはコモディティー化のレベルが高いから、ハンディーが価格を決定することにしたのは当然のような気がする。ところがタスクラビットなど多くのライバルプラットフォームは、そこを間違ってしまった。

他のタイプのプラットフォームでも、コア取引のコモディティー化レベルは同じような役割を果たす。たとえば、投資プラットフォームのコモディティー化レベルは、プラットフォーム側が料金を決定するべきか否か、そして、どのくらい自動的にマッチングを行うかといったことを左右する。ピア・ツー・ピアの融資プラットフォーム、レンディング・クラブ(Lending Club)のように、コモディティー化が進んだ投資プラットフォームであればあるほど、アルゴリズムによって価格を決めやすい。実際、レンディング・クラブでは当初、貸し手が金利を決められたが、のちにプラットフォーム側が決めるようになった。そのほうが取引から不要なフリクションを取り除けると判断したのだ。一方、スタートアップ専門の投資プラットフォーム、エンジェルリスト(AngelList)では、コモディティー化のレベルが低いコア取引向けのアプローチが必要だ。

同じ考え方が、ソーシャルネットワークにもあてはまる。ティンダーなど、よりコモディティー化が進んだサービスのプラットフォームでは、ユーザーのプロフィールは写真と短い文章だけで、近くにいる誰かと自動的にマッチングをする。だが、リンクトインのようなプラットフォームでは、ユーザーのプロフィールはもっと詳しくて、コモディティー化のレベルは低い。この種のプラットフォームでは、自動マッチングではなく、それぞれが重視する条件を検索できる設計のほうが、適切なマッチングを生み出せる。コンテンツプラットフォームの設計でも、コモディティー化のレベルが影響を与える。ツイッターやインスタグラムのようにコモディティー化のレベルが高いコンテンツのプラットフォームでは、一般にコンテンツを素早く簡単に作れるから、消費者とプロデューサーに重複する部分が多い。一方、ユーチューブの動画のようにコモディティー化のレベルが低いコンテンツプラットフォームでは、プロデューサーと消費者がはっきり分かれている。こうしたプラットフォームは、一握りのユーザーが大部分のコンテンツを作るため、「べき乗則」に近い力学が働くことが多く、それに応じて設計される必要がある。

プラットフォームのデザイン

交換型プラットフォームかメーカー型プラットフォームかを分けるのは、意味論上の違いだけではない。すべてのプラットフォームは、消費者とプロデューサーを結びつけることに注力するが、交換型とメーカー型どちらのプラットフォームを選ぶかによって、そのプラットフォームがもたらす中核的な価値は根本から変わってくる。第5章と第6章で述べるように、この選択は、非常に異なるコア取引につながり、プラットフォームの設計に重大な影響を与える。

コア取引は、プラットフォームの設計で交換型かメーカー型かを見極めることがいかに重要かを示す一例にすぎない。たとえば、交換型かメーカー型かは、プラットフォームの四つのコア機能の設計方法と提供方法にも影響を与える。どちらのカテゴリーに属するかによって、マッチメーキング戦略やルール・基準は大きく違ってくる。あるプラットフォームが交換型かメーカー型かは、オーディエンス構築戦略にも影響を与えるだろう。ウーバーやアリババのような交換型プラットフォームは、需要と供給が十分に重なる、流動性の高いマーケットプレースを構築することに力を入れるべきだ。一方、アンドロイドやユーチューブなどのメーカー型プラットフォームでは、マッチング意思が極めて高いから、パワフルなノードの役割を果たす「スター」を有機的に作ることに力を入れるべきだ。セレブに参加してもらって、そのセレブがファンを連れて来てくれることを期待するメーカー型プラットフォームは多い。しかしそのプラットフォームが、ネットワーク効果によって独自のセレブを生み出せるようになったら、「臨界」に達した証拠だ。ユーチューブのピューディパイや、インスタグラムのダン・ビルゼリアン、そしてヴァイン（Vine）のナッシュ・グリアはみな、それぞれのプラットフォームで莫大なフォロワーを有機的に構築して、無名の一ユーザーから大スターになった。

このように、あるプラットフォームがメーカー型か交換型か理解することは、コア取引と四つの機能の設計に大きな影響を与える。したがってプラットフォームを設計するときは、自分（自社）がどちらのプラットフォームに向いているかを一番に把握するべきだ。

第2章
ハイエク対コンピューター
または20世紀についての知識すべてがまちがっている理由

「ときには誰かが銃の引き金を引く必要があるんでね」

「あるいは引き金を引かない判断もな。パジャマ姿じゃどっちかわからないだろう」

――ジェームズ・ボンド、『007 スカイフォール』

テクノロジーとは不思議なものだ。ここ20年ほどの進歩はまるで奇跡のようだった。現在私たちが日常的にやっていることの多くは、10年前は想像すらできなかった。その一方で、テクノロジーは奇妙なくらい、当たり前のものとして受け止められやすい。多くの人はコンピューターやスマートフォンを、自分がやりたいことを可能にしてくれるツール（愛する人に電話する、キャンディークラッシュで遊ぶ、ピザを注文する……）と考える。でも、テクノロジーを単なるツールと呼ぶのは、それが世界に与える影響をあまりにも軽視している。テクノロジーは、単なる目的達成手段ではない。私たちの現実（と経済）を形作っているものだ。

１８０４年の蒸気機関の発明を考えてみてほしい。この新しい輸送方法は、それまでになく速く遠くまで人やモノを動かすのを可能にした。蒸気機関は「地元」の定義を広げ、世界を小さくした。自動車は、そのトレンドをさらに押し進めた。新しいテクノロジーは、新しいコミュニティーと社会構造、そして新しいビジネスを生み出した。

この種の社会の変化は、常に起きている。よく言われるように、この世で不変なのは変化が起き続けるということだけだ。だが、その過程でテクノロジーが果たす役割は見落とされがちだ。これはテクノロジーの進歩が少しずつ起きることが一因だ。産業革命は一つの事件とみなされがちだが、実際には数十年にわたるプロセスだった。革命というよりは、緩やかな進歩が革命的な影響をもたらしたのだ。

革命的な影響が現れるまでには、長い時間がかかることが多い。産業革命の初期、動力として使われていたのは蒸気と水だったから、工場は川の近くに建てなければいけなかった。電気が普及するとその必要はなくなったが、企業は引き続き水辺に工場を建設した。電気の持つ可能性が、まだ完全には理解されていなかったからだ[1]。

テクノロジーはツールに過ぎないという考え方は、とりわけ経営戦略の世界でよく見られる。経営戦略の思想体系はある程度進歩を遂げてきたが、その核心的な部分は、20世紀のほとんどの間不変と考えられてきた。

世界は変わっているのに（しかも急速に）、多くの組織は同じような経営を続けている。たとえば、インターネットとスマートフォンが、企業と消費者の関係をいかに変えたか考えてみよう。現代の消費者は、これまでになく大きなパワーを持つようになった。たとえば、実店舗で商品の実物を見てからネットで安い価格で購入する「ショールーミング」の広がりによって、消費者はより質が高く、より安い商品を見つけられるようになった。また、ある商品を無数の「友達」に勧めたり、その不調を言いふらしたりすることもできる。その結果、消費者は以前だったらありえないほど、購入プロセスに価値を置くようになった。もう地元の店が提供する商品と情報に縛られる必要はない。情報の流れは一方向ではなくなったのだ。このシンプルな変化は、企業のオペレーションに予期せぬ大きな影響を与えてきた。こうした変化をもたらした最大の原因は、テクノロジーだ。「ツール」がこれほどのパワーを持つときは、特別な注目に値する。

現代は、新しいビジネスモデルすなわちプラットフォームが、古いビジネスモデルに急速に取って代わっている歴史的にユニークな時代だ。インターネットの可能性は、まだ完全には理解されていない。私たちはまだ、その表面を削り取り始めたばかりだ。なにしろプラットフォームが現代経済を乗っ取り始めてから、まだ10年かそこらしかたっていないのだ。

プラットフォーム企業は、テクノロジー企業にすぎないと考えられがちだが、それは違う。そのビジネスモデル自体は新しいものではないし、テクノロジー業界に限定されていたわけでもない。実は、プラットフォームは人間社会と同じくらい古くからある。古代ローマの市場、古代の競り市、ペルシャ帝国のバザール、現代ではイエローページ（職業別電話帳）、新聞などの3行広告、それにショッピングモールもプラットフォームの一種だ。だが、現代においてプラットフォームがとりわけ重要な意味を持つ理由は、テクノロジーと関係している。

ただし本書は、「社会の仕組みや経済活動、文化的価値観の進歩は、みなテクノロジーが決定づけてきた」という考え方を擁護しているわけではない。この考え方を象徴するのが、文明批評家マーシャル・マクルーハンの「メディアがメッセージになる」という言葉だろう。つまり目的を達成するために使われるテクノロジーが、それ自体として大きな意味を持つようになるというのだ。たしかに一理あるが、その考え方は人間の行動や欲求が、テクノロジーの進歩や使用法に与える影響を無視している。テクノロジーはニュートラルなツールではない。たしかにテクノロジーは人間の認識に影響を与えるが、人間もテクノロジーの進歩に影響を与えるのだ。

プラットフォームが大きな存在となってきた今は、テクノロジーと経済と社会の複雑な関係を見つめ直すチャンスでもある。とりわけテクノロジーに関する私たちの思い込みが、いかに経済学や経営戦略の基本原則だと思われていることの根底をなすかを、改めて見直すことにつながる。過去半世紀、私たちはテクノロジーとその使い方の変化が、経済の基本概念を根本から覆すことを目の当たりにしてきた。

本章では、テクノロジーの変化とそのインパクトが、20世紀の直線的なビジネスから、現代のプラットフォーム・ビジネスへのシフトをもたらしてきたことを論じる。また、その過程で、現代の経済システムの根本的な考え方に異論を唱え、20世紀は不変と考えられていた経営戦略のいくつかが、もはや有効でなくなったことを明らかにする。

計画経済とパジャマを着た男

まず昔ながらの問題から考えてみよう。どうすれば経済を最もうまく動かせるか。中央がすべてを決める計画経済がいいのか、権力が分散化された市場に調整を任せたほうがいいのか。多くの意味で、20世紀はこの問いをめぐる巨大な戦争の時代だった。政府も企業も、自分たちの見方が正しいことを証明しようと戦った。1990年代のソ連の崩壊は、この議論に決着をつけたかに見えたが、長い間、その答えはさほど明白ではなかった。

市場擁護派の最大の主張は、市場経済のほうが計画経済よりも効率的だというものだった。これはアメリカでは福音のように受け入れられているが、それは本当なのか。たしかに正しい条件が揃えば、市場は経済活動を極めて効率的に動かせる。しかしそれには、経済学的に多くの前提をクリアする必要がある。なかでも重要な前提は「完全な情報」だ。つまりすべての市場参加者は、市場における関連要因すべてについて、常に完全な情報を持っていなければならない。どんなプロデューサーも生産技術を熟知し、売り手も買い手も他の売り手の提示価格を知っている。誰かが他の人は知らない市場情報を持っているといった「情報の非対称」はありえない――。

もちろん、そんなことこそありえない。現実の経済では、情報は不完全であるのが普通だ。それに驚くべきことに、誰もが完全な情報を持っているなら、市場経済と計画経済の間に効率性の差は生じない。実際、ソ連の経済学者レオニード・カントロビッチは、著書『経済資源の最適配分論』（*The Best Use of Economic Resources*）で完全な市場と完全な計画の機能的等価性を証明したことなどにより、１９７５年にノーベル経済学賞を受賞した。[2] 完全な情報が存在するなら、計画経済の立案者も市場と同じくらい効率的に資源を分配できるというのだ。直感的に、これは納得がいく。ある経済について何でも知っていれば、資源を最も効率的に分配する方法がわかるはずだ。何でも知っている計画経済の立案者なら、既存の情報すべてを考慮して、資源を可能な限り最適に分配する方法を見出せる（多くの経済学者が市場にしかできないと主張していることだ）。

完全な情報という概念の欠陥に気がついたのは、カントロビッチが初めてではない。オーストリアの経済学者フリードリヒ・ハイエクは、数十年先に同じ問いをしている。ハイエクの理論が最も大きな影響力を持ったのは20世紀半ばだが、現在も多くの自由至上主義者や保守主義者の間で人気がある。ハイエクは、１９４４年の著書『隷属への道』（邦訳・春秋社）で、経済的意思決定を政府がコントロールするという計画経済の危険性を警告した。

このことから想像がつくように、ハイエクは自由市場の強烈な支持者だった。しかし同時に、従来の「完全な市場」論に欠陥があることに気がついた。たとえば「競争の意味」と題した論文で、ハイエクは当時のほとんどの経済学者が支持していた、完全な競争という概念を厳しく批判した。完全な競争という概念は、「それ自体に結論が暗に含まれており、概念的には存在するかもしれないが、その実現方法はわからない条件を定義しているにすぎない」というのだ。[3] つまり完全な競争という理論は、市場が完全に効率的になる条件を想定したうえで、その条件をもって市場が完全に効率的で、計画経済よりもうまく機能する証拠としようとする。それでは説得力がないし、論理的でもないと、ハイエクは知っていた。それに、どうすれば現実の世界で経済活動を最もうまく調整できるかという問いへの答えにならない。ハイエクは「社会における知識の利用」という論文で、この誤謬を強調している。「この見解は、そのような知識をできるだけ広める方法を見つけることこそが、私たちの課題だという事実を無視している」[4]。完全な市場論は、市場が解決できるとする問題そのものを遠ざけている。

だが、ハイエクはこの論文で、市場経済が計画経済よりも優れている別の理由を示した。すなわち、中央集権化された権威には、分権化した経済を有効に調整することはできない。それは私たちが、完全な情報の存在する世界には住んでいないからだと、ハイエクは指摘する。個人では、経済を有効に調整するのに必要な情報すべてを集めることはできない。「私たちが活用しなければならない知識は、集中的または統合された形で存在したことはなく、あちこちに散らばった、不完全かつしばしば矛盾する個人の知識として存在してきた」と、ハイエクは言う。私たちは完全な情報に基づき活動しているのではなく、極めてばらばらに分散した情報の世界に生きている。ハイエクはこのような状態にある情報を「ローカルな知識」と呼び、「特定の時間の、特定の場所における状況に関する知識」と定義した。

ハイエクにとって、このインサイトは大きな意味を持った。計画経済の立案者は、特定の時間の、特定の場所に関する状況について知識を持ちえないから、「何らかの方法を見つけなくてはならないだろう。その場合、こうした知識に基づき下されるべき決定は、『そこにいる人間』に任される可能性がある」。さらに、たとえ一人の人間が経済を調整するのに必要な情報をすべて知ることができたとしても、環境は常に変わるから、その情報すべてを一人で消化して、経済の指揮を執ることはできないだろう。要するに、必要なのは、何らかの形で分権化することによって、ローカルな知識が経済活動に「速やかに活用される」ようにすることだ。

世界最高のスパイ、ジェームズ・ボンドはこのことを知っている。映画『007　スカイフォール』で、ハイテク・スパイグッズ担当のQは、「私なら朝起きて最初のアールグレイを飲む前に、パジャマ姿のままパソコンに向かって、あなたが現場で1年かかってやるよりも多くのダメージを与えられる」とボンドに向かって軽口を叩く。

「だったら、なぜ私のことが必要なんだ」と、ボンドは聞く。

「ときには誰かが銃の引き金を引く必要があるんでね」と、Qは答える。

「あるいは引き金を引かない判断もな。パジャマ姿じゃどっちかわからないだろう」と、ボンドは言い返す。完璧な個人主義者のボンドは、質の高い判断をするには、タイミングと現場の状況を知る必要があることを知っている。[5]ボンドもハイエクも、実際に現場にいなければ、正確かつタイムリーな情報を得ることはできず、中央で計画してもうまくいかないと知っているのだ。

こうしてハイエクは、大規模な経済活動を中央が調整するのは現実的ではないと主張する。代わりに必要となるのは、個人が持つローカルな知識をまとめあげ、それに基づく対応が取れる分権化のメカニズムだ。そこでハイエクが提案する解決法は、価格システムだ。ハイエクはこれを、「一種の変化を登録する仕組み」だと言う。この仕組みによって、「個々のプロデューサーは一握りの指標の動きを見さえすれば」、経済全体で起きていることを把握できる。つまりハイエクは、価格システムは原始的な情報の計算機であり、価格は尺度（あるいは主要な業績評価指標）だとし、それを見れば、個々のプロデューサーは中央から遠く離れた場所にいても経済全体の状況を理解できると考えた。すべての人は自分のローカルな知識に基づき行動するから、市場はすべての情報をまとめあげ、リアルタイムで調整することになる――。この主張は現実を説明している。情報は完全ではなく、自由に入手できるわけでもない。市場は、個人が持つ情報の合計を価格という形で示すことによって、この問題を解決する。

歴史は、おおむねハイエクが正しいことを証明してきた。中央による調整は、分権化した市場に敗北し、それ以来、価格システムに基づく市場経済が現代社会のデフォルトになってきた。

企業本質論

ハイエクは計画経済よりも市場経済のほうが優れていると説得力のある議論を展開したが、市場経済の効率性に疑問を投げかける重要な主張も存在した。たとえば経済学者のロナルド・コースは、市場が経済活動を効率的に調整できるなら、なぜ企業が存在するのか、と問いかけた。市場だけで完全に効率的な経済運営ができるなら、企業はそこにどんな価値を加えるのか。これは市場経済を支持する学者たちにとって、厄介な問題だった。なぜなら、コースがノーベル経済学賞の受賞演説で述べたように、「現代の経済システムでは、ほとんどの資源は企業内で使用されており、それをどう使うかは、市場の直接的な作用ではなく、経営判断によって決まる。したがって経済システムの効率性は、こうした組織とりわけ企業が業務をどう処理するかに極めて大きく左右される」(6) からだ。経済における企業の役割がそれほど大きいなら、なぜ主要経済理論はその存在を説明できないのか。そこでコースは、市場に参加するには実はコストがかかると考えることで、このジレンマを解決した。そしてそのコストを取引費用と呼んだ。第1章で簡単に触れたコンセプトだ。

コースの理論では、企業が特定のタスクをこなすために、適切なタイミングで適切な労働者を見つけること、あるいはサプライヤーを探して価格を交渉するのは、厄介すぎるかコストがかかりすぎる。このように、マーケットプレースで1件の取引を完了させるのに生じるコストは、一種の取引費用だ。取引費用がないなら、誰でも必要なものをすぐに市場から入手できるから、商品やサービスの取引をするのに伝統的な組織を作る必要はない。コースは、この取引費用の概念に基づき、市場経済においては取引費用が組織の形を決めるとする「企業本質論」を発表した。それによると、企業は、分権化された市場取引により経済活動を調整することから生じる取引費用と情報の欠乏を最小限に抑えるために組織される。企業は、市場でやるよりも効率的に処理できる活動は社内化し、それ以外の活動は外部化する。企業は事実上、巨大な市場経済の中に存在する小さな計画経済だ（図2・1）。

図2.1　三つの異なる経済活動の仕組み

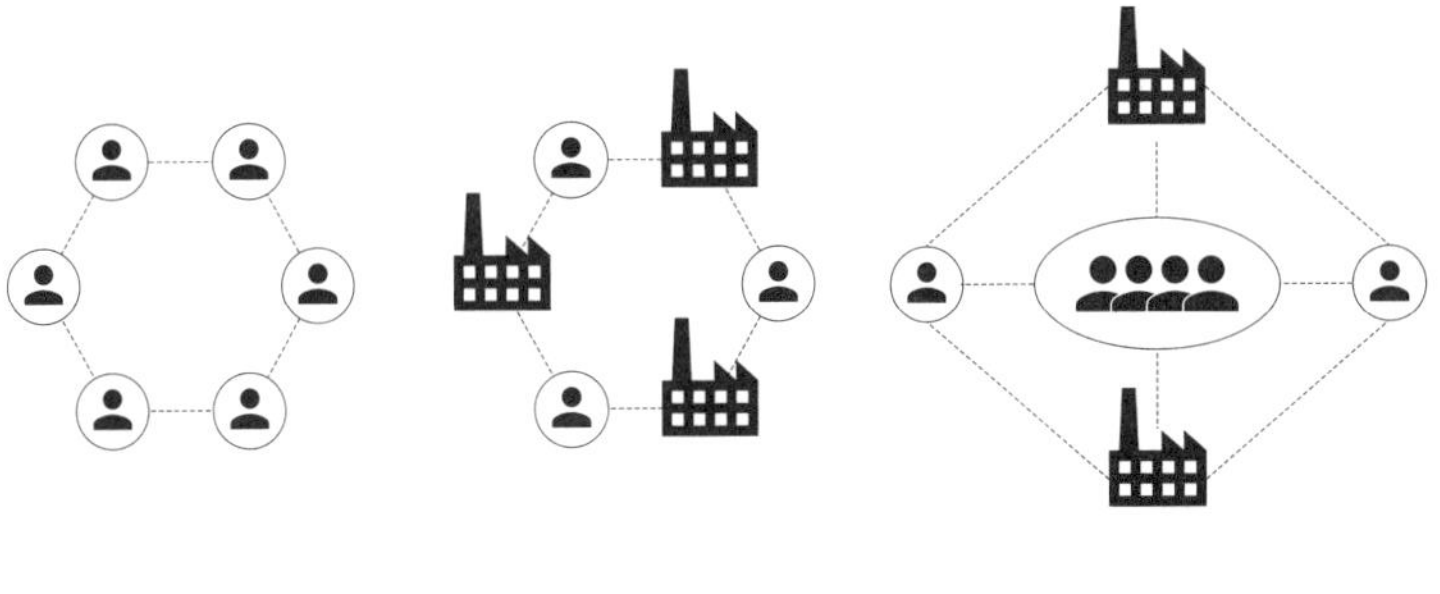

コースの理論は、経営戦略に重要な影響を与えた。それは、企業は組織が大きくなるにしたがい、より効率的に処理できる活動を社内化し、効率的に処理できないことを外部化することで、情報コストと取引費用を最小限にできることを示唆していたからだ。この力学から、規模の経済性という概念が生まれた。その生みの親である、ボストン・コンサルティング・グループの創業者ブルース・ヘンダーソンは、軍事戦略（大量性で敵を圧倒する）をビジネスに応用した。その基本的なアイデアは非常にシンプルだ。つまり「たくさん作るほど、うまく作れるようになる」だ。だが、その規模の経済と「経験曲線効果」というアイデアによって、経営者たちは規模と効率の関係を概念化できるようになった（図2・2）。

ヘンダーソンの研究では、ある企業の単位あたりの生産効率は、生産量を2倍に増やすたびに25%上昇する[7]。ヘンダーソンはこれを、企業が競争優位を確立する方法に当てはめ、最大の市場シェアを持つ企業は、

図2.2 ブルース・ヘンダーソンの経験曲線

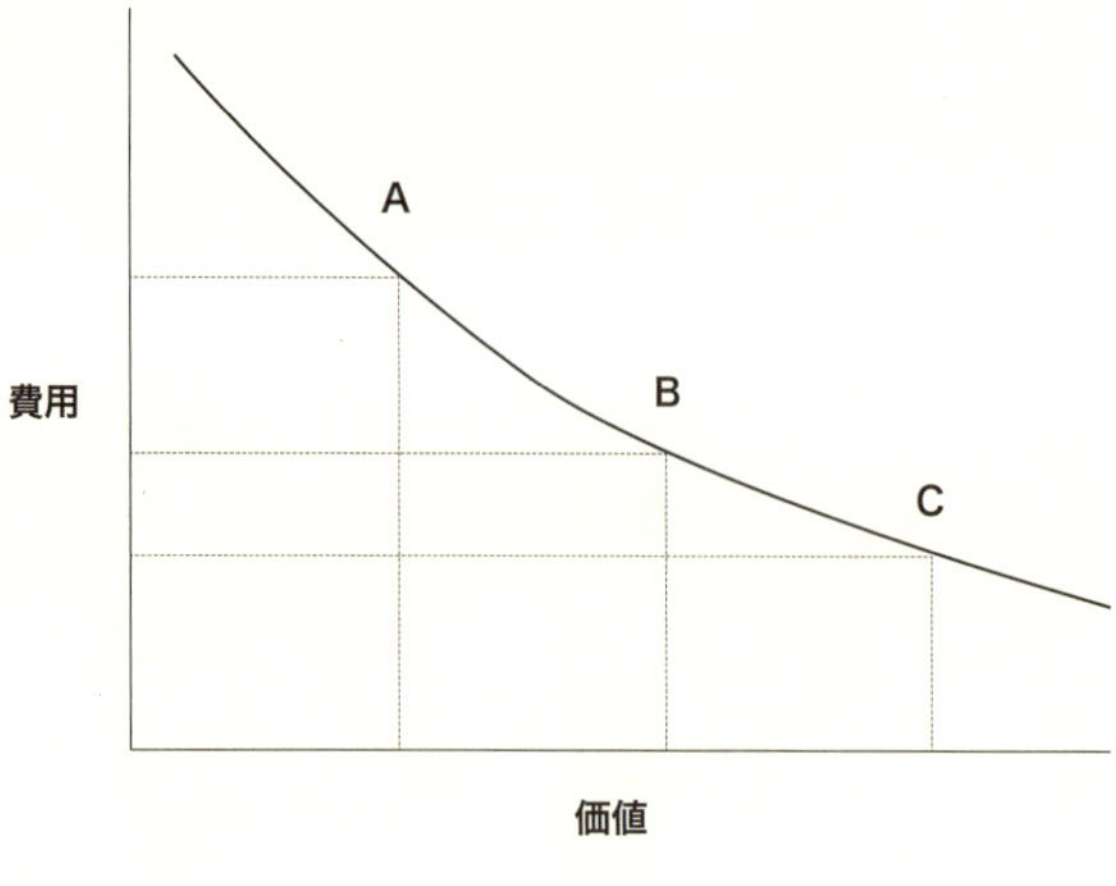

ライバルに対して大きなコスト優位性も持つことを示した。

数年後、ハーバード大学のマイケル・ポーター教授が、ヘンダーソンの考察に価値連鎖（バリューチェーン）という重要な概念を追加した。ポーターは基本的にヘンダーソンの見解に同意しつつ、企業は一枚岩ではないという制限を加えた。企業組織は複数のコンポーネントからなり、ある領域では優位にあり、別の領域では劣位にある。こうしたコンポーネントの組み合わせが、価値連鎖を生み出す。

ポーターの著書『競争優位の戦略――いかに高業績を持続させるか』（邦訳・ダイヤモンド社）によると、価値連鎖とはもともと競争分析に使われるツールとされている。企業は価値連鎖により、組織を一連の中核的活動に体系的に分解したうえで、インプットを取り入れて、より価値の高いアウトプットを生み出す一貫したシステムにまとめあげる（図2・3）。この考え方は、企業の機能に関するコースの理論と合致する。価値

図2.3　価値連鎖が企業の組織形態を決めた

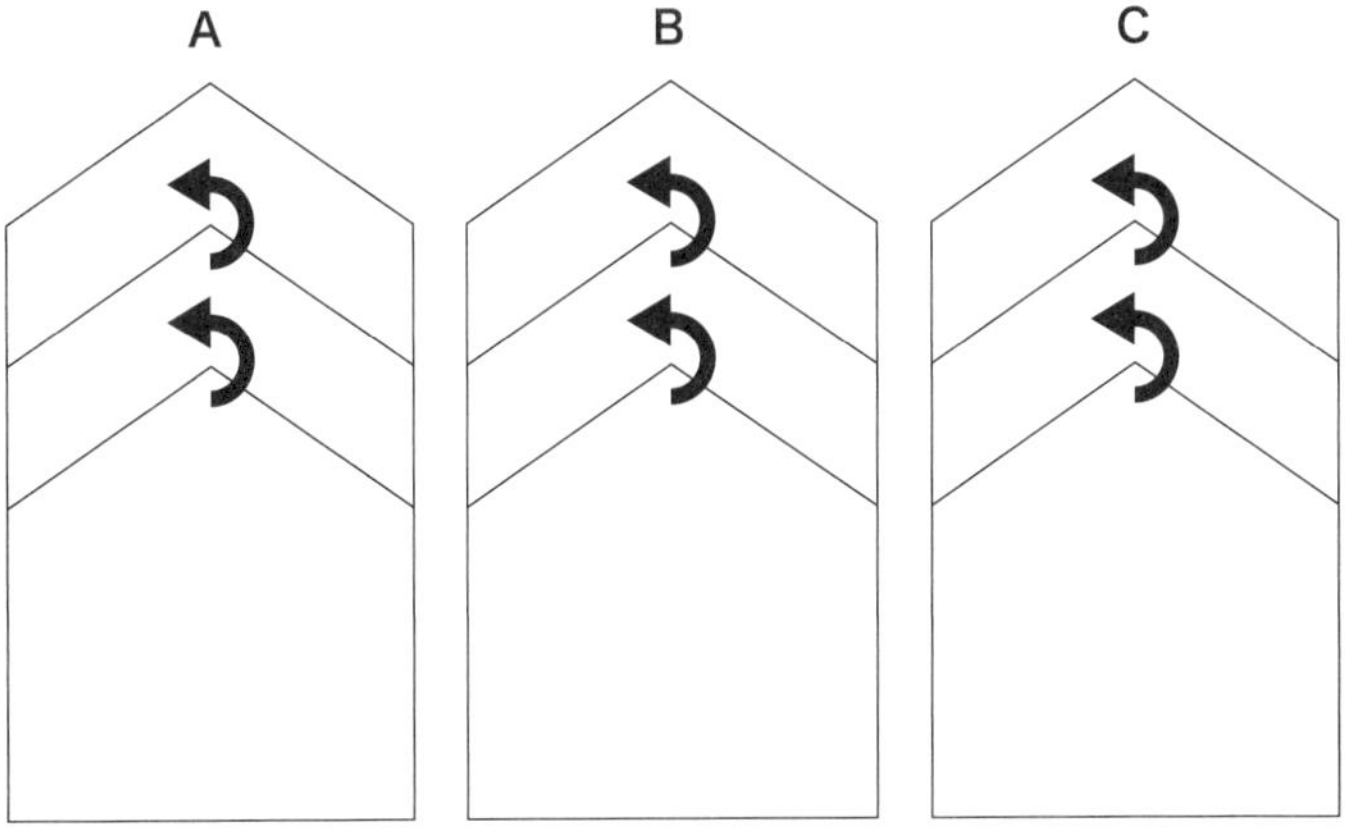

連鎖分析の目的は、価値連鎖における結びつきの最適な組み合わせを実現して、最小限のコストで最大の価値を生み出すことだ。そして究極的には、価値連鎖をまとめあげるのは取引費用だ。企業がその価値連鎖にさまざまな活動を取り込むのは、それらを外部で処理する取引費用を考えると、社内のシステムに統合したほうが効率的だからだ。さまざまな事業活動の最適な組み合わせを実現することで、企業は一貫したシステム（つまり価値連鎖）を構築して、競争優位を維持する。

ポーターの価値連鎖と、ヘンダーソンの規模の経済性は、過去30年間の経営戦略の中核をなし、20世紀末の垂直統合された大規模組織の戦略的基礎をなした。だが、こうした大組織ですら、ハイエクのローカルな知識の問題が生じる。ヘンダーソンが唱えた規模の経済性を示すグラフが曲線になるのは、ハイエクが指摘したローカルな知識の調整が最大の原因だ（図2・4）。調整費用が上昇するため、ある組織が一定の規

図2.4 直線的企業の典型的な規模の経済曲線

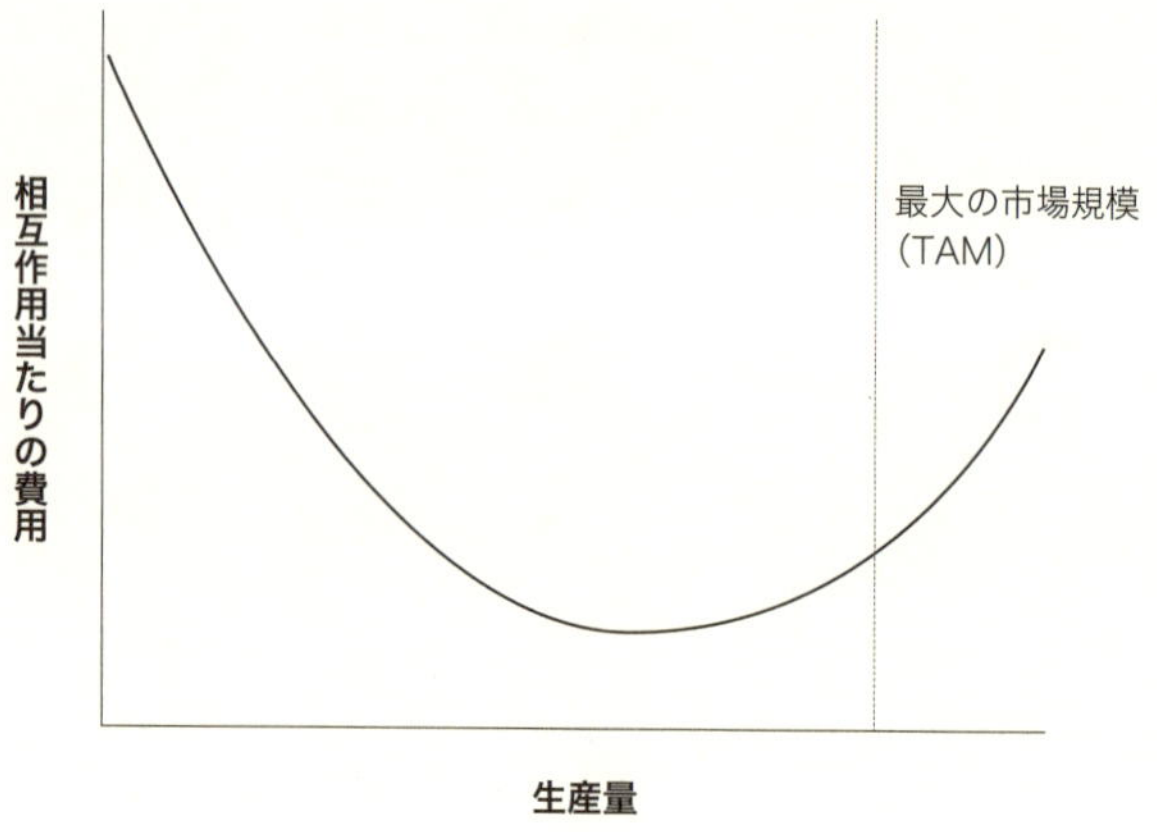

模を超えると、規模の不経済が生じはじめる。そうなると、生産量が増えると情報のコストと取引費用も増えてしまう。

この結果、競争にさらされるほとんどの大企業（政府によって独占状態を与えられていない企業）は、独占を大きく下回る水準で成長の天井にぶち当たる。一定のラインを超えると、成長は、その価値を上回る費用を生み出すからだ。この事実は、市場の効率性に関するハイエクの説明と一致する。規模が小さいと、経済活動を効率的に調整できる。しかし企業組織があまりに大きくなると、正しい経営判断を下すのに必要な情報すべてを集め、それに基づき対応するのがむずかしくなる。その結果コストが上昇し、その会社は競争的な市場で、それ以上拡大できなくなる。規模の経済性のU字曲線は、計画経済が機能しなかった理由を、小規模な世界で示している。

同じように、ポーターが唱えた価値連鎖の概念にも限界があり、取引費用によって規定される。コースが論じたように、取引費用を最小限に抑えるという目標が、価値連鎖の各コンポーネントをまとめあげ、それを整然とした一つの組織にする。だから取引費用が大幅に変動すると、その価値連鎖が壊れるか、劇的に異なる形に再編される可能性がある。

長い間、20世紀の経営戦略に基づき構築された大組織が経済を支配してきた。GM、フォード、エクソンモービル、USスチール、GEなど直線的な大企業は、何十年にもわたり、フォーチュン誌500社のトップに君臨していた。ところが新しいテクノロジーが登場すると、伝統的な組織をまとめあげていたボンドがゆるくなった。

コンピューターと市場

1965年、ほとんど無名のポーランドの経済学者オスカル・ランゲが、ハイエクに異論を唱える論文を書いた。「計算機と市場」というタイトルで、ハイエクの理論は1945年の時点ではもっともだったかもしれないが、今は違うと主張したのだ。計算機（コンピューター）の登場により、いまや複雑な連立方程式も瞬く間に解けるようになった。ハイエクが価格決定システムを、計画経済の立案者にはできない一種の分散型計算メカニズムだと考えていたことを思い出してほしい。ランゲも比喩を使って、市場は「電子工学が生まれる前の時代の計算機[8]」だと述べた。ランゲに言わせれば、市場メカニズムは「時代遅れ」であり、経済の調整手段としてのハイエクの価格決定システムは、コンピューターでなされる一連の計算に取って代わられる可能性があった。

コンピューターは、「はるかに速いという疑いのない利点」があるが、市場は「複雑で働きが鈍い」と、ランゲは指摘した。ランゲが正しいとすれば、ハイエクが主張した計画経済と分散型経済のトレードオフは、不変の経済法則ではなく、最新のテクノロジーによって加工できるものだ。したがってテクノロジーが変化すると、経済の形も変わる。ランゲの論文は、はるかに中央集権化された経済でも、コンピューターによって効率は低下しない可能性があることを示唆した。

1965年に発表されたランゲの論文には、二つの問題点があった。最も明白な問題は、当時の原始的なコンピューターでは、こうした機能を果たせなかったことだ。当時のコンピューターは、一つの部屋全体を占めるほどの大きさがあり、限られた計算しかできなかった。だが、その年、インテルの設立者の一人であるゴードン・ムーアが、いわゆる「ムーアの法則」を唱えた。集積回路1個の計算能力は、約1年半ごとに倍増するというものだ。別の言い方をすると、あるコンピューターの処理能力は、1年半後にはその半分の大きさのチップで実現できるようになる。過去50年間、驚くほどコンスタントにこの法則通りのことが起きてきた。

やがて、こうした漸進的だがコンスタントな処理能力の向上は、コンピューター技術に大きな影響を与えるようになった。飛躍的な成長はゆっくり始まるが、それが積み重なると、急激にスピードを増す。1985～95年のコンピューターチップの大きさは、1965年のチップより大幅に小さくなり、処理速度も非常に速くなった。生産コストも大幅に下がった。あなたが今持っているスマートフォンは、1965年にMITにあったコンピューターの約100万分の1のコストで作られ、1000倍パワフルで、大きさは約10万分の1になった。

こうした変化がいかに重要だったかを考えてみよう。情報処理と記憶装置のコストは、取引費用の大きな部分を占める。これらのコストが下がると、組織の潜在的な規模は大きくなる。これは感覚的にも納得がいく。情報処理のスピードが速くなり、記憶媒体の容量が増えると、より多くの情報を管理できるようになる。だが、処理コストが下がると、取引費用も下がる。取引費用は、会社の価値連鎖をまとめ上げるボンドであり、どの活動を内部化し、どれを外部化するか決定することを思い出してほしい。20世紀末にコンピューターの処理速度が急激に高まり、取引費用が下落すると、一部の価値連鎖が崩壊しはじめた。取引費用が下がると、組織を垂直統合する必要性は低下した。もっと小規模で機敏に動ける組織が、歴史ある大型の組織よりもうまく立ち回り始めた。伝統的企業の価値連鎖の一段階を攻撃して、その部分を不要にするか、もっと安い価格で同品質のものを提供することも可能になった(図2・5)。

百科事典業界では、まさにこれが起きた。百科事典といえば重厚な革張りの大型本だった時代、その売り込みには大がかりな営業部隊が必要だった。百科事典の価格のかなりの部分が、営業マンへの手数料に当てられていた。ところがパソコンが普及すると、百科事典に含まれる全情報を一か所に、もっと簡単に、もっと安く保管できるようになった。もはや大型本のセットを引きずって戸口訪問する営業部隊は必要なくなった。顧客にCDを郵送すればいいだけだ。だからマイクロソフトは、CD-ROMの電子百科事典「エンカルタ」を50ドルで販売できたが、大型のブリタニカ百科事典は1500~2000ドルもした。[9] 最終的にはブリタニカもCD-ROM版を発売したが、かつては同社の価値連鎖の中核をなし、必要不可欠な資産であっ

図2.5 取引費用が下がると価値連鎖が崩れて、中小企業でも大企業を部門ベースで攻撃できるようになる

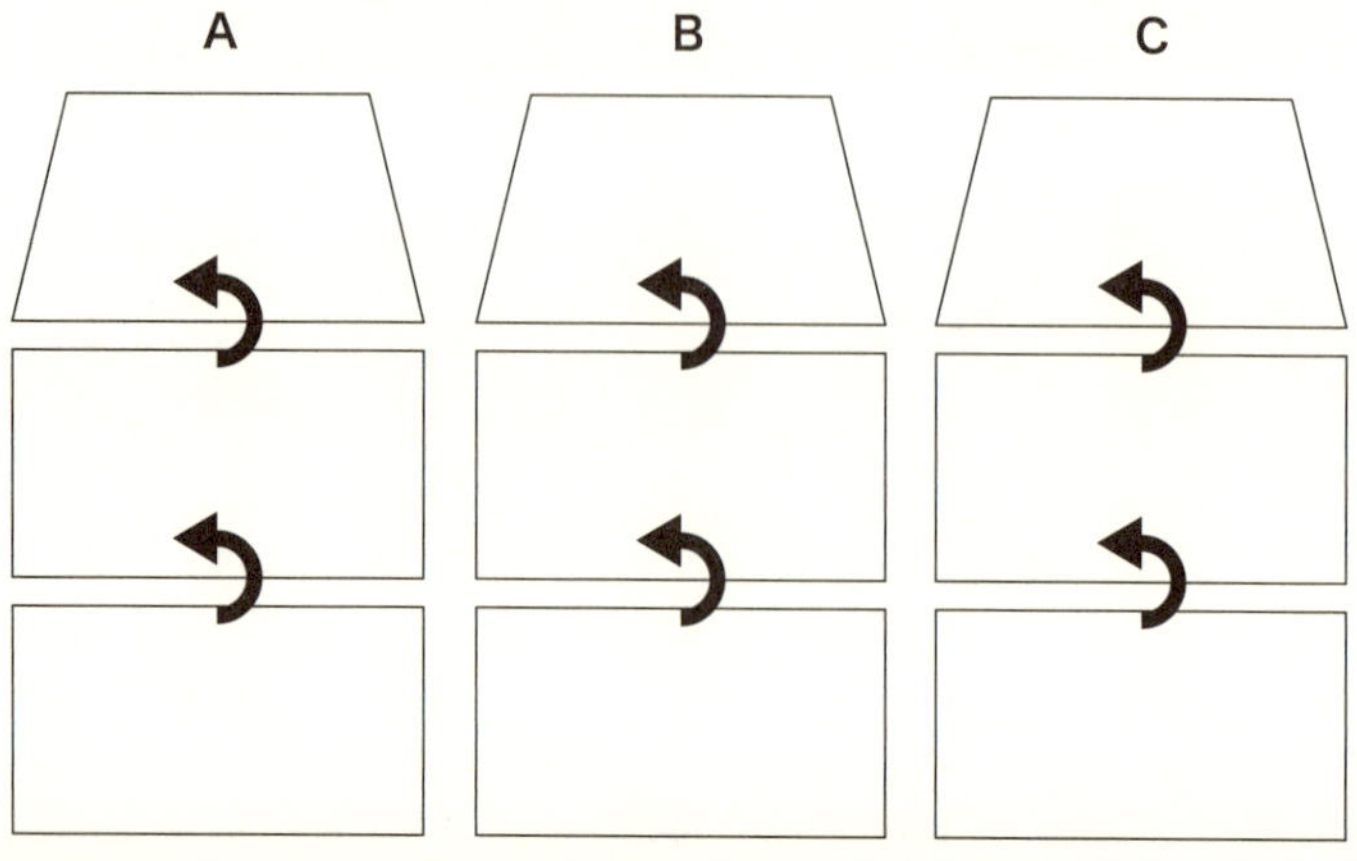

た営業部隊は巨大な負債になってしまった。

ドットコムへの失望

だが、処理能力が高くても、コンピューターだけでは、ランゲが約束した、より中央集権化された経済はもたらされなかった。コンピューターはハイエクが指摘した問題の一つ（大量の情報を同時に保管・処理すること）を解決できるかもしれないが、そもそも必要なデータすべてをどうやって集め、運ぶかという問題は解決していなかった。

インターネットがそれを変えた。１９９０年代、インターネットとワールドワイド・ウェブ（WWW）が、これまでにないコネクティビティーと、ネットワーク化された分散型コミュニケーションの時代をもたらした。これは20世紀の情報パラダイムからの抜本的なシフトだった。かつては中央集権化され、序列化された、トップダウン式の機構が、やはり中央集権化された、序列的で、トップダウン式の情報の流れを支配していた。ところが分散化されたWWWによって、個人は、これまでにない量の情報を入手できるようになり、その無限のチャンス（らしきもの）に触発されて、新しい企業が次々と誕生した。

だが、この新しい情報パラダイムは、新しいビジネスモデルを必要とした。当時の多くの起業家や投資家が理解していなかったビジネスモデルだ。インターネット到来後のビジネス環境は、それまでとは根本的に異なっていた。それなのに多くの新興企業は、伝統的なビジネスモデルを使って、流通メカニズムとしてウェブサイトを立ち上げた。そこには、インターネットの「ネットワーク効果」によって、ビジネスモデルの大掛かりな展開が可能になるとの期待があった。ただし、ネットワーク効果とは一体何なのか、それが企業の費用構造をどう変えるのかは、明らかにしないままでの見切り発車だった。その最悪の例が、第1章で取り上げたペット・ドットコムだろう。ほかにもコズモ・ドットコム（Kozmo.com）や、ウェブバン（Webvan）、ガーデン・ドットコム（Garden.com）など多くのドットコム企業が、同じような理由から経営に行き詰まった。当初の熱狂に続くバブル崩壊は、この考えが間違っていたことを証明した。

タイミングも悪かった。インターネットへの期待は高かったが、当時はまだそこまでインターネットが普及していなかった。ドットコムバブルの崩壊を受け、インターネットに世界を変えるような力はないとして、その先行きを悲観する人は多かった。のちにノーベル経済学賞を受賞する経済学者で、ニューヨーク・タイムズ紙のコラムニストであるポール・クルーグマンは１９９８年、インターネットが経済に与える影響はファックスと同程度だと述べた。「いずれ（ネットで）語り合うことなんてさほどないことに誰もが気づいて、インターネットの成長は劇的に鈍化するだろう！……２００５年頃には、インターネットが経済に与える影響は、ファックスと同程度だということが明らかになるだろう」[10]。クルーグマンがこのように語った後に、ドットコムバブルがはじけたこともあり、その懐疑的な見方は正しいかにみえた。だが、バブルははじけても、経済的・社会的革命の種はすでに蒔かれていた。

コネクテッド革命

それからわずか数年で、インターネットは飛躍的な成長を遂げて、日常生活に入ってきた。2000年代半ばまでに、インターネットは空気あるいは広告と同じくらいユビキタスな存在になった。これはブロードバンドの普及が果たした役割も大きかったが、本当の原動力になったのはモバイル・インターネットの登場だ。

携帯電話は、誰もがインターネットをポケットに入れて持ち歩けるようにした。ドットコム時代のインターネット利用人口は、ダイヤルアップ・モデムで接続できる3000万人程度にすぎなかった。だから巨大なポテンシャルがあるにもかかわらず、1990年代のWWWは小規模で、動きも鈍かった。そこに登場したモバイルテクノロジーは、インターネットにとってロケット燃料のような役割を果たした。わずか5年で、インターネットに接続できる人は数十億人へと爆発的に増えた（図2・6）。アメリカでは、もはやインターネットは目新しい

図 2.6　市場規模が重要になる（出典：Andreessen Horowitz, "Mobile: It Changes Everything"）

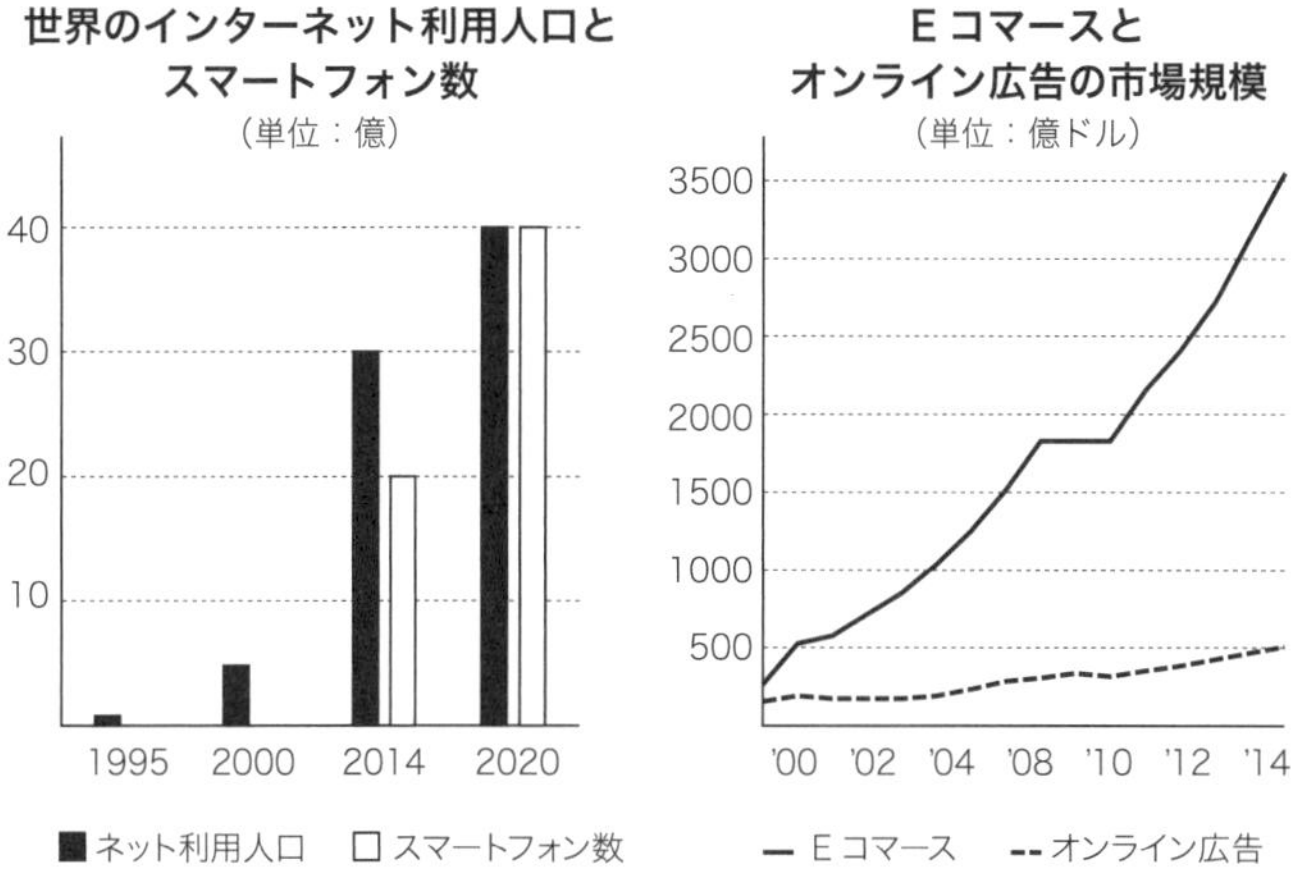

ものではなくなり、日常生活に完全に溶け込んでいる。

２０００年末にモバイル・インターネットが爆発的に広がると、四つの重要な変化が経営戦略の世界を根本からひっくり返した。処理能力の民主化、通信費の下落、ユビキタスなコネクティビティーとセンサーの普及、そしてデータ分析の規模に関する収穫逓増だ。この四つの変化が一緒になって、コネクテッド革命を引き起こした。もはや20世紀の組織を動かしてきたダイナミクスが通用しない、経済と社会の大変革だ。その理由を少し詳しく見てみよう。

処理能力とコンピューターの記憶容量の民主化

テクノロジーの進歩は、コンピューター処理をコモディティー化してきた。いまやコンピューターは安く簡単に手に入る。これまでの世代の人は、自分が持っているコンピューターの数を片手で数えられたが、現代の子供たちが大人になる頃には、数え切れなくなっているだろう。工場からおもちゃ、食品まで、コンピューターは私たちがすること、作るもの、消費するもののほぼすべてに不可欠になりつつある。テクノロジーの進歩は、クラウドコンピューティングに「ゼロへの競争」さえもたらしてきた。テクノロジーの進歩と競争の激化によって、クラウドでの情報処理や記憶容量の料金が、限りなく下がっているのだ。

通信費の下落

情報を発信したり保管したりする費用は急落してきた。その結果、市場参入障壁は崩壊し、テレビ局やラジオ局のように一方的に情報を放送するパラダイムは、ネットワーク化されたコミュニケーションに取って代わられた。情報の発見や発信は、フリクションレス（フリクションなし）で安くできるようになった。従来はある組織内で起きてきた活動が、いまやネットワークを通じて分散化された形で生じる。

ユビキタスなコネクティビティーとセンサーの普及

スマートフォンの登場によって、いまやほとんどの人が、十数個の小さなセンサーを常に持ち歩くことになった。その結果、これまでになく多くの種類のデータを集めることが可能になった。こうしたデータのほとんどは、これらのセンサーによって集められ、コネクトされたテクノロジーによって発信される。これほど容易に情報を集め、頒布できるようになることは、10年前なら考えられなかった。しかもこうした新しいデータが生まれるペースは、年々上昇する一方だ。

データ分析の規模に関する収穫逓増

データ分析におけるブレークスルー、いわゆるビッグデータによって、この新しい豊かな情報は、データ分析の規模に関して莫大な収穫をもたらした。かつては想像もできないほど莫大な量のデータを、いまは理解でき、それに基づく行動ができる。しかもリアルタイムに、だ。

＊　＊　＊

こうした変化がなぜそんなに重要なのか、少し解説しておこう。まず、コンピューター処理能力が急速に高まったおかげで、かつては大組織しか入手できなかった処理能力やテクノロジーを、いまは個人が利用できるようになった。その結果、安く、使いやすい、プロフェッショナルなツールが広く手に入るようになった。これにより個人は、まったく新しいレベルで価値の作り手になれるようになった。

第二に、通信費の下落により、その価値すべてをシェアすることが極めて簡単になった。データ通信のコスト下落と速度アップにより、まったく会ったことがない人たちが複雑なタスクをやり遂げられるほど、密な（そして安価な）コミュニケーションが可能になった。コラボレーションや取引円滑化に必要な信頼醸成も可能になった。

こうした環境が整うと、クルーグマンの予想に反して、人々はもっとお互いと話をしたくなった。それもたくさん。コネクテッドテクノロジーは、瞬く間に企業から家庭に広がり、インターネットは私たちが世界を経験したり、お互いとコミュニケーションを取ったりするとき中心に位置するようになった。また、ユーチューブ、フェイスブック、ツイッターが爆発的に成長して、ソーシャルメディアとユーザー発コンテンツが登場した。タイム誌は2006年の「パーソンオブザイヤー」に「あなた」を選んだほどだ。これはソーシャルネットワーキングプラットフォームやコンテンツプラットフォームで、コンテンツを作った人全員を意味する。モバイルテクノロジーは、インターネットを自宅での孤立した活動から、持ち歩き、どこでも使えるものにすることで、このトレンドに一段と拍車をかけた。

突然、現代の経済で、価値が作られる場所に重大なシフトが起きた。もはや価値を生み出すのは企業だけではない。消費者が価値を作り、それをシェアするようになった。ウィキペディアはその典型だ。さっき、分厚い百科事典から、安くて効率的なＣＤ－ＲＯＭへのシフトが起きた話をしたが、それはコンピューターの処理能力が高まり、記憶媒体の価格が急落し、流通コストが大幅に下がったことが原因だった。インターネットはこのトレンドを引き継ぎ、流通コストをもっと安くした。だが、ウィキペディアはこのシフトをさらに一歩進めた。流通コストを下げただけでなく、専門家が作成したコンテンツを、ユーザーが作ったコンテンツに置き換え、制作費も激的に変えたのだ。新しいツールと、きちんとした通信能力があれば、個人のコミュニティーでも、垂直統合された企業と同レベルの仕事（しかも底深さと幅広さについて一定の質を伴う）をできることがわかった。しかもウィキペディアでは、はるかに低いコストでそれができた。

ウィキペディアが示すように、緩やかに組織された個人のコミュニティーは、あらゆる企業に取って代わる可能性がある。ブリタニカ百科事典は初刊行から２４４年目となる２０１２年に、印刷版の販売を終了した。マイクロソフトも２００９年にエンカルタを終了した。組織化されていない個人が自発的に参加する分散型ネットワークが、これまで垂直統合された会社の中で生み出されてきた多くの生産活動を乗っ取ったのだ。多くの直線的な大企業にとっては、事実上、個人は顧客であるだけでなく、競争相手にもなった。たとえば、ユーチューブなどユーザー発コンテンツを配信するプラットフォームは、プロが作ったコンテンツを流すネットワーク局やケーブルテレビ局と、広告の取り合いをするようになった。

ウィキペディア
コンテンツプラットフォーム

このシフトは経営戦略に深遠な影響を与えてきた。いまや取引費用は十分に下がり、多くの伝統的組織をまとめ上げてきたボンドは緩み始めた。新聞や百科事典といった伝統的企業の規模の経済性は、完全に崩壊した。価値連鎖は、そのコンポーネントごとにバラバラになっただけではない。そのコンポーネント自体も細かく砕け始めた（図2・7）。分散型ネットワークで活動する個人は、組織に取って代われるようになった。

かつて企業が有効だったのは、作業をまとめあげる方法を幅広く改善できたからだ。この見方はコースの企業論の要でもある。企業は、市場よりも効率的に人材や材料の使用を調整して、商品やサービスを作り出せた。重機メーカーなど一部の業界では、いまもこの理論が成り立つ（3Dプリンターのような新しい技術が一般的になれば、それも瞬く間に変わるかもしれないが）。しかしそれ以外の多くの業界では、最も重要なリソースは、特定の組織内に存在

図2.7 個人が組織に取って代わると、価値連鎖がバラバラになる

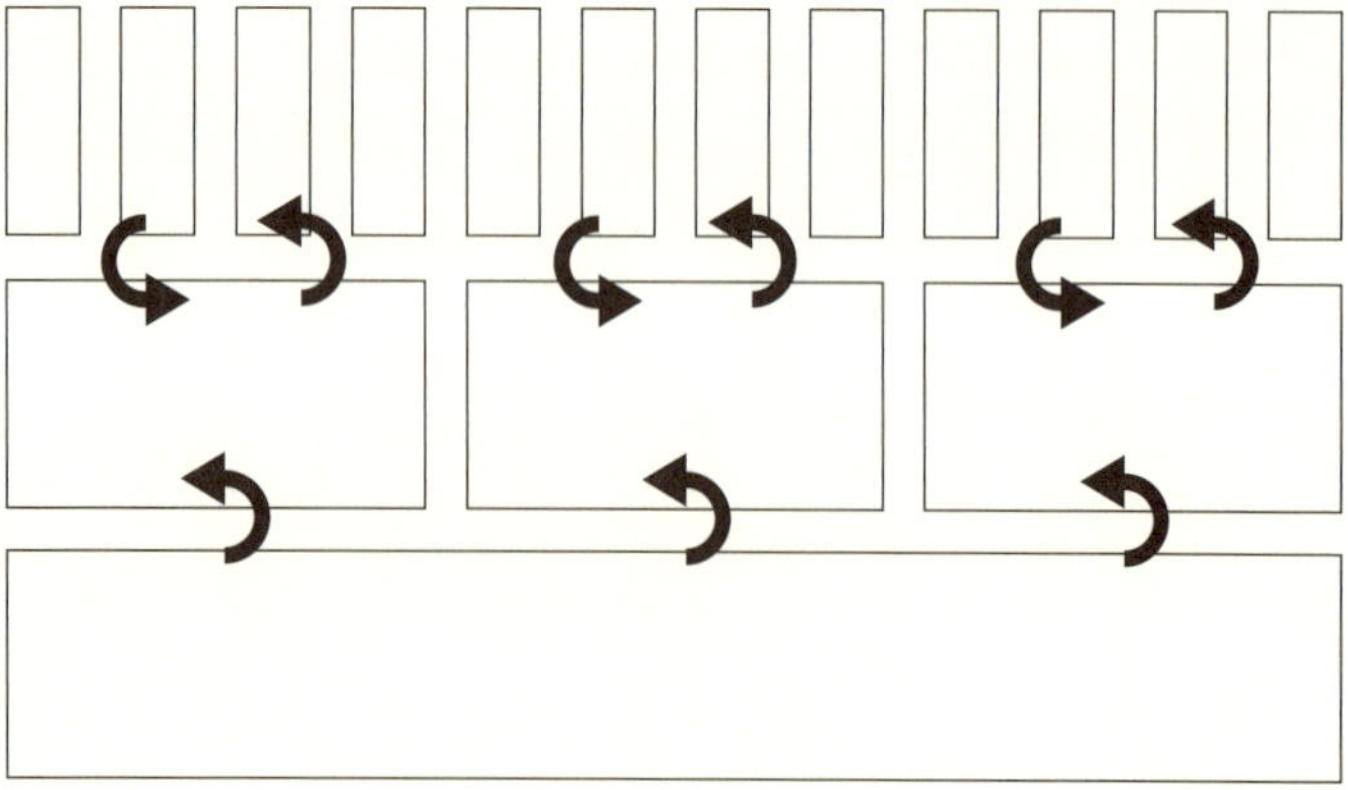

するものではなく、その外部に存在することが多くなった。

この新しい環境では、ヘンダーソンやポーターの理論はもはや通用しない。企業の価値をまとめたり作ったりするのは、もはや会社のサプライチェーンや価値連鎖ではなく、ネットワークのエコシステムだからだ。価値が存在する場所は、モノやサービスを作ることから、外部プロデューサーと消費者のつながりを円滑化することに変わった。企業は、生産センターとしては崩壊し、交換センターになった。企業が経済価値を生み出したり、付加したりできる領域は、生産からキュレーションやネットワーク管理へと移行した。そこでプラットフォーム・ビジネスの出番になる。

こうした分散型ネットワークは、ひとりでに形成されて大きくなるわけではない。通常は、活動すべてを大規模な形で育てて調整するプライマリノード（中心的な中継地）の役割を果たす組織が必要だ。それがプラットフォームだ。プラットフォーム企業は、伝統的な企業組織とは仕組みが違う。プラットフォームは、社員や工場や倉庫といった社内資源に投資するのではなく、消費者とプロデューサーからなる大規模な外部ネットワークを調整することで価値を生み出す。第5章と第6章で詳しく説明するように、プラットフォーム企業のコア活動は、ネットワークの成長と管理を中心としている。

プラットフォームは伝統的な企業組織の特徴と市場の特徴を兼ね備えている。コースの企業論とハイエクの市場論を合成したものともいえる。企業はもはや生産には投資せず、ネットワーク化されたマーケットプレースかコミュニティーをサポートしたり、育てたりするインフラとツールに投資する。本質的には、こうしたプラットフォームが作っているのは、中央で計画された市場だ。

「それって矛盾してない?」と思う人が多いのは、歴史的なイデオロギーのせいだ。現実を見るといい。イーベイやアリババが作ったプロダクトマーケットプレース、フェイスブックやツイッター、ユーチューブが作ったコンテンツネットワーク、あるいはグーグルやアップルが作った情報やソフトウエアのマーケットプレース。こうした無数の個人や企業の交流を可能にするネットワークは、どれも中心となる組織によって構築され調整されている。

そこにビッグデータと、ユビキタスなコネクティビティー、そしてセンサー(さっき紹介した第三と第四の変化だ)が加わる。ハイエクの時代の情報はサイロ化されていた。通信費と処理能力がネックとなり、収集・流通できる情報の量と地理的な範囲は制限されていた。大規模な経済を効率的に調整するだけの大量の情報をスピーディーに集めることは、不可能だったのだ。ハイエクの時代の「現場の人間」とは、中央の計画立案者とは切り離された「情報の孤島」にいて、そのローカルな知識を中央に伝える手段はなかった。たとえこうした知識を発信できたとしても、それをすべて理解するだけの処理能力がなかった。だが今は、ほぼ無限の量と種類の情報を世界中から容易に集め、流通させることができる。スマートフォンは持ち主に関するデータを作り、発信するマシンだ。それ(とバッテリー)が、基本的にあなたのスマートフォンの全機能と言っていい。そのセンサーが、あなたのジョギングを記録し、道順を教え、写真を撮り、指紋を読み取るのを可能にする。その結果、情報の洪水が起きた。この変化の規模は、言葉では表現できないほど巨大だ。IBMは2013年、世界の情報の90%は過去2年以内に得られたとの見方を示した[11]。そのほとんどはオンラインでつくられ消費された。いまやサイロ化された情報は、標準ではなく例外になった。だがこの変化は始まりに過ぎない。市場調査会社ＩＤＣは、２０２０年の世界のデータ量は、２０１５年の40倍に増えると予測する。(12)

だが、いわゆるビッグデータ分析のおかげで、今はこうした大量の情報を理解することも可能になってきた。かつてデータは、足を使って集めなくてはならないものだった。ある企業の状態を調べ、関連情報を集めるためには、個別の戦略を立てる必要があった。調査対象者は明確に定義され、解き明かすべき疑問は明快で、集めたデータはスプレッドシートにうまく収まった。現在、データはもはや足で集めるものではなくなった。「データはビジネスの副産物として自動的に収集される」と、アリババの曽鳴最高戦略責任者（ＣＳＯ）は言う。(13)こうした変化とともに、工業時代のシンプルで整理されたデータから、インターネット時代の複雑で雑多な大量のデータへの移行が起きてきた。もうスプレッドシートでは整理できない。ビッグデータ分析は、企業が、大量の雑多なデータをリアルタイムに理解するのを可能にする。音声ファイルや写真、動画といった新しいタイプのデータや、文書、行動パターン、日常言語など体系化されていないデータを理解することもできる。

大量のデータをリアルタイムに整理して分析する能力は、計画経済に対するハイエクの最後の批判を崩した。最終的には、ランゲは正しかったとも言える。コンピューターのアルゴリズムは、昔なら想像もできなかった量のデータを処理するよう訓練されて、ランゲの予想どおり大量の経済活動を調整できるようになった。この経済活動を効率的に調整する能力は、伝統的な企業の枠組みを超えてスケール化してきた。かつては価格が経済活動を調整するデータポイントだったことを思い出してほしい。それはたまたま価格が、最も集めやすいデータだったからにすぎない。現在、企業はテクノロジーによって、これまでになく多くの種類の活動について、より細かいデータを集め、追跡することができる。その結果、プラットフォームは、これまでになかったような経済・社会活動を円滑化するネットワークを構築し、管理できるようになった。たとえばフェイスブックは2015年8月27日、1日で10億人のユーザーに利用された。[14] アリババのマーケットプレースは2014年3月からの1年間で、3億5000万人の消費者と10万人近くのベンダーの取引を調整し、かつてなら想像もできなかった規模の経済活動を円滑化した。[15] この種のビジネスが経済的にも技術的にも現実になったのは、ごく最近のことにすぎない。

レーニンはグーグルを愛す

コネクテッド革命は、ブルース・ヘンダーソンの規模の経済性と、マイケル・ポーターの価値連鎖の概念を根本から吹き飛ばした。そして経営戦略の領域にとどまらず、現代経済の仕組みを根底から変え、「計画経済の立案者は大規模な経済活動を調整できない」というハイエクの主張を無効にした。それが今、現代の経済の多くの領域で起きていることだ。昔との唯一の違いは、計画立案者が政府の官僚ではなく、アルゴリズムやソフトウエアになったことだ。プラットフォームはこうしたツールを利用して、分散化されたネットワークを管理して育てている。

実のところ、経営戦略と経済に関する私たちの理解は、取引費用と最新技術に関する思い込みに基づいていた。テクノロジーが進歩するにしたがい、経済もほとんどの人が気がつかない形で変化してきた。20世紀の経営戦略と経済理論の根底にあった概念は、不変の法則ではなく、テクノロジーの進歩とともに時代遅れになった思い込みに基づいていたのだ。

この変化があまり注目を集めてこなかった理由の一つは、新しい企業の価値の作り方が、「常識」とはかけ離れているからだ。私たちは一般に、ある企業が多かれ少なかれ直接的に支配する物理的資産や物事に基づき、その企業を評価しがちだ。しかしこうした手法では、プラットフォームの真の価値は測定できない。たとえばウーバーの場合、同社が生み出す価値は事実上すべて、同社が円滑化する社外の取引から生まれる。ウーバーの価値を高めているのは、そのネットワークなのだ。同じことがすべてのプラットフォームに言える。大規模なネットワークを作って調整することで、プラットフォームは新しい未開発の経済的・社会的価値を解き放つ。その市場やコミュニティーは、何もないところから突然生まれたわけではなく、プラットフォームが構築し管理しなければならない。つまりプラットフォームは、市場を補完しているのだ。これは新しい現象ではない。金融業界では何世紀にもわたり、ニューヨーク証券取引所のような経済的交換所が補完機能を果たしてきた。現代の新しい点は、プラットフォームが私たちの生活の多くの領域に、かつては考えられなかったスケールで入り込んでいることだ。

その結果、現在最も価値が高い企業は、ハイエクがかつて不可能とみなしたもの、すなわち分散化された大規模な経済の隅々で起きていることをリアルタイムに把握し、対応できる中央集権化された組織だ。ローカル知識は、もはやローカルではなくなった。たとえば、グーグル検索は、コンテンツと情報からなる巨大かつ中央で計画された経済にほかならない。ある意味で現在のグーグルは、強大なソ連が実現できなかった社会主義のユートピアを作りつつある。あなたがグーグルをこのように考えないのは、マーケティングやイデオロギーのせいにすぎない。グーグルは実のところ、検索結果を通じてユーザーが何をほしがるべきか誘導しているのに、ユーザーはグーグルを使うことで自分がエンパワーされた気持ちになる。ウーバーは、あなたが乗るべき車を選び、あなたが指定する目的地までのルートをドライバーに指示しているにもかかわらず、あなたをハッピーな気分にする。こうした経済活動はすべて、中央のコンピューターのアルゴリズムによって計画され調整されているにもかかわらず、誰も不快に思っていないようだ。どうやら人々が嫌うのは、計画経済そのものではなく、お粗末な計画経済だけらしい。プラットフォーム企業はテクノロジーによって、中央が調整する市場を作ったり、介入したりできるようになった。その結果、まったく新しい市場が生まれ、既存の市場は大幅に拡張されている。

グーグルは決して完璧ではない(「おすすめ」が正しいとは限らない)し、経済全体をカバーしているわけでもない。ランゲが示した、完全な計画経済のビジョンは、まだ実現していない。しかし振り子は、分散化から、計画経済を生み出す大組織(つまりプラットフォーム)へと大きく振れつつある。このトレンドが続けば、経済のさらに多くの部分が、分散化されているが中央で管理されたネットワークによって調整されるようになるだろう。

資本主義≠競争

こうしたプラットフォームの成功は、資本主義と中央集権が両立しうる証拠だ。だが、このことに気づいている人は少ない。それを否定するのは、おおむね冷戦時代の考え方と時代遅れのイデオロギーの名残りだ。ペイパルの創業者で元ＣＥＯのピーター・ティールは、２０１４年の著書『ゼロ・トゥ・ワン――君はゼロから何を生み出せるか』（邦訳・ＮＨＫ出版）で、この現象を説明している。「アメリカ人は競争を神話化し、競争のおかげで私たちは社会主義国のようにパンを買う行列に並ばずにすんでいると考えている」と、ティールは書いている。「競争はイデオロギーにほかならない。それも、私たちの社会に充満し、私たちの考え方をゆがめているイデオロギーだ[16]」。現実には、「資本主義と競争は対極に位置する」と、ティールは指摘する。現在（と未来）の経済を牽引する企業は、ティールが「独占企業」と呼ぶものに似ている。そしてその例として彼が挙げる企業のほとんど（グーグル、ツイッター、ペイパル）は、プラットフォーム企業だ。これらの独占企業は、「世界にまったく新しいタイプの豊かさを与えることによって、顧客の選択肢を増やす」と、ティールは語る。

これはまさにプラットフォームがやっていることだ。直線的ビジネスは今も価値を生み出せるが、現代のプラットフォームはもっと多くの価値を生み出し、経済活動と社会活動のまったく新しいネットワークを作り出す。そして新しい経済活動の大部分を中央から調整する。ソーシャルネットワーク自体は、フェイスブックが登場する前から存在した。だが、フェイスブックは、人々のネットワークすべてを一つのプラットフォームに集約して、ユーザーの間にもっと多くのつながりが生まれ、交流が円滑化されるようにした。つまり社会的交流のマーケットプレースを構築したのだ。その結果、いまや何十億人もの人々が、かつては想像もできなかった人とつながっている。フェイスブックの個人情報の取り扱いを嫌う人はいるかもしれないが、フェイスブックが自社の利益以上に大きな経済的・社会的価値を生み出してきたことは否定できない。

プラットフォーム企業のインパクトは、経済インフラがさほど確立されていない国ほど、強力に感じられるだろう。たとえばアリババは、中国のデジタル経済のかなりの部分の誕生に貢献してきた。中国国内の輸送活動の70%がアリババのマーケットプレース関連だとの見方もある。アリババの電子決済プラットフォーム「アリペイ」は、年間5000億ドル以上と、中国の全eコマースの半分を処理している。これは中国政府から銀行カード認証システムの独占を認められているユニオンペイ（中国銀聯）の取り扱い額の20倍以上だ。[17] アリババのマーケットプレースと決済プラットフォームにより、たとえ最辺境に住む人でも、近隣に実店舗ができるずっと前に商品を物色し、手に入れることができる。

現代のビジネスや経済に関する私たちの考え方は、もはや時代遅れになっている。20世紀の知恵の多くがもはや今日性を失った。価値連鎖や規模の経済性といった概念は、古い直線的なモデルに漸次的な改善をもたらした。だが今起きている直線的ビジネスからプラットフォームへのシフトは、漸次的ではない。急激で急速だ。

ウーバーなどシェアリング経済を取り巻く議論は多いが、そうしたプラットフォームが私たちの社会にもたらしてきた変化のレベルは、おおむね見過ごされてきた。実際には、このシフトはシェアリング経済よりもはるかに大きい。プラットフォームは経済活動のもっと多くの領域に及ぶからだ。コネクテッドテクノロジーを採用する業界は増える一方だから、このトレンドは今後も続くだろう。次章以降では、プラットフォーム・ビジネスが成功する原因と失敗する原因を説明したい。現代と未来の経済を理解したいなら、プラットフォームから始める必要がある。

第３章

限界費用ゼロの会社

ソフトウエアは、それだけならコモディティーにすぎない。

——フレッド・ウィルソン、ベンチャーキャピタリスト／ユニオン・スクエア・ベンチャーズ創業者

ニューヨークに拠点を置くＶＣ、ユニオン・スクエア・ベンチャーズ（ＵＳＶ）は、ツイッター、エッツィー、レンディング・クラブ、タンブラー、フォースクエア、サウンドクラウド、キックスターターなど、大成功を収めたプラットフォーム企業に数多く投資してきた。その投資理念を説明するとき、創業者のフレッド・ウィルソンはよく、「歯科医院の管理ソフト物語」を引き合いにだす。「ソフトウエアビジネスの防御性に関する現代の寓話[1]」だ。

ある起業家が、歯医者でいつも長時間待たされることに辟易して、歯科医院用の管理ソフト「デンタソフト」を開発し、年間２万５０００ドルの料金で売り出した。値段は張るが、「そのシステムを導入すると、大幅な経費削減が可能になることに歯科医たちは気がついた。この起業家が立ち上げたデンタソフト社は、たちまち年商１０００万ドルを上げるまでに成長し、ＩＰＯを果たし、

時価総額10億ドルの企業になった」。[2]

だが、物語はそこで終わらない。ある若手起業家二人が、スタートアップ支援企業Yコンビネーターで、デンタソフトの低価格版「デント・アイオ」を開発した。デンタソフトよりもモダンなシステムで、モバイルアプリが含まれ、歯科医が予約などを遠隔管理できるようになっていた。価格は年間５０００ドルだ。多くの歯科医が、安くて新しいシステムに乗り換え、デンタソフトの四半期決算は予想を下回り、株価は急落した。他方、「デント・アイオは大手ＶＣのセコイア・キャピタルから資金を調達し、ＣＥＯを雇い入れた」。次に、オープンソースソフトウエアプロジェクトの「デントオプ」が登場した。そのクラウド版「デントハブ」が人気となる一方で、デンタソフトは破産法の適用を申請。デント・アイオも苦戦し、ＣＥＯが交代した。

この物語のポイントは、「ソフトウエアは、それだけならコモディティーにすぎない」ことだとウィルソンは語る。「つまり、いずれその機能が誰かにコピーされ、改良され、もっと安く、もっとスピードを高められるのを止められない」。そこでＵＳＶの投資理念がものを言う。コモディティーにすぎないソフトウエアには投資したくない。では「何が防御性をもたらすのか」。そこでウィルソンとパートナーが出した答えは「ユーザー、取引、またはデータのネットワーク」だったと、ウィルソンは説明する。「そこで私たちは、ソーシャルメディアに行き着いた。デリシャスやタンブラー、ツイッターだ。それからエッツィー、レンディング・クラブ、キックスターターなどのマーケットプレースだ」

ＵＳＶのパートナーの一人であるアルバート・ウェンガーは、この物語に別のエンディングをつくった。ホフ・リードマンという歯科医は「ほかの歯科医とネットワークを作りたいと考えた」。そしてデンティストリー・ドットコムというウェブサイトを作った。懸命に宣伝した結果、サイトは人気を呼び、初の資金調達ではUSVから100万ドル調達することに成功した。リードマンは、「デンティストリー・ドットコムに患者がアカウントを作り、歯の治療記録を保管したり、予約を取ったり、歯の状態を記録できる」ようにする事業計画を立てた。「これにはユーザーに1日2回歯磨きの時間を知らせるモバイルアプリの開発も含まれていた」。このプラットフォームの利用料は無料で、運営会社は広告料とこのウェブを経由した取引から徴収する手数料で利益を得る。「最終的に、デンティストリー・ドットコムは年商10億ドルの企業に成長し、IPOを果たし、時価総額75億ドル企業に成長した。金融業界のアナリストらは、同社の市場支配力と防御性の高いネットワーク効果を高く評価している」

エンタープライズ系ソフトウエアの進化

ウィルソンの「歯科医院の管理ソフト物語」は作り話だが、冒険心あふれるIT業界とソフトウエア業界の歴史をかなりうまく捉えている。顧客管理はまさにそのような領域だろう。オラクルとSAPは、法人向けの大規模で高額のエンタープライズ系ソフトウエアメーカーとして大きくなった。ところが2000年代初めに、セールスフォース・ドットコムが登場して、インターネットでソフトウエア配布を始めると、オラクルなどの企業価値は低下し始めた。当時、セールスフォースのマーク・ベニオフは、「ソフトウエアの終焉」を唱えた。ただしそれは、伝統的な高額ソフトウエアの終焉であり、ＳａａＳ、すなわちインターネットで安く使えるクラウドソフトウエアの始まり、という意味だ。ところが時間がたつと、既存の大手もＳａａＳに進出し始め、セールスフォースは新たな差別化が必要になった。そこでベニオフが出した答えが、開発プラットフォームだ。セールスフォースは、開発プラットフォーム「フォース・ドットコム」と、アプリストア「アップエクスチェンジ」を構築して、２００６年にスタートさせた。自社の主力アプリを中心に、サードパーティー製アプリが作られるエコシステムを構築することに大規模な投資をしたのだ。

現在、アップエクスチェンジのダウンロード数は数百万にのぼり、セールスフォースの重要な魅力の一つとなっている。クラウドデータストレージや、いわゆるインフラストラクチャー・アズ・ア・サービス（ＩａａＳ）企業など、他のクラウドソフトウエア業界も似たような進化を遂げてきた。グーグルアップエンジン（ＧＡＥ）とアマゾンウェブサービス（ＡＷＳ）は、活発な開発プラットフォームをホストしている。

ヘルスケア系ソフトウエアも、ソフトウエア業界の変遷を示す格好の例だ。ヘルスケア系ソフトウエアの第一の波は、ドットコム時代にやってきた。デンタソフトと同じように、この頃のヘルスケア系ソフトウエアは、かなり料金が高かった。この頃登場した企業としては、エピック・システムズ、アテナヘルス、ｅクリニカルワークスなどがあった。ｅクリニカルワークスのガーリッシュ・ナバニＣＥＯは２０１４年のインタビューで、「１９９９年のヘルスケアは自動化されておらず、恐ろしく時代遅れだった」[3]と語っている。こうした事務処理系ソフトウエア会社は、医療記録など病院でやり取りされる書類作業の多くをデジタル化するシステムを売り始めた。eクリニカルワークスの場合は、電子カルテ（EMR）システムだった。「どんな業界からも紙をなくせば、効率はアップする」と、ナバニは言う。だが、当時はそれがデジタル化の限界で、患者は依然として取り残されていた。やがてテクノロジーと業界が成長すると、次世代版ヘルスケア系ソフトウエアはクラウドに移り、価格が下がり、アクセスしやすくなった。現在、この業界は大幅に成熟した。大手5社が市場をほぼ支配する一方で、EMRシステムの普及率は80％近い[4]。いまやほとんどの病院では、バックエンドソフトウエアを使って医療記録や事務作業を管理している。次のステップは、ここに患者を加えることだ。

業務系ソフトウエアメーカーが消費者に目を向け始めたことを示唆するプラットフォームは、あらゆる領域で登場している。なかでも顕著なのは遠隔医療だろう。近年、遠隔医療プラットフォームにはVCから5億ドル近くが集まっており、そのトレンドは今後も続きそうだ[5]。2015年末の時点のトップは、アメリカン・ウェル（1億2800万ドルを調達）、ドクター・オンデマンド（同8700万ドル）、テラドック（同2億4900万ドル）、MDライブ（同7300万ドル）などだ。グーグルも遠隔医療に乗り出している[6]。「クラウドを使って、消費者とサプライヤー、あるいはサプライヤーどうしを結びつけるとともに、利用者から料金を取る伝統的な保健医療モデルを破壊することに力を入れれば、ダイナミックな変化を起こせるだろう」とナバニは言う。こうしたプラットフォームは、医者と患者だけでなく、医者どうしも結びつけている。また、簡単な医療を受けやすくし、効率的にし、料金を下げている。

遠隔医療は手っ取り早く実現できる領域に過ぎない。今後数年でヘルスケアの世界にデジタル技術がもっと浸透すれば、もっと大きな変化が起きるだろう。ということは、この分野でもウーバー登場後のタクシー業界並みの激震が起きるのか。「そこまで急激な変化にはならないだろう。医療業界はタクシー業界よりも規制が多いからね」と、ナバニは言う。「でも、2～3年以内に起きるだろう」

もっと大きな堀が必要になる

ソフトウエアだけならコモディティーにすぎないと言ったウィルソンは正しかったようだ。伝説的投資家のウォーレン・バフェットは、純粋なソフトウエア会社にはみずからのビジネスを守る「堀」がないと語っている。だから、ライバルが城壁を壊すのは簡単だ。ほとんどの分野は参入障壁が比較的低いから（スタートアップを立ち上げるコストがこれまでになく下がっている現在は特にそうだ）、いずれライバルが現れて、もっと質が高いか、もっと安い類似ソフトウエアを提供するのは確実だ。そこでネットワーク効果の出番となる。

あるプラットフォームでユーザーの取った行動が、別のユーザーが得る価値に直接的なインパクトを与えるとき、そこにはネットワーク効果が存在すると言うことができる。ユーザーが増えると、ネットワーク効果によって、そのプラットフォームはますます便利で価値が高くなる。詳しくは第4章で述べるが、ネットワーク効果が存在するプラットフォームと競争するときは、プロダクトやその機能だけでは戦えない。なぜなら競争相手は、消費者とプロデューサーからなるコミュニティー全体と、そこでの価値交換をサポートするプラットフォームの能力になるからだ。コミュニティーはプラットフォームの価値の中核をなし、単独のプロダクトには提供できないものだ。

ネットワークをコピーするのは、機械の機能をコピーするよりもずっと難しい。ノキアとブラックベリーがアップルとグーグルに負けたとき述べたように、携帯電話の機能がもたらす価値は、無数のアプリ開発者のコミュニティーがもたらす価値と比べると、はるかに小さい。ネットワーク効果は、「経済的に最強の堀だ」と、VCのベンチマーク社のビル・ガーリーは言う(7)。長年、フェイスブックはいずれ衰退すると「予言」する識者は多かった。ツイッターやスナップチャットなどの新しいソーシャルメディアが台頭していることや、スマートフォンの普及により、ソーシャルネットワークからメッセージングプラットフォームに人気が移行するというのだ。

だが、本書執筆の時点で、フェイスブックの業績は12四半期中11回、金融アナリストらの予想を上回ってきたし、フェイスブック・メッセンジャーが人気を呼び、2年で新たに5億人以上のユーザーを獲得してきた。莫大な金額でフェイスブックに買われたワッツアップ（WhatsApp）とインスタグラムも、目覚ましい成長を遂げている(8)。15億人のアクティブユーザーがいるネットワークは、巨大な堀と考えてよさそうだ。

投資家はプラットフォームを愛す

ユニオン・スクエア・ベンチャーズのウィルソンを見ればわかるように、投資家はプラットフォームが大好きだ。成功したプラットフォームは、ネットワークという強力な堀を持っており、その業界を圧倒するような規模で運営されている。

だからプラットフォーム企業の価値が、直線的な企業よりも高いのは驚きではない。アプリコの調査では、投資家は直線的な企業よりも、プラットフォームを高く評価する。Ｓ＆Ｐ５００種に含まれる純粋なプラットフォーム企業、またはプラットフォームが事業の大きな部分を占める企業の平均収益乗数（企業価値を売上高で割った値）は８・９だ。これに対して直線的な企業は、売上高の平均２～４倍の価値と評価される。[9] 他の研究でも、プラットフォーム企業と直線的な企業の価値に大きなギャップがあることが指摘されている。[10]

このギャップは拡大し続けている。当然だろう。プラットフォーム企業は、長期的にも短期的にも、財務諸表の主な項目で優れている。たとえば、プラットフォーム企業の方が成長のスピードは速く、資本利益率（ＲＯＣ）が高く、利幅も大きい。その結果、２０００年代初旬以降、プラットフォーム企業は従来のトップビジネスモデルを追い抜く成長を見せてきた。現在の勢いでは、２０２０年までにＳ＆Ｐ５００種全体の約５％を占めるようになるだろう。時価総額でも、プラットフォーム企業は向こう５～10年で５００銘柄の上位を圧倒しそうだ。

数年以内にＳ＆Ｐ５００種に加えられる可能性のあるプラットフォーム企業としては、リンクトイン、ツイッター、ジロウ（Zillow）、グラブハブ、スナップチャットなどがある。ウーバー、エアビーアンドビー、ドロップボックス、ピンタレスト（Pinterest）もＩＰＯを果たしたら、その候補に加わるだろう（図3・1）。すでにこれらの企業の評価額は、Ｓ＆Ｐ５００種に選ばれるための時価総額の条件をクリアしている。既存の企業の多くも、プラットフォームを構築したり買収したりして、現在の価値連鎖にプラットフォーム・ビジネスモデルとネットワーク効果を取り入れるだろう。プラットフォーム企業は、Ｓ＆Ｐ５００種の売上高の合計でも特大の割合を占める。２〜３年以上先を予測するのは難しいが、現在のトレンドが続けば、25年以内に、プラットフォーム企業はＳ＆Ｐ５００種の純利益の50％を占めるだろう[11]（図3・2）。

そこまで、と思うかもしれないが、これは過去10年間の成長を反映した予想だ。Ｓ＆Ｐ５００種に含まれるプラットフォーム企業の純利益は、過去10年で平均３３０％増えた。これに対してＳ＆Ｐ５００種全体の伸びは平均16％だ。５００社に含まれるプラットフォーム企業の数が増えれば、この指標全体の純利益をもっと急速に押し上げるだろう。

惑星ユニコーン

スタートアップの世界で何が起きているかを見れば、こうした予想は一段と合理的に見える。今後ＩＰＯに踏み切るスタートアップは、これまで以上にプラットフォーム企業が多くなるだろう。２０１５年7月現在あるユニコーン（企業価値が10億ドル以上の未上場企業）１２６社のうち、73社（約58％）がプラットフォーム企業だ。世界を見渡すと、その割合はもっと大きい。アジアで

図 3.1 S&P500 種に含まれるプラットフォーム企業数の変遷

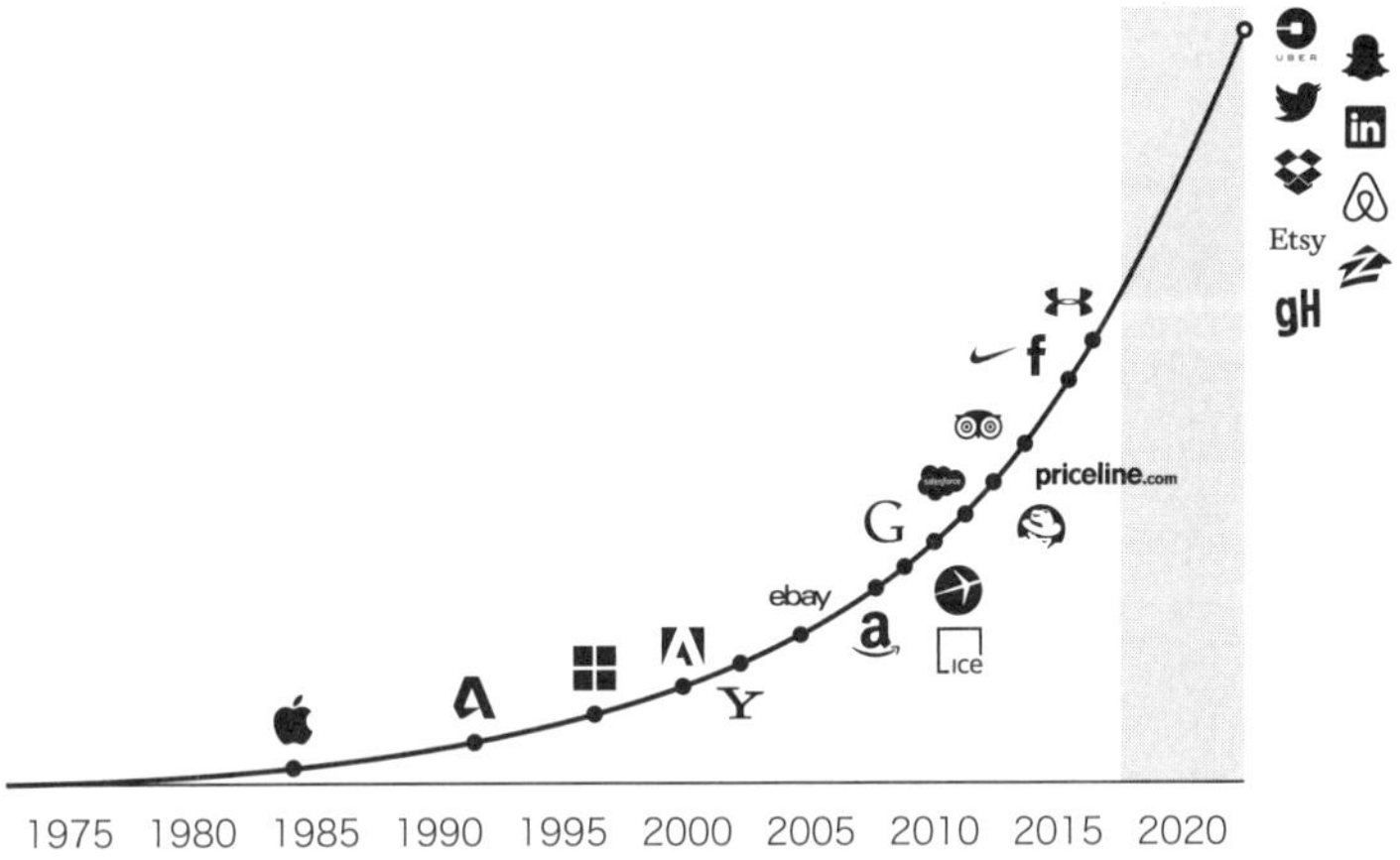

図 3.2 25 年後には、S&P500 種の利益の半分はプラットフォームが生み出すようになるだろう

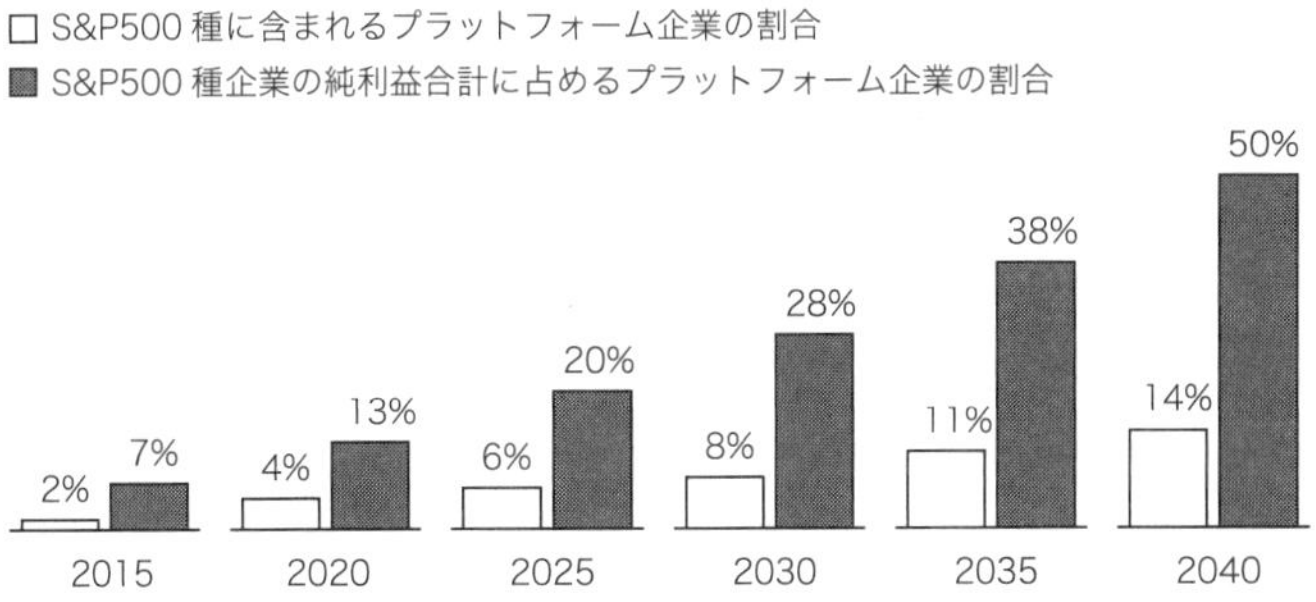

は、ユニコーン36社中31社（約86%）がプラットフォームだ。これには中国（21社中81%がプラットフォーム）やインド（9社中8社）が含まれる[12]（図3・3）。

このデータが示すように、プラットフォームの成長は真にグローバルな現象だ。中国はこの巨大な潮流の格好の例だ。

中国の商業インフラは、実店舗による小売業が確立されているアメリカでは考えられないほどデジタル化されている。その結果、急速な経済成長によってもたらされた新たなチャンスを最初につかんだ企業が、新しいデジタル市場を作って育てるプラットフォームになる。アリババ、テンセント、それにシャオミ（小米）は、みなこのケースだ。シャオミは、中国で最も成功したアンドロイド・プラットフォームを構築して、サムスン電子とアップルに続く世界第3位のスマートフォン企業となった[13]。

投資家はプラットフォーム型スタートアップを高く評価する

プラットフォーム型ユニコーンは、直線的なビジネスモデルのユニコーンより、企業価値も高い。プラットフォーム型ユニコーンの平均的企業価値は、45億1000万ドルであるのに対して、直線的なユニコーンは平均24億9000万ドルだ。言い換えると、平均的な直線的ユニコーンの企業価値は、プラットフォーム型の半分をやや上回る程度だ。それだけに、ユニコーン全体の調達資金の大部分は、プラットフォーム型ユニコーンによるものだと聞いても驚きではないだろう。

図3.3　データで見る「ユニコーン企業」(2015年7月)

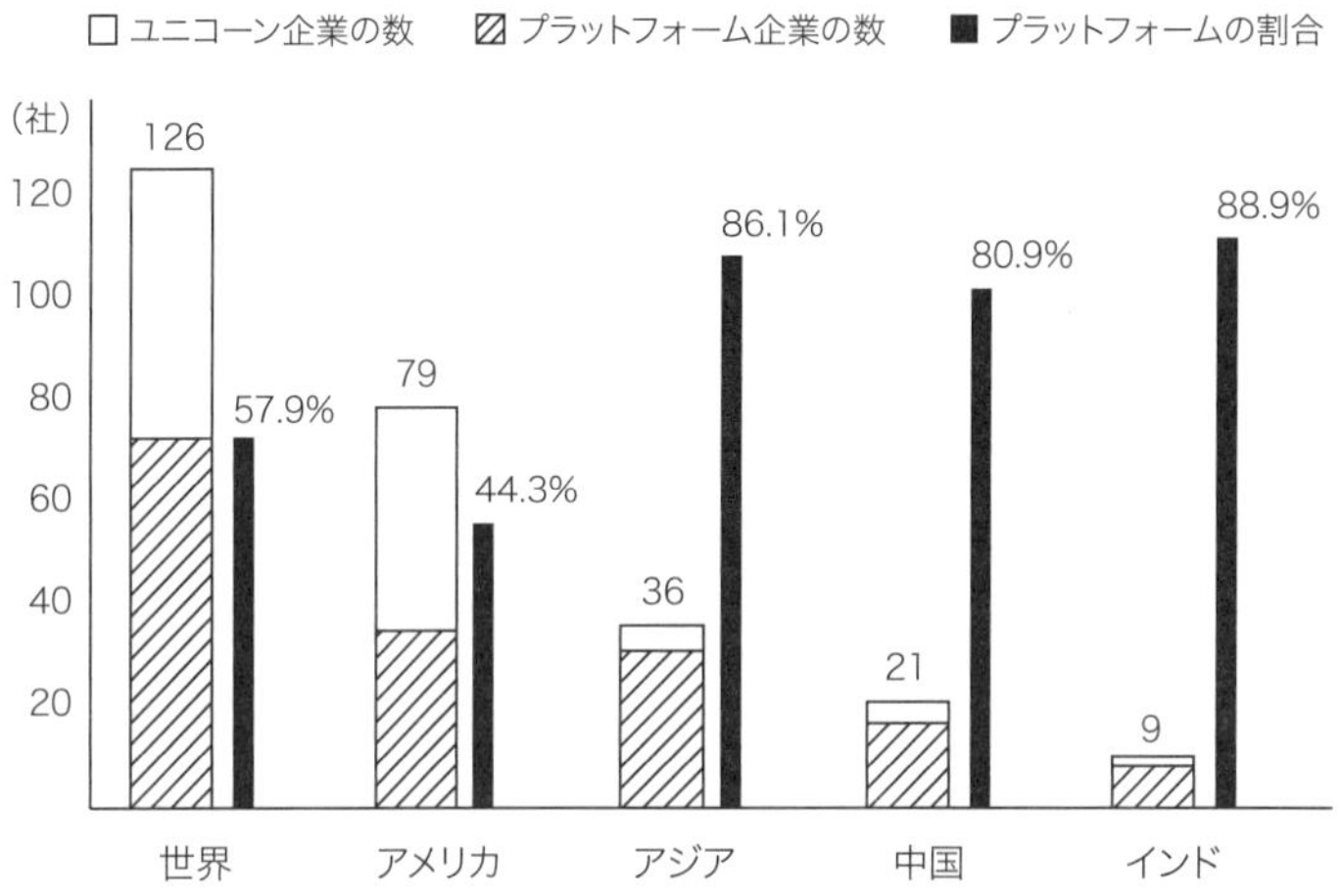

具体的には、プラットフォーム型の調達額は計462億4000万ドルで、直線的なユニコーンの219億6000万ドルの2倍以上だ。投資条件もプラットフォーム型ユニコーンのほうが有利だ。プラットフォーム型ユニコーンは、直線的なユニコーンよりも、資金調達額に対する企業価値の評価額が約12％高かった。つまり投資家は、プラットフォームに投資することのプラス面に自信を持っている。

当然ながら、こうしたユニコーン企業のすべてが生き残るわけではない。しかし上場企業でも未公開企業でも、プラットフォーム企業が直線的な企業を急速に追い抜きつつあるのは明白だ。とりわけユニコーンでプラットフォームの割合が拡大していることは、次の大型ＩＰＯの波は、世界的にプラットフォームが主になることを示唆している。

限界費用ゼロの会社

ネットワーク効果は、プラットフォーム・ビジネスモデルが猛烈に成長している理由の一つに過ぎない。その全体像を理解するには、プラットフォーム・ビジネスモデルの根底にある費用構造と利益構造を掘り下げる必要がある。

まず、アプリや音楽、電子書籍といった情報商品の経済学を見てみよう。あなたが新しいアプリを開発したとしよう。オリジナル版の制作には25万ドルかかったが、そのコピーを作るコストはゼロに近い。経済学用語で言うと、そのアプリの限界費用はゼロに近いことになる。インターネットとコネクテッドテクノロジーのおかげで、現代の情報商品を流通させるための限界費用はゼロに近づいた。新しい顧客一人にサービスを提供するコストは、基本的にゼロだ。だが、第2章で見たとおり、情報商品の限界費用はゼロに向かっているのに、ブリタニカ百科事典のような直線的なビジネスモデルでは、固定された高い制作費がスケール化を制限する。すべての情報を集め、専門的に執筆してもらい、百科事典として整理するには大きなコストがかかる。

インターネットを使った低コスト流通を、ごく早い段階から活用し始めたのはＳａａＳ企業だった。ＳａａＳ企業はソフトウエアをホストするにあたり、物理的サーバーを構築して維持し、そのコストを顧客に転嫁するのではなく、インターネットを使って限界費用ゼロで流通させる。それでも、そのソフトウエアのオリジナル版の制作費は高くつくし、事業を拡張したいと思ったら、販売モジュールを増やして在庫を構築する必要がある。つまり、もっと初期費用がかかる。

プラットフォームはこのダイナミクスをさらに一歩進める。固定的な高い制作費を取り除き、限界費用ゼロをサプライサイドにも広げるのだ。ウィキペディアが項目を増やすため、あるいは既存のコンテンツを改善するためにやるのは、新たなリサーチャーを雇うことではなく、ユーザーの一人にページを作ってもらうか、編集してもらうことだ。そのソフトウエア商品を構築するには依然として初期費用がかかるが、プラットフォームが成長するにしたがい、そのビジネスモデルも効率的になる。いや、爆発的に効率的になる。

この変化の意味するところは巨大だ。20世紀は、あるビジネスをスケール化できるかどうかは、需要を喚起する費用と供給コストを下げられるかどうかにかかっていた。インターネットの普及により、大量の受け手にリーチすることは、はるかに簡単かつ安価になり、ビジネスを立ち上げる固定費の一部は下がった。だが、直線的なビジネスモデルは、依然として限界費用の壁に直面し、供給コストを下げなければ競争できない。第2章で紹介したマイケル・ポーターの価値連鎖の概念は、まさに最大価値を最小コストで生み出すことを前提としていた。つまり生産コストの圧縮だ。この制約が、20世紀最大のビジネスイノベーションの多くを生み出すきっかけになった。組み立てラインによる生産効率の改善はその一つだ。そこまで有名ではないが、規模の経済によってコストを削減したチェーン店システムや、新店舗の初期費用の多くを外部化したフランチャイズもそうだ。より最近では、ジャストインタイム生産方式も、無駄と重い在庫維持費を減らすために考案された。つまり、こうしたイノベーションはすべて、直線的なビジネスの生産コストを削減することに重点を置いていた。

直線的な企業は一般に、人員や物理的資産、またはその両方を追加することで成長する。このビジネスモデルでは、生産を管理することで価値が生まれるから、商品をもっと売るためには、莫大な設備投資によって生産能力を増やさなければならない。だが、物理的な資産と人員はスケール化がしにくい。ネットワークは違う。

プラットフォームに必要な設備投資は、はるかに少なくていい。社内にためこむ内部資源もずっと少なくてすむ。たとえば、プラットフォーム企業に必要な人員は、比較的少ない。ウーバー、エアビーアンドビー、リンクトインはそれぞれ、８０００人以下でグローバルなオペレーションを動かしている。アリババの社員も２０１５年初めの時点で3万５０００人以下だ。これに対して、総売上高がアリババと同程度のウォルマートには、２００万人以上の従業員がいる。

プラットフォームは、コネクションを円滑化することだけに専念して、生産の限界費用をなくす。生産活動を担うのは、そのネットワークだ。ウーバーは、タクシーを所有していないし、アリババはネットで提供する商品を自社工場で生産しているわけではない。グーグルは、検索結果をあらかじめリストしたウェブページを作っているわけではない。ユーチューブも無数の動画を自分たちで制作しているわけではない。プラットフォームはインターネットから自然に生まれたビジネスモデル――純粋に限界費用ゼロの情報ビジネスだ。それはデータを使って取引を円滑化し、ネットワーク化された生産を可能にする。生産の限界費用が低いということは、原価が売上高を上回るペースで増えないことを意味する。

こうした変化が直線的な企業に与える影響は大きい。プラットフォームは安く容易にスケール化できるから、どんどん引き離されてしまうのだ。

たとえば世界的なホテルグループのハイアットを見てみよう。ハイアットは各種ホテルの公式ウェブサイトや旅行サイトで、在庫を売る（ホテルの部屋の予約を取る）ことができる。だが、在庫を上回る需要に対応するには、新しいホテルを建設するしかない。これは小さな費用ではない。エアビーアンドビーの場合、在庫を増やす必要があったら、もっと多くの宿泊施設をホストに提供してもらえばいい。それがエアビーアンドビーというプラットフォームに生じさせるコストは、ゼロに近い。プラットフォームは生産手段を所有しないから、在庫を確保するための設備投資をする必要はない。このようにネットワーク化された生産活動は、企業の費用構造を劇的に変えて、価値を作るのに必要な内部資源の量を変えた。その結果、供給の限界費用はゼロとなり、潜在的な市場規模は爆発的に拡大する（図3・4）。

この費用構造ゆえに、プラットフォームが保有する資本は少なく、直線的なビジネスよりも投資利益率が高い[14]。だからプラットフォームは、立ち上げ時に大規模な資本基盤を必要としないし、構築したネットワークを拡大するための資本も、直線的なビジネスと比べると、ずっと少なくて済む。さらに、供給の限界費用がゼロだから、直線的なビジネスよりもはるかに大きな規模に成長できる。直線的なビジネスの費用は、会社が大きくなると増える一方だ。これに対してプラットフォームの費用は、対数的に同水準を維持する傾向がある（図3・5）。

このユニットエコノミクス（顧客獲得コストと売上高のバランス）のおかげで、プラットフォーム企業は理論的には市場そのものと同規模まで拡大できる。これは第2章で述べたように、直線的な企業が通常、市場規模を大幅に下回る水準で天井にぶち当たるのとは対照的だ。こうして大規模なネットワークを育て管理することは、莫大な資本基盤を持ち内部資源を拡大することよりも重要になった。ではなぜ、誰もがプラットフォームを作らないのか。それは、ネットワーク化された生産活動はユニークな問題を生み出すからだ。

前述のとおり、エアビーアンドビーは在庫を直接支配しておらず、最も価値ある資産であるユーザーも所有していない。このため、ビジネス面でのリスクは大きい。ネットワークを初めて構築するときは特にそうだ。エアビーアンドビーの場合、ユーザーにアピールするためには、外部プロデューサー（つまりホスト）がエアビーアンドビーのプラットフォームに在庫（つまり部屋や家）

図3.4　プラットフォームビジネスモデルの限界費用は低い

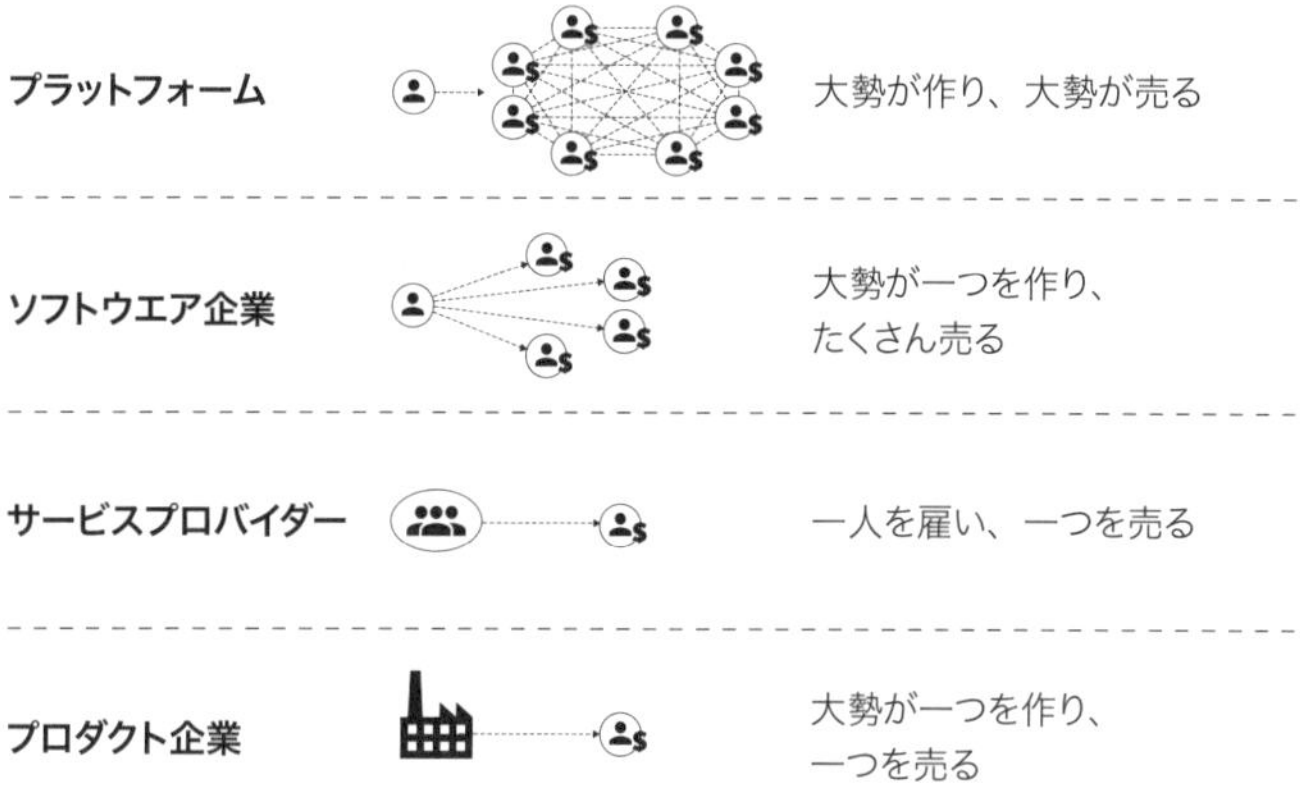

図3.5　直線的企業とプラットフォーム企業の平均費用曲線

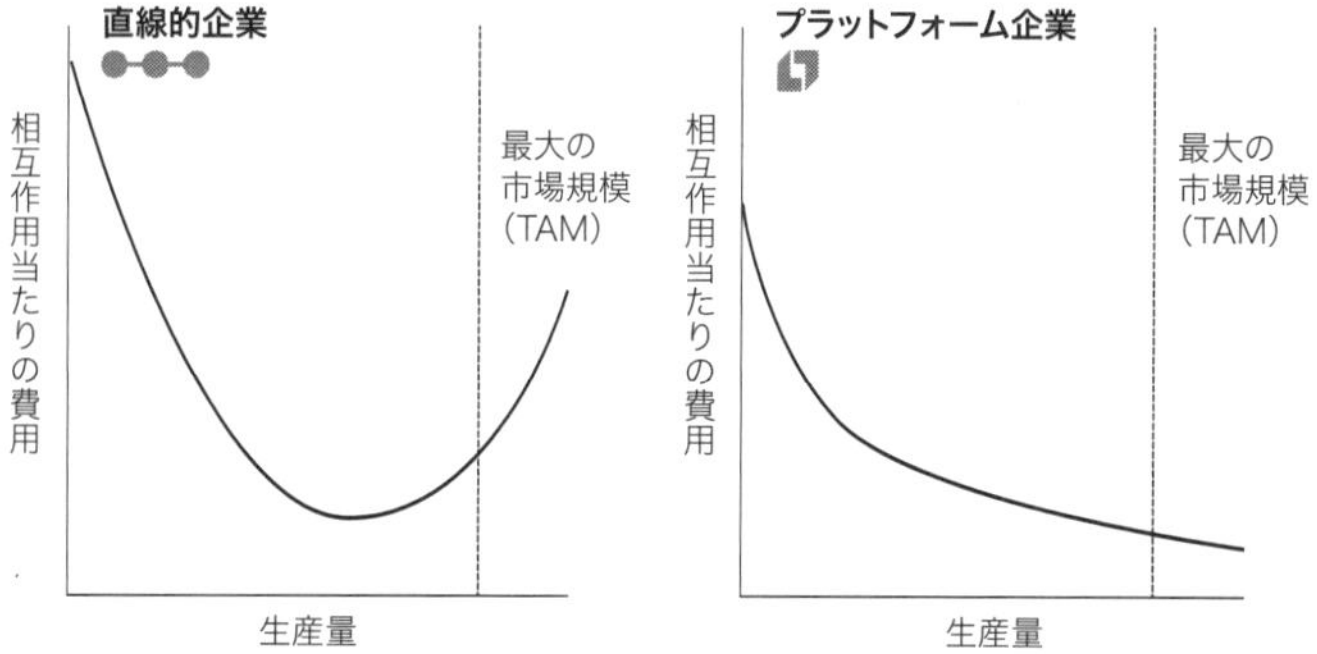

を掲載してくれる必要があった。これは容易ではなかった。なぜなら、そのプラットフォームにはまだほとんどユーザーがいなかったからだ。ユーザーもホストも、十分な数の相手がいなければ、エアビーアンドビーに加わる意味はない。プラットフォームは、新規ユーザーが得る価値が参加コストを超えたとき、この「タマゴが先か、ニワトリが先か」という問題を克服することができる。この克服ポイントは、クリティカルマス（最小必要人数）と呼ばれる。プラットフォームの規模がクリティカルマスを超えると、ネットワーク効果が高まりはじめ、市場シェアが拡大しはじめる。「タマゴが先か、ニワトリが先か」の問題は、第8章でもっと詳しく触れる。今のところは、ネットワークを育てるのは、社内の生産手段を拡大したり、生産効率を高めるといった直線的な課題よりも、解決が難しい問題だということを知っておいてほしい。だが、この課題をクリアできれば、プラットフォーム・ビジネスの潜在的スケールははるかに大きくなる。なぜならクリティカルマスに到達してからは、もはや供給側が費用の制約を受けなくなるからだ。

拡大すれば利益率が上がる

直線的なビジネスは、早くから売り上げを出せるが、プラットフォームは「タマゴが先か、ニワトリが先か」問題のために、そうはいかない。プラットフォームにユーザーがほとんどいなければ、十分な価値をもたらしたり、大きな売り上げを生むような取引を推進したりすることもできない。だが、プラットフォームのネットワークが大きくなると、費用に比べてはるかにスピーディーに売り上げが伸び始める。そうなると、ユーザー獲得費用は低下して、プラットフォームが生み出す価値が利益を生み始める。レストラン予約のプラットフォーム、オープンテーブル（OpenTable）は、レストランと飲食客のネットワークを育てるなかでこのことを経験した。「供給（登録レストラン）が増えると、ユーザーを増やすのは簡単になる」と、オープンテーブルのマシュー・ロバーツCEOは言う。「そしてユーザーが増えると、登録レストランを増やすのが簡単になる」。その結果、「どの国・街でも、われわれが成熟するにしたがい、あらゆる費用構造は改善した」[15]。

ネットワーク効果がもたらす究極のインパクトは、取引件数の増加だ。ウーバーの場合、ネットワークが大きくなると、運賃を下げ、待ち時間を短くできる。（一般のタクシーより）運賃が安くても、ユーザーからの需要は高いから、ドライバーはタクシーの運転手と同じくらいの儲けを得られる。ドライバーが増えると、消費者の待ち時間は短くなるから、ますます気軽にそのプラットフォームを使うようになる。こうして取引が増えて、売り上げが増える。

ネットワーク化された価値——ハンディーが競争に勝った方法

ハンディーは２０１６年初め以降、アメリカ、イギリス、カナダの35都市で掃除などの家事代行サービス（掃除、ペンキ塗り、引っ越しなど）を仲介するプラットフォームだ。認証済みのサービス業者とユーザーを、オンデマンドベースで結びつける。ハンディーは、毎週数千人のユーザーの予約と支払いを管理し、返金保証をする。

ハンディー
サービスマーケットプレース
プラットフォーム

当初、ハンディーはネットワーク効果を構築して、競争優位を確立することを目標に据えた。「消費者の期待レベルを上げ続ける戦略をとった」と、創業者のオイシン・ハンラハンCEOは語る。「ライバルが、申し込みから2日後にサービスを受けられることで知られるなら、こちらは1日か当日中に業者を手配すれば競争優位を得られる。消費者にとって新しいタイプの価値を作り、成長と顧客維持につなげられる。ライバルに圧力をかけることにもなる」

だが、ハンディーのライバルが翌日や当日にサービスを提供していなかったのには理由があった。「立ち上げ当初、申し込みに応じられるのは早くても5日後だった。その時間を短縮するには、各市場をスケール化し、もっとレベルの高いクリティカルマスに達する必要があった」と、ハンラハンは言う。ハンディーは新たに進出する地域それぞれで、ユーザーの需要に迅速に応じてくれる家事代行業者のネットワークを構築しなければならなかった。強力でポジティブなネットワーク効果を持つ大規模ネットワークを構築するのは、簡単ではない。待ち時間を減らすためには、需要と供給の両方を同時に増やす方法を見つける必要があった。

この困難を乗り越えるカギの一つは、正しい市場を選ぶことだった。ハンディーは参入する地域を厳選した。ハンディーのビジネスモデルを機能させるためには、その市場に消費者の需要を迅速に満たせるだけの数のプロデューサーが必要だった。だがプロデューサーの質も、数と同じくらい重要だった。ユーザーがサービスに満足できなければ、その需要に急いで応えることにだけ投資しても意味はない。「私たちのビジネスモデルは高いリピート率を中核に据えており、これまでのところどこよりもうまくやってきた。100万件以上の予約の80%がリピーターだ」と、ハンラハンは胸を張る。ひとたびマーケットプレースを拡大できると、待ち時間が減り、ユーザーを喜ばせることができた。「(2015年初めの時点で)全市場でプロ(の家事代行者)の数が1万人を超えると、翌日サービスのリクエストに応じられる」。ネットワーク効果によって、需要が高まると、さらに質の高いプロの業者を加えることができた。

ハンディーのライバルは追いつくのに苦労した。最大のライバルであるホームジョイは、2015年7月に突然サービスを停止した。関係者によると、十分なリピーターを確保できなかったらしい。ホームジョイはライバルを追い上げるために、料金サポートつまり価格の割引に力を入れた。このため、初体験のユーザーは安くサービスを利用できて満足したが、通常料金を払わなければならない2回目を利用する気になれなかった。ホームジョイは典型的な「水漏れバケツ」の問題を抱え込んだ。つまり既存のユーザーは去っていく一方だったから、需要を維持するために新しい顧客を補充し続けなければならなかった。その成長戦略は、目先の目標(ユーザー獲得・拡張)に気を取られて、長期的な課題(ユーザー維持、コスト削減)を無視していたため、一時的にネットワークが拡大しても長続きしなかった。売り上げ増といった虚栄の成長メトリクスは、そのビジネスの真の健全度を反映していなかった。ホームジョイは調達資金を使い尽くし、競争から脱落してしまった。

これとは対照的に、ハンディーはうまくリピートを生み出し、質の高いプロの家事代行者と消費者からなる強力なネットワーク効果を生み出した。元従業員がフォーブス誌に語ったところによると、ホームジョイのユーザーで1カ月以内に再予約した人は15~20%程度だった[16]。一方、ハンディーは35%以上だ。規模が大きく流動性の高い地域では45%にも上った。「クリティカルマスに到達した市場では、質を高めつつエコシステムを拡大するカギは、プラットフォームを通じて業者とユーザー両方の満足度を高め、両方の期待を上回り、それを維持することだった」とハンラハンは語る。

この種の経時的な改善は、プラットフォームが生み出すネットワーク価値の産物だ。プロダクトまたはサービスには本質的な価値があり、ユーザーは購入したものを消費することで価値を得る。

プロダクトの消費価値は高い場合もあるが、時間がたってもさほど上昇しない。プラットフォームは、そこにネットワーク価値を追加する。ほかの人が利用することからもたらされる価値だ。その結果、各ユーザーが得る価値は、ネットワークが拡大するにしたがい自然に増える。そしてプラットフォームは、みずからが生み出す価値の一部を得ることで利益を生む。したがって価値が高まると、収益も増える

図 3.6 平均費用が低下する一方で、各ユーザーが得る価値は高まる。その結果、プラットフォームの利益率は、ネットワークが拡大するとともに大幅に上昇する

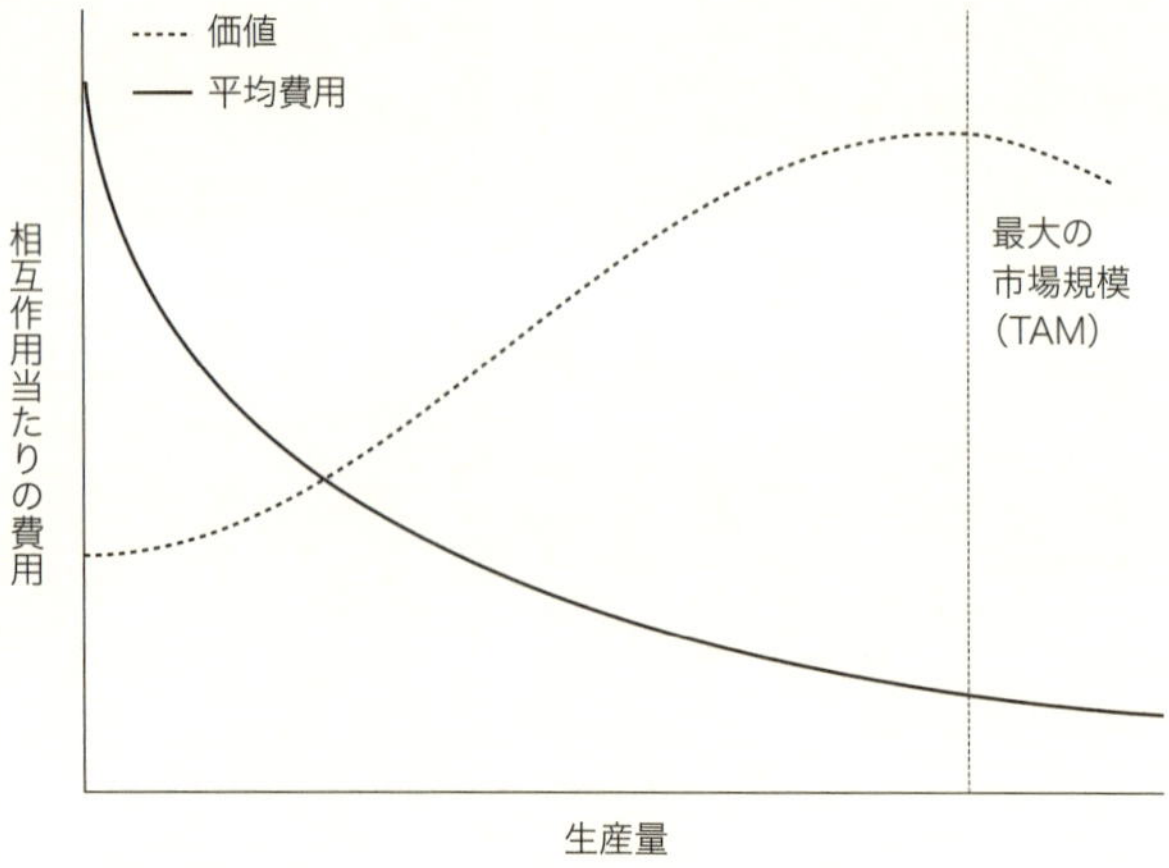

（図3・6）。さらにプラットフォームの拡大にかかる限界費用はほぼゼロだから、プラットフォームが成長して市場を支配するようになると、利益率は劇的に高まる。それは伝統的な独占企業のように値上げをしたり、サプライヤーに値下げを強いるからではなく、プラットフォームが生み出す価値全体が大幅に高まるからだ。

大きくなるか、立ち去るか

プラットフォームは直接生産手段を所有しないから、直線的なライバルの潜在的なリーチを超えるまでは、直線的なビジネスほど利益を生み出さないかもしれない。このことは多くの場合、小規模なプラットフォーム・ビジネスを構築しても意味はないことを意味する。小規模な市場では、直線的なビジネスのほうがうまく対応できることが多い。プラットフォーム・ビジネスが本当に恩恵を得られるのは、スケールが極めて大きいときだ。

これは、手作り品マーケットプレースの「エッツィー」が上場したとき、多くの投資家がその成長見通しについて心配した理由の一つだった。手作り品の市場規模はいったいどれくらいなのか。ここ数年、プロデューサー側の成長は鈍化していた。これは長期的な成長見通しにとって、明るい兆候ではない。エッツィーの市場がさほど大きくないなら、長期的に持続可能なビジネスを構築できないかもしれない。そして最終的には、アマゾン・ドットコムに締め出されてしまうかもしれない。アマゾンは２０１５年に、アマゾン・ハンドメードというエッツィーのライバルを立ち上げていた。[17] プラットフォームなら、どんなビジネスでもうまくいく、というわけではない。

プラットフォームにとっては正しい市場を選ぶことも、直線的なビジネス以上に重要になる。通常、ビジネスモデルが持続可能であるためには大きな市場が必要だ。だが、大きな市場を支配できる可能性があるなら、プラットフォーム・ビジネスを構築するリスクを冒す価値は十分ある。大規模になると、プラットフォームは直線的なビジネスよりもはるかに大きな利益を生み出し、フレッド・ウィルソンやビル・ガーリーが示唆したように、そのネットワークと市場パワーによって、ビジネスを防衛しやすくなる。

プラットフォームか、消滅か

プラットフォームは直線的なビジネスよりもはるかに大きく成長できるだけでない。成長しなければならない。プラットフォーム・ビジネスは、莫大なスケールを活用しなければならない。ほとんどのプラットフォームは大成功するか、まったく成功しないかのどちらかだ。この、プラットフォームの強烈な成長指向は、直線的なビジネスには悪いニュースだ。なぜならプラットフォームが成熟して、全市場を乗っ取るようになると、その利益は直線的なビジネスの利益を失墜させ、搾り取るからだ。

プラットフォームがますますありふれた存在になり、より多くの産業を破壊するようになるなか、プラットフォームの圧倒的優位とは、非プラットフォーム・ビジネスの撤退によって残された市場を奪い合うことを意味する。非プラットフォーム・ビジネスが、よそのプラットフォームのエコシステムを利用して成功することは可能だ（サムスンのアンドロイド機を考えるといい）。だが、最も持続可能で、最も儲かる方法は、プラットフォームを支配することだ。

第4章
現代の独占
プラットフォーム資本主義と勝者総取り経済

中世の錬金術師ができなかったこと、つまりゼロから何かを作り出すことを取引は可能にした。その参加者は、タダでおいしい思いができる。他人と商品を交換することで価値が生まれるのだから。

——デービッド・S・エバンズ、シカゴ大学法科大学院教授、『Invisible Engines』著者

ネットワークが拡大するにつれて、プラットフォームの利幅も大きくなるから、市場が成熟すると、その業界を支配するプラットフォームは一つか二つに絞られていく。このためプラットフォーム間の競争は熾烈なものになりやすい。「競合する二つのプラットフォーム間に、寛大さの入る余地はない」と、アリババの曽鳴最高戦略責任者（CSO）は言う。曽にしてみれば、プラットフォーム間の競争は戦争だ。[1] 曽自身、そのような競争の最前線に立ってきた。アリババが2000年代初めにイーベイ、さらに2000年代末にバイドゥと激しい戦いを繰り広げたとき、曽は中核チームを率いていたのだ。

2003年にアリババがオークションサイトのタオバオ（淘宝網）を立ち上げると、イーベイは

「中国でナンバーワンになるという止めようのない決意」（メグ・ホイットマンＣＥＯの言葉）をもって参入してきた。[2]さっそく当時中国最大のオークションサイトだったイーチネット（易趣網）を莫大な金額で傘下に入れ、ｅコマース市場における圧倒的なプラットフォームに躍り出た。ところがイーベイ（イーチネット）は、早い段階から売り手に手数料を課すという間違いを犯した。利益を急ぐ株主の圧力を受け、アメリカでやっていた手数料ベースのビジネスモデルを、そのまま中国に持ち込もうとしたのだ。一方、アリババの馬雲（ジャック・マー）ＣＥＯは、イーベイの打倒に全力を尽くすことを誓った。「イーベイは大海のサメかもしれない。だが私は揚子江のワニだ。海で戦えば負けるが、川でなら勝てる」[3]。アリババは、タオバオの手数料を開業3年間は無料にすると発表して、値段にうるさい中国人市場で優位に立った。手数料ゼロの方針は、イーベイよりも強力なネットワーク効果を生み出す助けにもなった。

イーベイの方針により、イーチネットはすべての取引に一定の手数料を課していたから、取引成立前に売り手と買い手が連絡を取り合うことはできなかった。それを認めてしまったら、ユーザーはイーチネットの外で取引をまとめようとする恐れがあるからだ。手数料を取らないタオバオにはそうした心配がなかったから、アリババの人気チャットサービス「アリワンワン（阿里旺旺）」を利用して、ベンダーと買い手が取引成立前に連絡を取り合えるようにした。気になるアイテムをクリックすると、すぐにベンダーとライブチャットを始められるのだ。[4]この機能は大人気となった。中国では、物を売買する前によく当事者同士が価格交渉をする。また、同じ物でも品質にばらつきがあることが多いため、売り手と買い手がコミュニケーションを取れることは、アリババがイーベイに差をつける重要なポイントになった。また、取引終了後に売り手を評価する項目も、タオバオはイーチネットより多かった。明らかにアリババは、中国市場の特質を良く理解していた。その結果、タオバオの顧客満足度は高く、市場シェアも急拡大した。

とどめの一発は、2005年1月に電子決済システムのアリペイを導入したことだ。アリペイは、買い手が注文した商品を満足な状態で受け取ったことを確認するまで、代金を預かるエスクロー（第三者預託）サービスの役割を果たした。中国ではまだクレジットカードがさほど普及していないから、アリペイはネット通販に懐疑的な消費者に利用を促す大きな役割を果たした。

2006年末、イーベイは敗北を認めた。中国から完全に撤退し、イーチネットを中国のスタートアップ「TOMオンライン」に売却すると発表したのだ。「戦いは終わった」と馬は宣言した。「さあ、戦場をいただこうじゃないか」[5]

ラウンド2――タダはビジネスモデルではない

イーベイを追い出した結果、タオバオは中国最大の電子マーケットプレースになった。「イーベイが撤退した中国には、アリババ集団（とそのマーケットプレース部門であるタオバオ）だけが、eコマースの巨人として残された」と、アリババのポーター・エリスマン元副社長は語る。エリスマンは、『アリババ　中国eコマース覇者の世界戦略』（邦訳・新潮社）という本を書き、アリババの台頭とイーベイとの戦いを描いたドキュメンタリー映画『揚子江のワニ』を制作した。

タオバオ
プロダクトマーケットプレース
プラットフォーム

タオバオの次の目標は、利益だ。しかし期間限定とはいえ、当初の手数料は無料と約束した以上、手数料ベースではないビジネスモデルを考える必要があった。「無料はビジネスモデルではない」と、アリババ批判派は当時言ったものだ。イーベイを負かすために選んだ戦略が、アリババの手を縛ることになった。そこでアリババは、アマゾンやイーベイよりも、グーグル・アドワーズに似た収益モデルを採用することに決めた。つまり取引の手数料ではなく、広告から利益を得るのだ。実際、商品検索は検索連動型広告で最も儲かる領域の一つだから、このビジネスモデルには大きな可能性があるとアリババは判断した。

ただし、一つだけ大きな問題があった。中国にはすでにバイドゥという圧倒的な検索プラットフォームがあったのだ。中国版グーグルと言われるバイドゥのウェブクローラー（検索ロボット）は、アリババで取り扱っている商品や画像もアーカイブ化して、バイドゥの検索結果に表示していた。関係者によると、当時アリババを訪れるユーザーの数十パーセントが、バイドゥの検索結果をクリックしてやってきていた。

中国の検索エンジンでリーディングプレーヤーになる必要がある——。馬はそう考えた。2005年にヤフーがアリババに投資すると、馬は「ヤフー！チャイナ」の経営を担うことになった。だが、ヤフー／アリババはスタンドアロン型の検索エンジンで、バイドゥの足元にも及ばなかった。その上、バイドゥもオークションサイト「ヨウア（有口阿）」を立ち上げて、アリババのタオバオに対抗する姿勢を示した。

アリババが検索広告から利益をあげるには、消費者にバイドゥではなく、アリババのサイトで商品を検索してもらう必要があった。そこでアリババは、バイドゥ（とグーグル）によるアリババのクローラー巡回を拒否することにした。アリババは当初その理由を、外部サイトにおける検索連動型広告の不正操作を阻止するためとしていたが、本当の狙いは、それなら最初からアリババで検索したほうがいいと、消費者に思ってもらうことだった。同時にそれは、究極的には戦略的な判断だった。バイドゥにタオバオのクローラー巡回を許せば、バイドゥが消費者とアリババの仲介役を果たすことになる。そうではなく、馬は消費者に真っ先にアリババに来てほしかった。

アマゾンが10年前にグーグルのクローラーを拒否していたら、と想像すれば、それがいかにリスクの大きな決断だったかわかるだろう。あなただったら、グーグル検索をやめて、最初からアマゾンで目当ての品を探しただろうか。それともグーグルを使い続けただろうか。もし後者のように考える人が大半だったら、アマゾンは今ほど成功していただろうか。それがアメリカ市場にどのような影響を与えたか想像するのは難しい。しかし中国市場では、馬の賭けは見事に当たった。

アリババがよその検索エンジンをブロックすると、中国の圧倒的多数の消費者が、まずアリババのマーケットプレースに行って商品検索をするようになったのだ。アメリカのアマゾンやイーベイにはできなかった偉業だ（アメリカの消費者は、まずグーグルでほしいものを検索するのが一般的だ）。「バイドゥによるタオバオのクローラー巡回を許していたら、消費者はバイドゥで商品検索するようになっていただろう」と、エリスマンは言う。「だがアリババはタオバオのまわりに壁を建てて、バイドゥをブロックした。それは中国のｅコマースの歴史を変える一か八かのチャンスだった」

プラットフォーム資本主義――勝者がすべてを手に入れる

アリババの歩みが物語るように、プラットフォームの戦いはいわゆる「勝者総取り方式」だ。アリババは、イーベイとバイドゥという巨人と激戦を交え、どちらに対しても勝利を収めた。その結果、タオバオとＴモールという二つのプラットフォームを通じて、中国のｅコマースの90％を支配するまでになった（Ｔモールは２００８年にアリババが立ち上げたブランド品のマーケットプレース。旧称「淘宝商城」）。そしてアリババに負けたイーベイは、二番手であることを認めただけでなく、中国市場から撤退した。バイドゥは今も検索エンジンを中心に価値の高いビジネスを構築しているが、商品検索で圧倒的地位を築けなかったことが、アリババやグーグルのような成功を収められない大きな理由となった。

競合ネットワーク間の熾烈な戦いは、プラットフォーム資本主義の大きな特徴だ。たとえばアリババは２０１３年、ライバルであるテンセントの人気対話プラットフォーム、ウィーチャット（微信）を、アリババの全マーケットプレースから追放した。これに対抗してテンセントは、ウィーチャットでアリペイを使えないようにした。テンセントは最近、ウーバーのアカウントもウィーチャットで使えないようにした。中国にはテンセントがかなり投資したライドシェアサービス、ディディ・クアイディ（滴滴快的）があるからだ。

こうした激戦の結果は、たいてい勝者総取りとなる。たとえばスマートフォンのＯＳ市場は、アンドロイドとｉＯＳで90％以上を占める。第３位のウィンドウズフォンのシェアは、わずか３％以下だ。ウェブ検索ではグーグルが圧倒的なシェアを握り、アメリカで65%、ヨーロッパで90%以上を占める。マイクロソフトの検索エンジン「ビング（Bing）」は、長年の大規模投資にもかかわらず、アメリカでのシェアは20%程度だ。しかもシェアが拡大するときは、グーグルから奪うのではなく、ヤフーのシェアを食うかたちに過ぎない。

もちろん例外はある。ユーザーが複数のプラットフォームのネットワークに同時参加できるとき、それぞれのプラットフォームのネットワーク効果は小さくなる。ユーザーがネットワークを頻繁に乗り換えられる場合は、たとえ業界が成熟しても、特定のプラットフォームによる独占や寡占状態にはならないことが多い。

だが、最高のプラットフォームは、取引を円滑化するソフトウエアツールや、パーソナル化ツールによって付加価値を生み出すことで、ユーザーが競合ネットワークに乗り換える意欲を失わせる。イーベイやタオバオ、エアビーアンドビーにおける、出品者やホストの評価システムがいい例だ。高い評価は、あるプラットフォームを長期にわたり何度も利用することで得られるもので、いわばそのプラットフォームに投資した成果だ。プロデューサー（出品者やホスト）の場合、評価が高いほど売り上げが増える（商品がよく売れるか、商品に高い価格をつけることができるようになる）ことが、多くの研究からわかっている。消費者にとっては、プラットフォームのパーソナル化（たとえばアマゾンの「あなたへのおすすめ」機能など）が、付加価値を生み出すカギとなる。こうした付加価値はネットワーク効果を強化し、プラットフォームを利用するほど高まる。これはプラットフォームにしか見られない特徴だ。このような付加価値とネットワーク効果が組み合わさったプラットフォームは、ユーザーを強力に囲い込み、ライバルをますます寄せ付けなくなる。

産業の新たな巨人

現代経済におけるプラットフォームの存在感が高まると、当然、かつてのＵＳスチールやスタンダード・オイルのような独占ではないかと危惧する声が出てきた。最近そのターゲットになった（特にＥＵで）のは、グーグルだ。だが、規模と市場支配力を別にすれば、現代の巨大企業に19世紀や20世紀の独占企業との共通点はほとんどない。そもそも昔の独占企業と現代のプラットフォームとでは、支配的地位を獲得した過程が違う。

まずスタンダード・オイルを見てみよう。ほとんどの直線的な独占企業と同じで、スタンダード・オイルは大量の資産を獲得することで（業界の生産能力の大部分を事実上買い上げることで）、独占的地位を築いた。一時は、アメリカの石油生産設備の90％以上（国内の石油精製施設のほぼすべて）を所有していた。[6] つまりスタンダード・オイルの全盛期、ライバルたちは競合製品を売るどころか、生産することさえできなかった。

この市場支配力の構築方法は、現在のプラットフォームのやり方とまったく異なる。プラットフォーム企業は、工場をたくさん獲得するのではなく、ネットワーク内のユーザーを増やし、結びつけることで成長する。つまり生産手段を所有することによってではなく、ユーザーを結びつける手段によって市場支配力を構築する。だから昔の独占企業はたいてい嫌われていたのに、現代のプラットフォームは嫌われていない。もちろん、どんなビジネスにも批判者はいるものだ（あなたの回りにもフェイスブックを拒絶する友達が一人はいるはずだ）が、消費者はフェイスブックやアリババ、グーグルが大好きだ。

　また、プラットフォーム企業は、たしかに大きな市場支配力を持つけれど、スタンダード・オイルが生産設備を支配したような形でユーザーを支配していない。アリババがプロデューサーの電源を切って、その生産量を変えたりすることはない。市場支配力があるといっても、出品者と消費者に価値をもたらすことで、間接的に支配しているにすぎない。プラットフォーム企業は、業界を独占していても、その地位は工業化時代の独占企業のように固定的ではない。なぜなら現代のプラットフォームは、所有ではなく（ユーザーの）参加によって成功を収めるからだ。「そのエコシステムから、プラットフォームと呼ばれるモノを取り出すことはできない」と、アリババの曽ＣＳＯは言う[7]。現代のプラットフォームが支配的地位を築いたのは、ユーザーに選ばれた結果であり、プラットフォームがユーザーを買い上げたからではない。つまり現代の独占企業を作り出したのは、私たちなのだ。その支配力は、幅広い参加と利用の結果であって、厳しく管理された所有と支配の結果ではない。

　この違いは、ウーバーと議会や規制当局との戦いに何よりもはっきり現れている。ウーバーの戦いで最大の武器となるのは、ユーザーだ。たとえば、２０１５年夏に起こったニューヨーク市のビル・デブラシオ市長との戦い。ウーバーが渋滞の原因になるというタクシー業界からの苦情を受け、デブラシオは、ウーバーのドライバー数に一時的に上限を設けて、配車プラットフォームが交通渋滞に与える影響を調査しようとした。ところがウーバーは、その時期にドライバーを1万人増やす計画をしていて、容易にそれを撤回するつもりはなかった。そこで対抗策として、ニューヨーク市内のユーザーのアプリに「デブラシオ・モード」を導入した。「デブラシオ市長の提案が可決されたら、こんなことになります」と、予想される長い待ち時間などが自動表示されるようにして、「いますぐ（抗議の）メールを送りましょう」と呼びかけたのだ。ウォール・ストリート・ジャーナル紙によると、この結果、デブラシオ宛てに4万通のメールと、2万件のツイートが寄せられた[8]。市長は降参して、ウーバーのドライバー数に上限を設けずに、4カ月にわたる渋滞調査を進めることに決めた。

ウーバーはこのとき、テレビ広告やセレブの支持表明、ロビイストといった伝統的な政治のPRツールも使った。だが、一連の騒動後に掲載されたニューヨーク・タイムズ紙の社説は、「（ウーバーは）その政治活動の大部分を顧客にやらせた[9]」と指摘した。実際、ウーバーがユーザーを動員して政治的戦いに挑んだのは、ニューヨーク市の一件が初めてではない。むしろその戦い方は、ウーバーのDNAに刻み込まれていると言っていい。たとえば、2012年の夏、首都ワシントンで低価格タクシー「ウーバーX」の導入準備をしていたときのこと。サービス開始予定日の直前になって、ワシントン市議会は、改正タクシー規制条例（まさに「ウーバー改正条例案」という名前だった）を可決して、ワシントン市内におけるウーバーの営業を阻止した。ウーバーのトラビス・カラニックCEO（当時）によると、条例案は月曜日の午後4時に提出され、翌朝11時に可決されるというスピード採決だった。これに対してウーバーは、ユーザーを動かして反撃した。「ユーザーから市議会に送られた抗議のメールは18時間で5万通、ツイートは3万7000件に上った」とカラニックは言う(10)。市議会は翌日の正午、改正条例の撤回を余儀なくされた。

スタンダード・オイルなど昔の独占企業、あるいはコムキャストやタイム・ワーナー・ケーブルといった最近の独占企業でさえ、一般消費者がこのような形で擁護に回る状況は想像しにくい。だが、ウーバーだけでなく、ほとんどのプラットフォームはユーザーから幅広い支持を得ている。これらのプラットフォームは、伝統的なトップダウン式の独占企業ではなく、自発的なユーザーからなるボトムアップ式の構造になっている。ウーバーが成長したのは、このプラットフォームには価値があると考えるユーザーが増えた結果だ。同じことがフェイスブック、グーグル、アリババ、エアビーアンドビーにもいえる。ユーザーの支持がなければ、これらのプラットフォームは成功を維持して、市場を席巻することはできない。

プラットフォームは市場を拡張する

プラットフォームが昔ながらの独占企業と異なるもう一つの理由は、ネットワーク効果と規模の経済(前世代の独占企業の原動力だ)の違いにある。直線的な企業は、サプライサイドに規模の経済を構築した結果、独占的地位を手に入れる。規模の経済が生まれると、規模が大きくなるほどコストが下がるからだ。一方、プラットフォームが市場を支配するのは、そのネットワークが大きくなると、ユーザーにもたらされる価値が大きくなるからだ。

一般に、独占企業が誕生するのは、市場原理が破綻した結果と考えられている。需要と供給の力では、もはやある企業の市場パワーを抑制できなくなり、異常に巨大なシェア獲得が可能になってしまうのだ。しかしこの考え方はネットワークには当てはまらない。ネットワークでは、規模が大きくなり、生み出される価値が増えると、ユーザーにとって効率性と利便性が高まる。プラットフォームの独占企業は、市場原理が破綻した結果ではない。むしろ市場が正しく作用した結果であり、経済学者が「自然独占」と呼ぶ現象だ。

このため、競争は多いほうがいいという伝統的な考え方は、プラットフォームの市場には当てはまらない。アリババの歩みが物語るように、プラットフォームどうしの競争は、勝者がはっきりするまで、それぞれのネットワークは相互排他的になる。そのために市場が分断されていると、消費者にとっては非効率的なことが多い。ネットワーク効果で期待される潜在的価値も、現実化しにくい。プラットフォーム間の競争が長引くと、戦争をしている国の間で貿易がないのと似た状況が生じる。すなわち経済活動の停滞と価値の低下だ。実際、プラットフォーム間の競争が激しくなると、価格が上昇して取引が減少するから、消費者には不利益になる可能性がある。[11] 過度に市場を分断するプラットフォームがもたらすコストは、一つか二つのプラットフォームが支配している市場がもたらすコストよりも高くなるかもしれない。

さらに、プラットフォームは昔なら考えられなかったネットワークとマーケットプレースを構築することで、経済活動に拡張効果をもたらす。かつての独占企業は、その独占的地位を利用して業界から価値を搾り取ることで利益を上げるばかりで、新たな経済活動を刺激しないことが多い。

しかし、たとえばウーバーは、経済のパイから大きなシェアを切り取るだけでなく、そのパイを何倍にもすることで巨大なビジネスを構築してきた。そのやり方に賛否両論はあるが、ウーバーが多くの都市でタクシー市場を拡大してきたのは間違いない。それはドライバーと乗客間のネットワーク効果を利用することで可能になったものだ。ウーバーは世界で100万人以上のドライバー（その多くはこれまでお金のために運転したことがない人たちだ）と、数百万人もの乗客（その多くはタクシーなんてほとんど使わなかった人たちだ）を市場に取り込んだ[12]。

この種の経済拡張は、プラットフォームの世界では典型的な現象だ。プラットフォームは、業界そのものを大きく成長させることで成功する。アップルは、iOSというプラットフォームを中心とするアプリ経済を構築して、60万人以上のアプリ開発雇用を生み出したとされる。エアビーアンドビーも同様の経済拡張効果をもたらしてきた。事実、最近の研究によると、エアビーアンドビーは100万以上の物件がリストされた宿泊マーケットプレースをつくったが、それが伝統的なホテルの予約に与えたダメージは最小限だという[13]。つまりエアビーアンドビーは、ホテル業界を犠牲にして成長してきたのではなく、まったく新しい経済活動のソースを作り出し、成長してきたのだ。

アリババは、世界最速の成長を見せるeコマース市場をサポートするインフラを構築して成功を収めた。現在、アリババのマーケットプレースには、アクティブな出品者が1000万人近くいる。毎年恒例の販促日（「独身の日」）も盛況で、2015年には1日で143億ドルの取引を仲介した[14]。地方の農村が、タオバオで農産品を売ることで経済をまわすようになる「タオバオ村」という社会現象まで起こした[15]。

ピーター・ティールが著書『ゼロ・トゥ・ワン』で指摘したように、プラットフォームは「完全に新しいカテゴリーの豊かさを世界にもたらすことで、顧客に選択肢を与える」。別の言い方をすると、プラットフォームは中世の錬金術師ができなかった一種の経済的魔法を実現している。つまり交換を円滑化することによって、何もないところから、何かを作り出している。この経済現象（経済学者は「貿易利益」と呼ぶ）は、何世紀も前から知られていたが、具体的なビジネスにあてはまったことは滅多にない。だが、プラットフォーム市場の規模が、多くの国の国内総生産（ＧＤＰ）を上回ることもある今、それは現実になっている[16]。

現代の独占は競争的

独占企業は批判されがちだが、必ずしも悪いものではない。短期的には、現代の独占企業は消費者にとって恩恵となることが多い。価値ある新しい発明を市場にもたらすし、それがプラットフォーム企業なら、まったく新しいコミュニティーや市場を作る。マイナス面が現れるのは、もっと時間がたって、新たな価値をもたらさなくなった独占企業が、潜在的なライバルの登場を阻止しようとするときだ。著名な法学者で文筆家でもあるティム・ウーは、独占企業は「短期的にはいいものまたは偉大で、長期的には悪いものまたは最悪になる」と述べている[17]。

だが、昔の独占企業と違って、現代のプラットフォームは激しい競争にさらされる。これはプラットフォーム市場と昔の市場のメカニズムの違いに起因する。プラットフォームは、保有資産を活用して競争するのではなく、ユーザーからなるネットワークを活用して競争する。現代のユーザーは、19世紀や20世紀の生産設備よりもずっと簡単に、ライバルの傘下に移る可能性がある。なぜなら彼らがプラットフォームを利用する目的は、そのプラットフォームがもたらす価値にあるからだ。このため、ある業界を支配するプラットフォームでも、ユーザー基盤が似ているプラットフォームからの攻撃には弱い。業界を超えたプラットフォーム間の競争も驚くほど多く見られる。たとえば、アマゾンは事実上、アメリカに電子書籍市場を作ったが、たちまちグーグルとアップルが別の業界から参入してきて、強力なライバルになった。また前述のように、アリババはeコマースの成長過程で、バイドゥの商品検索における支配的地位を攻撃した。

さらに、現在の技術進歩のスピードを考えると、政府が規制しなくても、現代の独占企業は昔の独占企業ほど長生きできそうにない。ほとんどの業界は、1世紀前よりも参入障壁が大幅に下がり、業界の境界線もこれまでになくぼやけてきた。現代のネットワークは最強かつ最も防御性の高い「堀」を作るが、過去の独占企業（物理的インフラに莫大な投資をした）が構築したような参入障壁は作らない。たとえば、AT&Tによる電信電話業界の支配は、20世紀初めから1984年の同社分割まで続いた。AT&Tがその「晩年」に、多くの重要なイノベーションの導入を遅らせたり、不採用にしたりして、新規参入者を市場から締め出そうとしたのは驚きではない。だが、現代のプラットフォームで、AT&Tほど長期にわたり一産業を独占できるものはないだろう。いまやスタートアップを立ち上げるコストは、史上最低だ（これもプラットフォームによるところが大きい）。しかも現代のスタートアップは、これまでになく急速に成長できる。ということは、一つの独占的プラットフォームがある業界を席巻している時期があったとしても、新しい会社や別の業界で成功したプラットフォームが参入してきて、はじき出されたりする恐れは常にある。参入コストが非常に低いため、この脅威は１００年前には考えられなかったくらい常にリアルに存在する。

マイクロソフトは、この既存のプラットフォームと新規参入者の競争に直面した。過去20年間、マイクロソフトは現在のグーグルよりもはるかに厳しく独占禁止法違反の疑いをかけられてきた。２０００年代初め、スマートフォン業界の専門家のほとんどは、マイクロソフトとノキアがスマートフォンのＯＳ支配をめぐり、熾烈な競争を繰り広げると予想した。実際、グーグルがアンドロイドの開発に乗り出したのは、スマートフォンまでマイクロソフトに独占されるのを恐れたからだった。[18] 現在、マイクロソフトはパソコンのＯＳでは相変わらず独占的なプラットフォームだが、その王国は誰が予想したよりもずっと小さくなった。プラットフォーム競争は、１９９０年代末の米政府の反トラスト訴訟にもできなかった、マイクロソフトの独占的地位排除を達成した。それから10年もたたないうちに、マイクロソフトはスマートフォン市場で弱小プレーヤーになった。新しいテクノロジーが登場して、予期せぬ形で市場を拡張すると、アップルとグーグルがマイクロソフトの独占を崩したのだ。

最近では、グーグルがインターネット検索における独占的地位ゆえに、独禁法当局（特にＥＵ）から厳しい目を向けられている。だが数年後には、検索エンジンにおけるグーグルの優位は、現在よりも大きく低下しているかもしれない。すでにその兆候はある。グーグルは長い間デジタル広告の分野で支配的な地位にあったが、フェイスブック、ツイッター、ピンタレストといったプラットフォームとの間で、広告獲得競争が激化しているのだ。この競争は、とりわけモバイル分野で深刻な問題を引き起こしている。グーグルの収入は、パソコンでの検索広告が大部分を占める。グーグルはモバイル分野でもその検索ビジネスを守るためにアンドロイドを開発したが、依然として携帯型端末における最高のビジネスモデルは見つけられていない（スマートフォンの検索広告はパソコンほど儲からない）。多くのアナリストらは、グーグルの検索広告収入の伸びが鈍化しているのは、デスクトップからモバイルへのシフトのせいとみている。スマートフォンでのタップは、パソコンでのクリックほど利益にならない。また、オープンソースのアンドロイドを活用した中国からの新規参入者が、グーグルのアンドロイド支配を脅かす可能性もある。一方、フェイスブックはスマートフォンで強烈なプレゼンスの確立に成功しており、さらに新しい支配的プラットフォームが登場して、グーグルをしのぐ存在になるかもしれない。スマートフォンやタブレットの検索広告市場は、潜在的にはパソコンよりもはるかに大きく、この分野に収益エンジンを拡張できなければ、グーグルも10年後には2番手に転落する恐れがある。フェイスブックがインスタグラムやワッツアップを買収したように、グーグルもライバルの買収を試みることはできる。だが、大規模な買収を繰り返せば、将来競争相手となるスタートアップの設立を一段と誘引するだけだ。グーグルの優位は今でこそ圧倒的に見えるかもしれないが、モバイルインターネットが拡大して、モバイル広告収入がデスクトップでの広告収入を大幅に上回れば、それも変わる可能性は十分ある。

政府はプラットフォーム独占企業の台頭にどう対処するべきか。ここでは歴史的な視点が重要になる。スタンダード・オイルやＡＴ＆Ｔのように長期にわたり独占を維持した伝統的な企業は、

「独占企業」という言葉にネガティブなイメージを与えた。

だが今は、政府の保護でもない限り、そんなに長期にわたり独占を維持するのは無理だろう。2000年代のマイクロソフトや、これから10年間のグーグルで（ひょっとすると）見られるように、どんな業界であれ、現代の独占企業は、隣接するライバルと新規参入者との猛烈な競争にさらされる恐れが常にある。したがって政府は、長い目で状況を見守るべきだ。著名な経済学者ジョン・メイナード・ケインズは、「長い目で見れば、私たちはみな死んでいる」と言ったものだ。重要なのは、新しいプラットフォームが生み出している社会的・経済的進歩の果実を消費者が得られるようにすることだ。現代の独占企業のほとんどは、そのマイナス面が現実化する頃には、支配的な立場でなくなっているだろう。

もちろん、プラットフォームが長生きしないからといって、政府や規制当局が独占的なプラットフォーム企業について、まったく心配する必要はないと言うつもりはない。なかにはユーザー全体の利益と、プラットフォームの利益が一致しない領域がある。たとえば、プラットフォームによる個人情報の取り扱いや、プライバシーの懸念がある。だが、こうした懸念は、プラットフォーム特有のものではなく、インターネットビジネス全体、さらには第三者のために個人情報を集めるビジネス全体にもいえることだ。多くの直線的企業も、フェイスブックやグーグルよりうまく個人情報を取り扱ってきたわけではない。アップルやワッツアップのように、ユーザーのプライバシー保護を強力に推進してきたプラットフォームもある。したがって政府は、プラットフォーム企業全般の市場支配を一律に規制するのではなく、具体的な懸念事項について個別に目を光らせるべきだろう。

第5章

ビリオンダラー企業をデザインする

コア取引がティンダーの成功を説明する理由

「重要なのは、あれこれ付け加えることじゃない。そぎ落とすことだ」

——マーク・ザッカーバーグ、フェイスブック創業者・CEO

さて、プラットフォームの仕組みがわかったら、その構築方法を考えることにしよう。直線的な企業なら、ビジネスモデルを設計するのは簡単だ。設計のプロセスがシンプルなだけでなく、既存の枠組みを大いに活用できる。なかには、直線的な企業のビジネスツールを、プラットフォーム用にアレンジして使っている起業家もいる。たとえばエアビーアンドビーは、消費者（ゲスト）とプロデューサー（ホスト）のニーズを理解し、そのバランスを検討するにあたり、ストーリーボード（いわゆる絵コンテ）を使った。「ストーリーボードはものすごくよく使う」と、同社の共同創業者で最高プロダクト責任者（CPO）のジョー・ゲビアは言う。「エアビーアンドビーで宿泊客とホストの織りなす世界をイメージする必要が生じたとき、イラストを使うことにしたんだ。

たとえば旅行中に感動する場面をあれこれ想像して、それをイラスト化して、目に見えるようにした。すると会社の誰もが、これまでにない形で顧客に共感できるようになった[1]」。この種のプロセスは重要だ。誰が消費者で誰がプロデューサーかを明確にし、彼らが個人的に重視することや交流する方法を理解する助けになる。消費者とプロデューサーの相互依存性は、この二つの異なるグループをまとめあげ、双方に価値をもたらす方法を見つけるカギだ。

ただし、直線的な企業のビジネスツールを拝借するのは、出発点にすぎない。そのほとんどは直線的な企業での利用を想定しているから、プラットフォームで取引を繰り返すプロセスを設計する助けにはならないのだ。プラットフォーム起業家は基本的に、まったく新しいツールキットでビジネスモデルを設計しなければならないのだ。

たとえば、直線的な企業を理解するカギとなるツールとして、第２章で述べた価値連鎖がある。ポーター

図5.1 マイケル・ポーターの価値連鎖

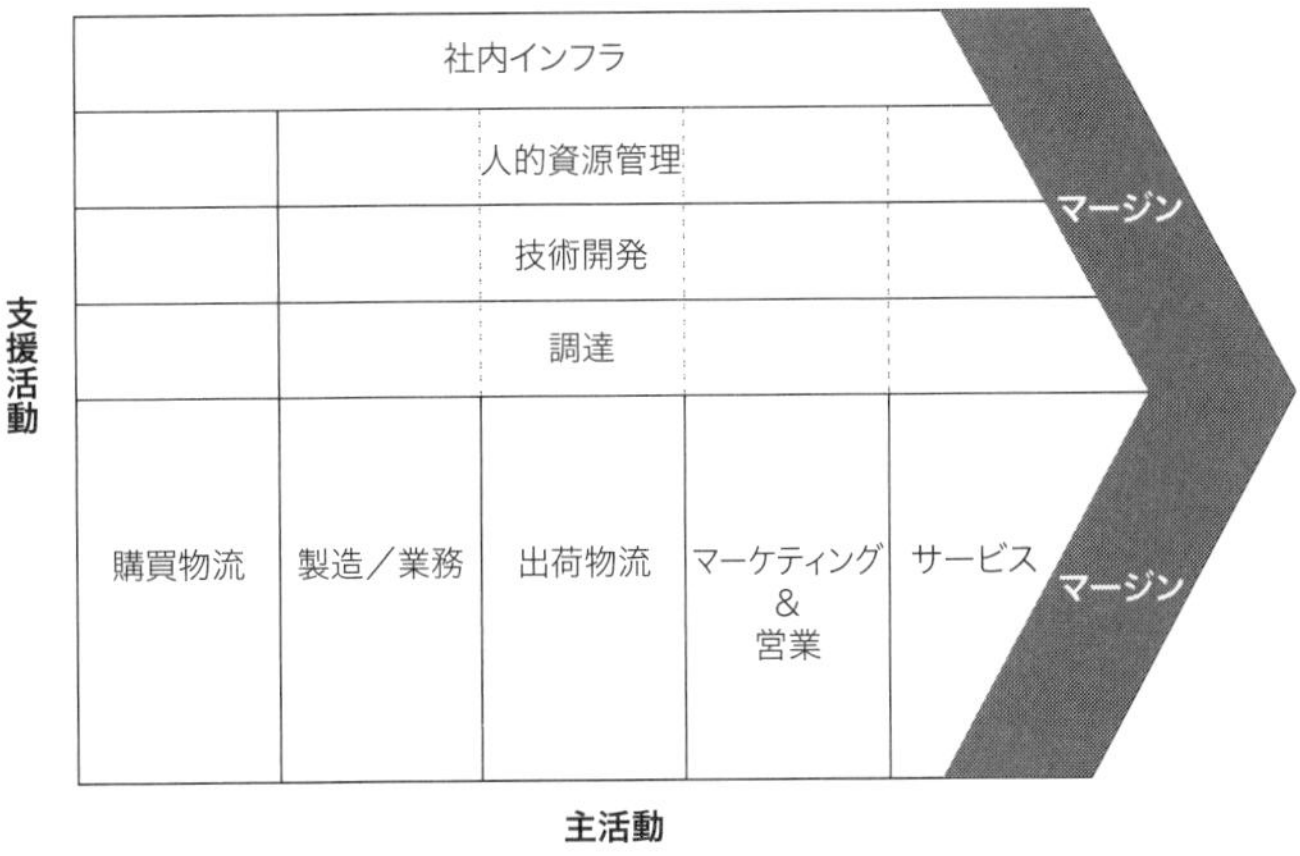

は直線的な企業の価値創造の仕組みを視覚的に理解するために、価値連鎖という概念を作り出した（図5・1）。

価値連鎖は、ある会社が顧客に価値ある商品やサービスを提供するために行う一連の活動だ。ポーターはその活動を主活動と支援活動という二つのカテゴリーに分けた。

主活動は、価値の創造と流通に関連する活動で、支援活動は主活動を可能にするために必要な活動だ。これらの活動は全体として連鎖を構成しており、企業がインプットを獲得してアウトプットに変換する方法や、そのアウトプットを消費者に届ける方法を決定する。

しかしプラットフォーム企業には、単純なインプットやアウトプットはない。直線的な企業の主活動は社内で起きる（リソースを獲得して、それをアウトプットに変える）が、プラットフォームの最大のリソースはネットワークであり、最終的に消費される価値の大部分をプラットフォームが直接作るわけではない。ユーザー間の価値の交換を円滑化するのだ。したがってプラットフォームには、伝統的な意味での価値連鎖がない。そもそも「連鎖」という言葉は、直線的な企業における価値の流れを視覚的に表現する比喩としては適切だが、分散化されたネットワークにおける価値の流れを表現する最高の言葉とはいえない。では、プラットフォームで価値連鎖に相当するものは何だろうか。

直線的な企業と同じように、プラットフォームにもユーザーに直接価値をもたらす主活動と、その価値創造をサポートする副次的活動がある。それをひとまとめにすると生まれるのは、価値連鎖ではなく、価値エコシステムだ（図5・2）。

図 5.2 価値エコシステム

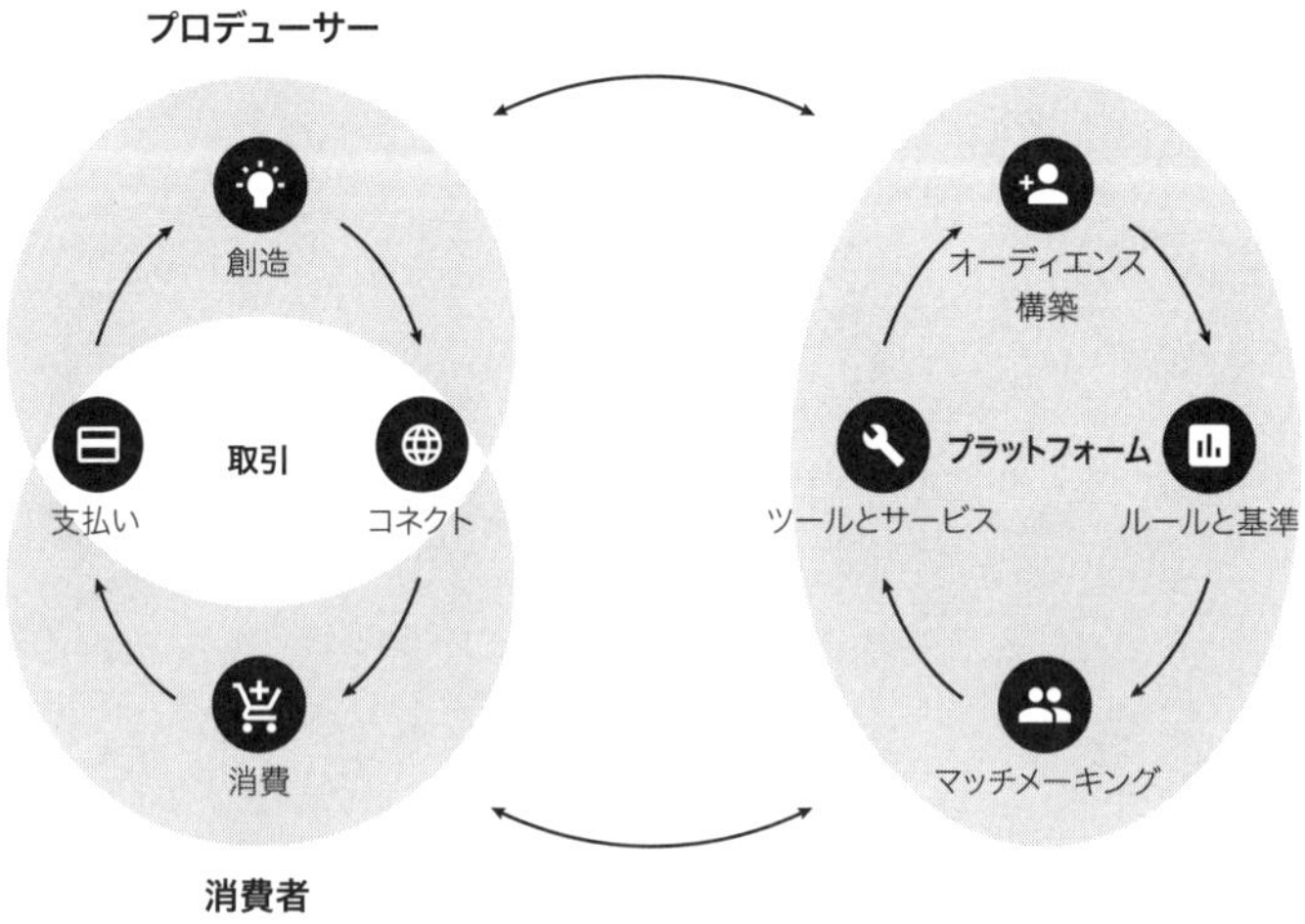

このエコシステムで主活動となるのは、ユーザー間の価値交換を円滑化するコア取引だ。一方、支援活動となるのは、第1章で簡単に紹介した四つのコア機能だ。その詳細は第6章で触れるとして、本章ではコア取引の設計方法を解説しよう。

つながりの意味

直線的な企業は過去2世紀にわたり、生産手段を所有することで価値を創造してきた。会社の資本基盤（工場、人的資源、知的財産など）を利用して価値を創造することに注力してきたのだ。すなわち社内のリソースを集めて、その資本基盤を価値ある商品やサービスに変え、顧客に提供するプロセスを設計した。それは会社がインプットを獲得して、より価値の高いアウトプット（トラックや投資アドバイスや会計ソフトウエア）に変換する直線的なプロセスだった。

こうした直線的な企業の場合、その生産手段がポーターの価値連鎖における主活動となり、生産方法を支配する。すなわち原材料を集めて（インバウンド・ロジスティクス）、より価値の高いアウトプットに変換し（オペレーション）、それを消費者の手に届ける（アウトバウンド・ロジスティクス、営業とマーケティング、サービス）プロセスだ。

これとは対照的に、プラットフォームは大規模なネットワークを構築して管理し、ユーザー間の価値交換を円滑化する。フォードと違って、ウーバーは創造され消費される価値を一切所有していない。かわりにユーザー同士を結びつける方法を所有している。つまり生産手段ではなく、ユーザーをつなげる方法の所有だ。

直線的な企業は、商品やサービスを製造して価値を生み出す。プラットフォームは、ユーザー同士のつながりを作り、それを使った取引を「製造する」ことで価値を生み出す。それをどうやるか、つまりみずからのネットワークの潜在的エネルギーを使って、ユーザーのつながりを取引という動的エネルギーにどうやって変換するか。これが各プラットフォームのコア取引をなす。コア取引がなかったら、どんなにネットワークが大きくても価値を生み出すことはできない。だからコア取引を正しく設計することが、プラットフォーム作りにおける基本中の基本となる。プラットフォームが価値と交換を生み出すためには、ユーザーがコア取引を何度も繰り返してくれないといけない。

では、具体的にはコア取引とは何なのか。コア取引とは、消費者とプロデューサーが価値を交換するために完了しなければならない一連のアクションをいう。どんなプラットフォームにも、コア取引がある。ウーバーの場合は、ドライバーが利用可能であることを示し、利用者は配車依頼をすること。ユーチューブの場合、プロデューサーが動画をアップロードし、消費者がそれを視聴し、評価し、シェアすること。レンディング・クラブの場合、誰か（または小企業）が融資を申し込み、他のユーザーが融資に応じること。これらの例を見ると、コア取引の理想的な形がわかるはずだ。すなわちプロデューサーと消費者がプラットフォームで価値を生み出したり消費したりするための、シンプルかつ繰り返し可能なアクションを設計しなければならない。

プラットフォームのコア取引は、どんなものであれ、以下の四つの基本的なアクションを伴う。

1　創造する……プロデューサーが価値を創造し、プラットフォーム経由で提供する。
2　結びつける……どんな取引でも、一人のユーザーが相手方とコネクトすることによって交換のきっかけが生まれる。
3　消費する……消費者は自分の要望にマッチしたものを見つけると、プロデューサーが作った価値を消費できる。
4　対価を支払う……消費者は、自分が消費したものと引き換えに、プロデューサーに価値をもたらす。

プラットフォームが取引を円滑化するには、この四つのアクションすべてが必要になる。この、消費者のために価値を繰り返し製造するプロセスが、プラットフォームにとっての「工場」だ。ただし、直線的な企業の工場とは違って、プラットフォームにとって最も価値ある資産（ネットワークにいる人々）は、会社の外側にいる。

プラットフォームは、コア取引を円滑化することによって価値を生み出す。コア取引は多面的で、それが生み出す価値もプロデューサーから消費者への一方通行ではなく双方向だ。このように取引の両当事者に価値をもたらせることが、双方に継続的参加を促すカギとなる。

コア取引

創造する

プラットフォームは在庫を持たない。外部のプロデューサーが生み出すものが、プラットフォームの在庫であり、その価値の原単位となる。直線的な企業では、在庫は生産過程におけるアウトプットの一つにすぎないが、プラットフォームではプロデューサーにおける在庫は出発点だ。たとえばエアビーアンドビーの場合、ホストの物件が「原材料」となって取引に変換される。もしホストが、エアビーアンドビーに物件と宿泊可能日を掲載しなければ、ユーザーは予約ができない。同じように、もし出品者がタオバオやアマゾン・マーケットプレイスに在庫を掲載しなければ、消費者が買える物は何もないことになる。プロデューサーがユーチューブに動画をアップロードしなければ、ユーザーが視聴できるものはない。

プロデューサーが製造をやめたら、プラットフォームとしては商品を作る原材料がない。シリコンのないマイクロチップの工場が、製品を作れないのと同じだ。

結びつける

プラットフォームでは、交換のきっかけを作ってくれる触媒が必要だ。それがプロデューサーと消費者のどちらになるかは、プラットフォームによって異なる。ただし、たいていのプラットフォームでは、どちらが触媒の役割を果たすかはだいたい決まっている。キックスターターの場合、プロジェクトの創設者が、注目（と寄付）を集めるために、自分のプロジェクトを消費者に売り込む。スカイプやスナップチャットでは、コミュニケーションを始める側が触媒だ。

消費者が触媒役を果たすプラットフォームもある。ウーバーでは、ユーザーが自分の居場所を入力することが、乗車リクエストの第一歩になる。アマゾンでは買い物客が商品を検索する。出会い系アプリのティンダーでは、ユーザーは自分がピンとくる相手を見つけて、そのプロフィールをスワイプする。これらのケースでは、ユーザーが取引の口火を切る。

消費する

ひとたびプラットフォームの在庫とつながると、消費者は、そのプラットフォームから価値を得ることができる。その方法は、在庫のタイプによってさまざまだ。在庫がデジタル商品の場合、通常プラットフォームで直接消費できる。たとえばユーチューブなら、そこで動画の視聴ができる。インスタグラムやスナップチャットでは、写真を見ることが消費にあたる。レンディング・クラブでは、融資を受けることだ。だが、在庫がモノやサービスの場合、その消費はプラットフォームの外で起きる。

ウーバーの場合、ウーバーが所有する車があるわけではないし、エアビーアンドビーも、エアビーアンドビーが所有するアパートにユーザーを泊めるわけではない。このタイプのマーケットプレースでは、「消費」とはプラットフォームにおける物件や商品の掲載（リスティング）の消費を意味し、モノやサービスそのものの消費を意味しない。エッツィーやタオバオでは、ユーザーは購入ボタンをクリックすることで、商品の掲載を消費する。エアビーアンドビーとウーバーでは、宿泊や乗車のリクエストをすることで、そのサービスの掲載を消費する。

プラットフォームは常に、システム内の在庫を消化することを最大の目標として最適化を図る。第６章で述べるが、在庫が外部にあるプラットフォームも、商品やサービスの提供を支援するツールやサービスを構築するが、商品やサービスの提供を直接取り扱うことはない。したがってこうした外部での取引は、コア取引の一部をなさない。

対価を支払う

最後に、消費者はプロデューサーに対価を払って、その交換を完了する。最もわかりやすい形は、金銭的な支払いだろう。ウーバーなら、ドライバーに運賃を支払う。アマゾンでは、アイテムを購入するとき支払いをする。だが、プロデューサーに対価を支払う方法はそれだけではない。ウーバーでもアマゾンでも、サービスや商品に点数（星の数）をつけたり、レビューを書いたりできる。ユーチューブでも、動画についてコメントを書いたり、高く評価（親指を上）したり低く評価（親指を下）したりできる。たとえプラス評価でなくても、こうした評価はプロデューサーとプラットフォームにとって貴重な情報になる。動画を見るだけでも、視聴回数という形で、プロデューサーに対価を支払うことになる。このように対価は消費の副産物になる。

非金銭的な対価は、時間がたつにつれて、質の高いプロデューサーに「ご褒美」を与えたり、彼らをつなぎとめておいたりするとき重要になる。プラットフォームでは、金銭的な対価の支払いは一回的なやり取りで終わってしまう。これに対して、評価や点数、「いいね」の数、シェア、コメント、フォローといった形の対価は、プラットフォームに蓄積されて価値を増し、プロデューサーが将来さらに価値を得る（取引を増やす）助けになる。したがってこのタイプの対価は、プロデューサーがプラットフォームを乗り換えるのを防ぐ効果もある。

こうした非金銭的対価は、取引の完成度を高めてネットワークのクオリティーを維持するとともに、取引を増やすためのデータ収集の助けにもなる。前述の通り、イーベイではレビューが多い出品者のほうが、レビューが少ない出品者よりも繁盛することは調査結果が示している。同じことがエアビーアンドビーにもいえる。ウーバーのシステムも、プラス評価の多いドライバーを優先的にマッチングするようプログラムされている。ハンディーなどでは、プラス評価の数がプラットフォームからの支払いに反映されるようになっている。

ユーチューブやミディアムのようなコンテンツプラットフォームでは、「いいね」やコメントの数が、そのコンテンツが検索結果やおすすめ記事、スコアボードに表示される順番に影響を与える。同じように、シェア機能によってコンテンツを新しい消費者に見せることができる。また、フォロー機能によって、プロデューサーは新しいコンテンツをユーザーに直接見せられる。このようにプロデューサーに対価を支払う方法は多様であり、プラットフォームにとっては直接的な金銭の支払いが最も価値が高い対価とは限らない。

取引の工場

創造する。結びつける。消費する。対価を支払う。コア取引はこの四つのステップからなる。プラットフォームを取引工場と考えるなら、四つのステップは組み立てラインだ。それらはプラットフォームがネットワーク内の潜在的なつながりを利用して、それを取引に変える方法だ。プラットフォームは、こうした潜在的なつながりを取引に変換するプロセスを設計し、このプロセスを何度も繰り返す。どんなプラットフォームを構築するときも、最初にやるべきことは、このプロセスの設計だ。それは、まず製造工程を設計してから、工場を建てるのと同じだ。

ただし、プラットフォームの「組み立てライン」の機能は、直線的な企業の組み立てラインとは違う。プラットフォームは常に変化し進化しているが、組み立てラインは変化が乏しい。また、コア取引の四つのステップは、組み立てラインのように、一つ一つ順番に起きるわけではなく、しばしば非同期的に起きる。たとえば今日私がユーチューブにアップロードした動画は、１年後でも消費できる。

その一方で、コア取引の四つのステップのどれか一つでもうまく機能しなければ、取引の流れは破綻する。工場の組み立てラインの一つが動かなくなったら生産全体がストップするのと同じだ。

工場は、いかにインプットをアウトプットにうまく変換するかに力を注ぐ。工場の所有者は、原材料が商品になるまでのプロセスを、できるだけ効率的にしたがる。このプロセスが少しでもストップすれば、工場自体の生産能力が低下する。プラットフォームも、コア取引の効率を最大化しようとする。だが、プラットフォームの場合、この最適化は直線的な企業ほど簡単にはいかない。プラットフォームの「工場」は内部資源ではないため、外部ユーザーのアクションを微調整して最適化を図らなければならないからだ。プラットフォームがアウトプット（取引の数）を増やしたいと思ったら、どれだけ在庫を増やすか、あるいはどのタイプの商品を作るか決めるだけでは不十分だ。プラットフォームは、外部プロデューサーの在庫に完全に依存しているから、在庫を増やすようプロデューサーにインセンティブを与えることはできても、直線的な企業のように、在庫を直接管理することはできない。

さらに、プラットフォームは、コア取引の各ステップをばらばらに切り離して最適化することはできない。消費者とプロデューサーというプラットフォームの二つのユーザーグループは、ネットワーク効果ゆえに相互依存していることを思い出してほしい。一方のユーザーグループ内で起きることは、もう一方のグループのエクスペリエンスに影響を与える。したがってプロデューサー側のビジネスを最適化するための調整が、消費者側に意図せぬ影響を与えることが少なくない。たとえば、創造の効率性を高めると、消費の質が低下する可能性がある。何かを変更するときは、そのトレードオフと波及効果を考えなければいけない。

だが、直線的な企業でもプラットフォーム企業でも、価値を生み出す反復的プロセスを設計するという究極的な目標は同じだ。そのためには、四つのステップのそれぞれで、効率的で質の高いアクションを促す必要がある。たとえば、プロデューサーが適切な在庫を生み出さない場合（つまり在庫の質が低い場合）、そのプラットフォームはユーザーのつながりという資産を、悪い取引に浪費することになる。その一方で、消費者を適切な在庫と結びつけられなければ、プロデューサーが生み出した価値の一部が無駄になる。同じことが消費と対価の支払いについてもいえる。コア取引の各ステップをうまく円滑化すればするほど、そのプラットフォームは成功する。

コア取引――交換型対メーカー型

細かな部分に目を向けると、コア取引は、第1章で述べた交換型プラットフォームかメーカー型プラットフォームかで大きく異なる。全体として見たとき、コア取引に四つのステップがあることは変わらないが、取引の性質は交換型かメーカー型かで変わってくる。

交換型プラットフォームのためのコア取引

交換型プラットフォームでは、コア取引のパラダイムは交換であり、二人の積極的な当事者が互恵的なやり取りをする。両当事者が直接関与する1対1の取引だから、そのコア取引はほぼ常にダブルオプトイン式、つまり取引が完結するには両当事者の承諾が必要だ。これはウーバーのようなマーケットプレースでも同じで、ドライバーと乗客が取引に合意する必要がある。フェイスブックやリンクトインのようなソーシャルネットワークでも、新しいユーザーとつながる（友達になる）ためには、お互いの承諾が必要だ。自分の電話帳に登録されている相手と直接メッセージをやりとりするワッツアップのようなコミュニケーションプラットフォームでも、同じことが言える。なかには消費者もプロデューサーも一人ではなく、グループでの取引の場合もある。それでも、交換型プラットフォームに関与する消費者やプロデューサーの数は、常に数が限定されている。

メーカー型プラットフォームのためのコア取引

メーカー型プラットフォームの場合、コア取引のパラダイムはブロードキャスト（放送）で、一人のプロデューサーが多数の消費者に向けてコンテンツを発信する。一人対多数の交流だから、その関与はシングルオプトイン式、つまり誰かが価値を生み出してそれをブロードキャストしたら、消費者に個別に消費の承諾をする必要はない。ツイッターでも、一度ツイートされたことは、誰でも読むことができる。一度ユーチューブにアップロードした動画は、どこの誰でも見られる。ツイッターのライブ配信機能「ペリスコープ」で配信したことも、誰でも見ることができる。

ＳＮＳ機能のあるメーカー型プラットフォームのほぼすべてが、フォロー方式なのはこのためだ。ツイッター、インスタグラム、ユーチューブがいい例だろう。フォロー機能による交流モデルは、その性質上シングルオプトイン式であるのが普通だ。これらのプラットフォームで誰かをフォローするということは、その人がツイートしたり、アップロードしたり、投稿したりすることを「予約購読」するようなものだ。その際、新規フォロワーを承認する（あるいは友達リクエストを承認する）必要はない。ツイッターなどのメーカー型プラットフォームのフォロー方式を、フェイスブックなどの交換型プラットフォームの承認方式と比べると、その違いがはっきりするはずだ。

コア取引とティンダーの成功

コア取引を正しく設計することがいかに重要かを、成功例と失敗例から考えてみよう。ダブルオプトイン式の交流は、ＳＮＳのコア取引の基本原則と言っていいだろう。出会い系プラットフォームはその一分野だ。たとえばティンダーでは、見知らぬ二人が連絡を取り合うためには、スマートフォンを右スワイプして、承諾しなければならない。ティンダーの天才的なところは、出会い系にはダブルオプトインの性質があることを見抜き、コア取引をできるだけ簡単かつシームレスにするプラットフォームを構築したことだ。よくある出会い系アプリやサイトのように、好みの相手にメッセージを書いたり読んだりすることを要求せず、相手の写真が表示されたスマートフォンの画面を右スワイプすれば、マッチングが成立するようにしたのだ。

　ＯＫキューピッド（OkCupid）や、マッチ・ドットコム（Match.com）など昔の出会い系プラットフォームは、コア取引（お互いに関心がある者どうしを結びつける）の円滑化という点で、ティンダーの足元にも及ばない。これらのプラットフォームでは、たいてい相手方にメッセージを送らなくてはマッチングできない。その結果、多くの男性が定形メッセージを大量に発信するけれど、返事はほとんどこない。その一方で、一握りの女性には大量のメッセージが殺到する。それも本人には関心のない男性からであることがほとんどだ[2]。そのなかから返事を送りたい相手を見つけるために、彼女たちは厄介な仕分け作業を強いられる。メッセージに基づくマッチング方法は、一応ダブルオプトイン方式だが、ユーザーは事実上シングルオプトインを強いられていた。このため古いプラットフォームでは、多くのユーザーが不満を持ち、コア取引にはフリクションがあふれた。その結果、取引が減り、プラットフォームの価値が低下した。さっきも言ったとおり、コア取引を適切に定義することは、プラットフォームの設計で最も重要なことなのだ。

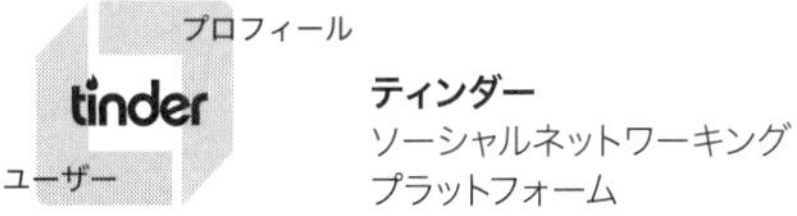

ティンダーはコア取引を見事にデザインし、たちまちアメリカで最も人気の出会い系プラットフォームになった。このため多くの出会い系アプリがそのインターフェースをコピーするようになった。模倣アプリがあまりにも増えたため、ティンダー型インターフェースを使うプラットフォームには、「ティンダーフェース」という名前までついた。ティンダーフェースを使ったプラットフォームは、ファッション、職探しアプリ、不動産アプリなど実に幅広い領域で見られる。だが、こうしたクローンのほとんどは成功しないだろう。なぜならティンダーのコア取引は、すべての業界やプラットフォームに適しているわけではないからだ。よそのプラットフォームのコア取引をそっくり真似て、異なるコンテクストに使うのは、失敗を目指すようなものだ。ティンダーの画期的だったところは、そのインターフェースだけでなく、その設計が出会い系プラットフォームのコア取引にぴったりだったことだ。

ゼロ・トゥ・ワン——一つのコア取引から始める

私たちの経験では、プラットフォームに挑戦する多くのスタートアップが犯す最大の失敗の一つは、あれこれやろうとしすぎることだ。それでは「二兎を追う者は一兎をも得ず」だと、多くのプラットフォームに投資してきたVC、レッドポイント・ベンチャーズのパートナーであるトーマス・タンガスは言う。(3) なかでも一番多い間違いは、最初から複数のコア取引を設定しようとすることだ。起業家たちはリンクトイン、ウーバー、フェイスブックを見て、同じようなエクスペリエンスをユーザーに提供しなくてはと考える。でも、駆け出しのプラットフォームが複数のコア取引を持つのは、通常は大きな間違いだ。それはユーザーを混乱させてしまい、ネットワークを育ててコア取引を最適化するのを妨げてしまう。「２匹のウサギを追いかけると、どちらも取り逃がすことになる。どちらか選んで、確実に捕まえることが重要だ」と、タンガスは言う。ネットワークを拡大するために、最終的に複数のコア取引を構築するのは道理にかなっている。だが、最初のコア取引を正しく設定するのは、一番難しい。だから駆け出しのプラットフォームは、ほとんど絶対と言っていいほど、一つのコア取引から始めるべきだ。最初から複数の取引に手を広げるのは自殺行為に等しい。

実際、本書で取り上げてきた成功プラットフォームのうち、最初から複数かつ多層のネットワークを展開したところは一つもない。たとえばリンクトインは２００２年、シンプルなプロフィールを公開すれば、他の専門職ユーザーとつながれるSNSプラットフォームとしてスタートした。ユーザーが２００万人近くに達した（つまりネットワークが拡大した）とき初めて、リンクトインは、新たなコア取引を追加した。２００５年１月にスタートした職探しのマーケットプレース「リンクトイン・ジョブ」だ。これは新しいコア取引だっただけでなく、それまでとはプラットフォームのタイプがまったく異なる、SNSベースのサービスマーケットプレースだった。のちにリンクトインは、さらにメッセージング機能を追加したほか、いくつかの企業買収を経て、コンテンツプラットフォーム「リンクトイン・パブリッシング・プラットフォーム」も構築した（アプリコはそのパイロットプログラムに参加した）。

しかし最初から複数の種類のプラットフォームを構築しようとすれば、失敗するのは確実だ。一つの市場で流動性を構築するだけでも大変なのに、それを同時に二つやるのは不可能に近い。どちらの市場でも、せいぜい浸透率の低いプラットフォームになるのが関の山だろう。市場浸透率が低いプラットフォームを複数持つよりも、市場支配力があるプラットフォームを一つ持っているほうがずっと価値は高い。「起業家たちは、一つの市場で急成長を遂げて支配力をつけることと、二つの市場で浸透率が低く成長も遅い存在であることのどちらが価値あるビジネスにつながるか自問するべきだ」と、タンガスは言う。「ほとんどの場合、とりわけ市場が初期段階にある場合は、一つの市場に集中して、その支配をめざすスタートアップのほうが価値が高い」

リンクトインがシンプルなSNSから、複数種類のプラットフォームを持つ「プラットフォームコングロマリット」に進化したプロセスは、成功したプラットフォームがたどる典型的な道のりだ。ウーバーは、ハイヤー配車からスタートしたが、のちに低価格タクシーの「ウーバーX」に事業を広げた（現在ウーバーで最も人気のサービスだ）。そしてアメリカのタクシー配車市場で圧倒的な地位を確立すると、自転車速達サービスのウーバーラッシュや出前代行サービスのウーバーイーツなど、異なるタイプの取引の実験を始めた。

意図的なシンプルさ

フェイスブックのプラットフォームも、同じような進化の道のりをたどった。フェイスブックは

２００４年にスタートした当初、ごくシンプルなプロフィールしか作れなかったし、同じ大学に通っているユーザーのプロフィールしか見られなかった。

ユーザーは、リンクやコメントや写真を友達と「シェア」できなかったし、「いいね」もできなかった。サードパーティー製アプリもなかったし、「ニュースフィード」もなかった。プロフィールには友達がメッセージを書き込める「ウォール」さえなかった。こうした機能は、プラットフォームが成長するにしたがって追加されたものだ。初期のフェイスブックは、プロフィールを集めただけのプラットフォームで、「友達申請」というダブルオプトインによって、ユーザーがつながれるだけのシンプルなものだった。

こうしたシンプルさは、意図的なものだった。当時のライバルプラットフォームには、多くの機能があふれていた。たとえば、フェイスブックよりも早い２００1年に登場した大学ＳＮＳの「クラブ・ネクサス（Club Nexus）」は、スタンフォード大学の学生がチャットし、メールを送り、イベントや個人広告を投稿し、中古品を売買し、写真や記事を投稿できるようになっていた。[4] その生みの親であるオーカット・ブユクコッツェンは、のちにグーグル初のＳＮＳ「オーカット（Orkut）」を生み出した天才で、クラブ・ネクサスに思いつく限りの、面白そうな機能を詰め込んだ。ところが、それがかえってクラブ・ネクサスを使いにくくし、ネットワーク効果を低下させた。ユーザーがさまざまな取引に散らばっていたため、多くの人が利用しているという実感を得られなかった。このためクラブ・ネクサスは流行らなかった。立ち上げから６週間で１５００人のユーザー（スタンフォードの学生総数は1万５０００人）を獲得したが、その数が２５００人に達してからは、ユーザーの伸びは頭打ち状態になった。(5) プラットフォームの複雑さが、ネットワーク効果を薄めてしまったのだ。

フェイスブックよりも数カ月先に立ち上げられたハーバード大学のSNS「ハウスシステム(houseSYSTEM)」も、似たような問題を抱えていた。ハウスシステムは、学生が本を売買したり、授業を評価したりできたほか、「ユニバーサル・フェイス・ブック」というスペースに写真をアップロードできた。マーク・ザッカーバーグのクラスメートだったサム・レッシン(のちのフェイスブックのプロダクト管理担当副社長)によると、ハウスシステムは「巨大かつ雑然としたシステムで、あらゆることができた」という。ハウスシステムには数百人の学生が登録したが、さほど活発な利用は見られなかった。

ハウスシステムを作ったアーロン・グリーンスパンは、フェイスブックがスタートした後、ハウスシステムをフェイスブックに組み込まないかとザッカーバーグに提案した。だが、「用途が多すぎる」と断られたと、グリーンスパンは振り返っている。「いろんな機能がありすぎる」と、ザッカーバーグは言ったという。「便利すぎて圧倒されてしまいそうだ」。これに対してフェイスブックは、「ほとんど異常なくらいミニマルだった」と、レッシンは言う。「すぐにできるのは、もっと友達を招待することだけ。この単純明快さが、フェイスブックを勢いづけた」と、ザッカーバーグは同意する。「重要なのは、あれこれ付け加えることじゃない」と彼は言った。「そぎ落とすことだ」(6)。

ライバルと比べると、フェイスブックは比較的シンプルなコア取引を構築することに力を注いだ。そしてその最初の取引(友達になり、他人のプロフィールを見ること)を最適化したとき初めて、新たな取引や機能を追加しはじめた。

第6章

見える手
プラットフォームの四つのコア機能

うまく設計されたネットワークはフリクションが少なく、いいものが見つかりやすい。

――エブ・ウィリアムズ、メディアム創業者・CEO、元ツイッターCEO

さて、コア取引のことがわかったら、次はプラットフォームの四つの機能（第1章で少し触れた）を詳しく見てみよう。経済学者は、市場を効率的に働かせる「見えざる手」があるとよく言う。だが、プラットフォームの場合、その手ははっきり見える。プラットフォームのネットワークは、どこからか急に現れるものではない。プラットフォームが積極的にネットワークを構築して、コア取引がそれを価値に変える。そのためには、プラットフォームは主に四つの支援活動をしなければならない。プラットフォームを「見える手」と考えてほしい。四つの支援活動はその指で、コア取引が親指だ。親指がなければ、ほかの指はあまり役に立たない。だが、親指以外の指が1本欠けても、手全体がうまく機能しない。この四つの支援活動をコア取引と組み合わせることで、プラットフォームはかつて存在しなかった（そして存在しえなかった）ネットワークと市場、そしてコミュニティーを作ることができる。

四つの支援活動とは何か。プラットフォームは、多くのユーザーにネットワークに参加してもらい、そのユーザーどうしをマッチングして価値を交換してもらう必要がある。このときユーザーを支援するツールとサービスを提供するとともに、ルールと基準を設けて取引を円滑化してネットワークの質を維持することも必要だ。

言い換えると、これらはプラットフォームの四つのコア機能だ。

1　オーディエンス構築……消費者とプロデューサーをクリティカルマス以上獲得して、流動的なマーケットプレースを構築する

2　マッチメーキング……正しい消費者を正しいプロデューサーと結びつけて、取引と交流を円滑化する

3　中核的ツールとサービスの提供……取引費用を下げ、参入障壁を取り除き、データによって長期的にプラットフォームの価値を高めて、コア取引を支援するツールとサービスを構築する

4　ルールと基準の設定……どのような行動が許され奨励されるか、どのような行動が禁止され思いとどまるよう促されるかを定めたガイドラインを作成する

プラットフォームによってやり方は異なるが、成功したプラットフォームは、何らかの形で四つの機能全部を実現している。これらの機能は、ネットワークをサポートし、取引が簡単かつ効率的に行えるようにするインフラだ。プラットフォームは、オープンで広く参加型である一方で、キュレートされ（緩かに方向付けられ）管理されたネットワークを構築する。プロデューサーと消費者は、どちらもプラットフォームに簡単にアクセスして取引を実行できるべきだが、望ましくない行動は禁止されるべきだ。また、プラットフォームはユーザーが求めるものをみつけられる場所でなくてはならない。ところがこうした重点項目は、驚くほど互いに衝突しやすい。成功したプラットフォームは、こうした課題にどう対処し、ネットワークを管理して取引を可能にする「よく見える手」をどうやって作っているのか。ここではまず、ウーバーを例に各機能を説明したうえで、他のプラットフォームの事例を挙げて幅広い理解をめざそう。

オーディエンス構築

プラットフォームは在庫を直接管理しないから、在庫をもたらしてくれる外部のプロデューサーに参加してもらう必要がある。また、価値の交換を完成させる消費者も必要だ。オーディエンス構築とは、ネットワークを大きくして、プロデューサーと消費者の間に、取引につながるような結びつきを作ることだ。消費者もプロデューサーもいなければ、プラットフォームは失敗する。その一方で、プラットフォームは非常にクリエーティブに成長を生み出すことができる。

オペレーションSLOG

アメリカの主要都市には、毎日のように一般道をうろつく秘密工作員がいる。正体を隠すため、プリペイド携帯電話と新しいクレジットカードを何枚も持っている。彼らの任務は、ライバルについて情報を集め、その「手先」を寝返らせること。もちろん自分の正体はバレないように。

各工作員には詳細なマニュアルが与えられている。ターゲットにアプローチする方法や、打ち解けるきっかけを作る質問、相手に「弱点」があるかどうか見極める方法、それに寝返りを提案するまでの会話のパターンがいくつか用意されている。いよいよ寝返りを提案するときは、五つのポイントを強調する。その結果、みごと相手を寝返らせることができれば、工作員は現金報酬を得られる。その一方で、スパイであることがバレたら、雇い主は助けてくれない――。

これはハリウッドのスパイ映画の筋書きではない。ウーバーがライバルのリフトからドライバーを引き抜くための極秘作戦「ＳＬＯＧ」だ。ＳＬＯＧとは、「Supplying Long-term Operations Growth（長期的な事業拡大に向けて）」の略。ウーバーがドライバー獲得のために、これほど手の込んだ（ただし倫理的にも法的にもかなり怪しい）作戦を展開している理由を物語る名前だ。

アグレッシブなマーケティングは新しいものではないが、ウーバーのようなプラットフォームの場合、もはやマーケティングを超えた戦略と言える。ウーバーは、ドライバーと乗客という、まったく異なる二つのユーザーグループを獲得しなければならない。しかも需給バランスを維持するために、各グループの規模は慎重に調整する必要がある。

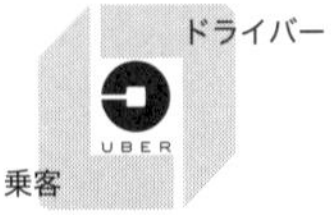

ウーバー
サービスマーケットプレース
プラットフォーム

2009年にサンフランシスコで設立されたウーバーは、ファイナンスの世界で「流動性のある」マーケットプレースと呼ばれるものを作る必要があった。需要を満たせる十分な供給があり、ほとんどの取引がすぐに成立するマーケットプレースは、流動性があるとみなされる。だが、プラットフォームにとっては、需要と供給の量的バランスを取ることも重要だ。とりわけウーバーの場合、このバランスを維持することは必要不可欠だ。乗客の数に対してドライバーが多すぎれば、ドライバーの待機時間が長くなる。その間、彼らの儲けはゼロだから、ドライバーにとって待ち時間は損だ。それがあまりに続くと、ドライバーはリフトなど別のプラットフォームに移ってしまう。逆に、乗客の数に対してドライバーの数が足りないと、乗客は長い待ち時間を強いられるか、まったく車を拾えない。それなら次はよそのプラットフォームを使おうと思われてしまう。

これまで議論を呼んできたウーバーの行為の多くは、この問題に対処するためのものだった。たとえば「ピーク料金」（需要が高まると運賃が上昇するシステム）は、需要と供給を直接調整する試みだ。運賃が高くなれば、一部のユーザーは利用を控える恐れがあるが、ウーバーはドライバーを増やすことを優先した。同一運賃を維持すれば、需要は高いままで、ユーザーは長い待ち時間を強いられる。それよりも料金を引き上げて需要を抑え、ドライバーの数と利用者の数のバランスを取った方がいいと考えたのだ。多くの消費者はこの料金変動システムに激怒したが、プラットフォームにとってはバランスの取れた需要拡大を実現するうえで大いに役立つ可能性がある。

そう考えると、ウーバーのなりふり構わぬドライバー獲得戦略も、道理にかなっている。同社は、需要拡大では大きな成功を収めてきたが、ドライバーを確保するのははるかに難しい。リークされた財務書類によると、主要都市におけるドライバーと乗客の比率は、約１対10。[1]サービスマーケットプレースでは、かなり標準的なプロデューサーと消費者の比率だ。だからプラットフォーム企業は、消費者よりもプロデューサーをめぐって激しい獲得合戦を繰り広げる。もっと多くのドライバーを確保できなければ、ウーバーはそのサービスを使いたい消費者の増加に対応できない。ドライバーを増やすことは、ウーバーの長期的な成長のカギであり、だからこそドライバーを確保するために、「そこまでやる？」と思わせる手段を講じてきたのだ。

ネットワークのハッキング――エアビーアンドビーのしたこと

ウーバーばかりが非難されがちだが、ネットワークを大きくするために臆面もない手段を講じてきたのはウーバーだけではない。エアビーアンドビーは、世界中どこでも「現地に溶け込む旅の体験」をコンセプトに、極めてクリーンなブランドイメージを確立してきた。だが、今の地位を築くまで、ずっとクリーンなプレーをしてきたわけではない。

２０１０年、エアビーアンドビーは「シリーズＡ」（初の大掛かりな資金調達）を終えたばかりの小さなスタートアップで、オンライン民泊仲介業界では小粒なほうだった。当時最大手だったオンライン案内広告サービスのクレイグリストと比べるとなおさらだ。クレイグリストは、トラフィックもリスティングも、エアビーアンドビーよりもずっと多かった。だが、エアビーアンドビーのほうが物件の質が高く、カスタマーサポートも優れていた。そこでエアビーアンドビーはネットワークを拡大するため、勝手にクレイグリストとの「提携」を図った。

エアビーアンドビーのプラットフォームに「クレイグリストに投稿する」という機能を設けて、ホストが何度かクリックすれば、その物件をクレイグリストの関連セクションに投稿できるようにした。ただし、クレイグリストでその物件に関心を持った人は、クレイグリスト経由ではなく、エアビーアンドビーで直接予約するようにできていた。その結果、エアビーアンドビーはクレイグリストから多くの消費者を取り込むことに成功した。

さらにエアビーアンドビーは、クレイグリストのトラフィックを奪うだけでなく、クレイグリストのユーザーネットワークに直接働きかけるという大胆なアプローチも展開した。クレイグリストに民泊物件を掲載したホストに、クレイグリストよりも「お得な」投稿先があると助言するスパムを送りつけたのだ。それも複数のGメールアカウントを使って、個人から送られてきたメールを装った。

エアビーアンドビーの成長戦略を分析したレークプレース・ドットコムのデーブ・グッデンCEOは、クレイグリストに民泊物件を3週間にわたり掲載したところ、ほぼ同じ内容のメールを4通受け取った。いずれも次のような文面だった。

こんにちは。

あなたがクレイグリストに投稿した、〈町の名前〉の最高の物件を見て、このメールを書いています。〈町の名前〉の物件探しで最大級のサイト、エアビーアンドビーで、おすすめに取り上げてもらったら（無料）どうでしょう。ページビューが毎月300万もあるサイトなんですよ。

ここをクリックして、いますぐ投稿してみてください。

エアビーアンドビーは、こうしたスパムを送ったのは、物件獲得を委託した、社外の「ならず者」営業部隊だと主張した。(2) こうした営業活動は違法ではなかったが、クレイグリストのルールに違反していた。当時のエアビーアンドビーは、ソーシャルメディアとしてのプレゼンスは比較的小さく、検索エンジンの最適化レベルもまあまあだったが、クレイグリストの巨大なネットワークを利用することで、みずからのマーケットプレースに流動性をもたらすことに成功した。ウーバーと同じように、何よりも流動性が重要であることを理解していたから、少しばかり汚い手を使ってプラットフォームを軌道に乗せようとしたのだ。だが、エアビーアンドビーが立ち上げ当初から目覚ましい成長を遂げた理由は、ほかにもあった。

２００８年の民主党全国大会の開催地がデンバーと発表されると、エアビーアンドビーのブライアン・チェスキーCEOはチャンスだと思った。民主党はギリギリになって、バラク・オバマの大統領候補指名受諾演説の会場を、ペプシ・センター（収容人数1万８００７人）からインベスコ・フィールド（同7万６１２５人）に変更することを決めた。だが、デンバー市は8万人もの訪問者を受け入れる準備ができていなかった。市内のホテルの部屋数はわずか2万８０００部屋。問題は明白だったが、誰も対策を講じていなかった。一方、チェスキーはそのときまでに、エアビーアンドビーのネットワークを成長させるためには、どんなチャンスが必要か気がついていた。「話題のイベントを探して、『（エアビーアンドビーは）大いに騒がれている問題に、大いに話題になる解決策をもたらします』と宣言することだ」と、チェスキーは言う[3]。そもそもエアビーアンドビーは、2007年にサンフランシスコで国際デザイン会議が開かれたとき、宿泊施設の不足問題が起きたのがきっかけで偶然誕生した。貧乏な学生生活を送っていたチェスキーとルームメートのジョー・ゲビア（共同創業者）は、自分たちのアパートのロフト部分に、最大三つのエアマットを敷き、朝食付きで貸し出すことを思いついた。さっそく簡単なウェブサイトを作り、1泊80ドルという料金を設定すると、3人の会議出席者から予約が入った。エアビーアンドビーの誕生だ。これでチェスキーとゲビアは家賃を払うのが楽になった。

だから民主党全国大会のデンバー開催が決まったとき、エアビーアンドビーは大きなチャンスだとすぐに気がついた。「2008年の夏、誰もがバラク・オバマの話をしていた。そして民主党全国大会の開催間近になって、最終日の会場が2万席のペプシ・センターから、8万席もあるアメリカンフットボールのスタジアムに変更になった」と、チェスキーは振り返る。「突然、大手新聞やテレビ局のスタッフが『泊まる場所はあるのか?』と言い出した。そこでひらめいたんだ。『彼らはエアビーアンドビーを使うぞ！　地元のオバマ支持者が、世界中からやってくるオバマ支持者を泊めてやるんだ。これはすごいニュースになるぞ』ってね」。狙いは大当たり。エアビーアンドビーは、宿泊場所不足の新たな解決策として全国テレビで報じられた。

第8章で示すように、デジタルの世界であろうが現実の世界であろうが、よそのネットワークを利用することは、重要なオーディエンス構築戦略の一つだ。民主党全国大会後、エアビーアンドビーは急速に拡大しはじめ、2年後の2010年には延べ宿泊者数は12万5000人に達した。

ペイパルのチャリティー・ロボット

エアビーアンドビーが、クレイグリストのネットワークを利用するずっと前の１９９９年、電子決済サービスのペイパルも似たような戦略を取った。当時、ペイパルは、Ｘドットコム（X.com）やドットバンク（dotBank）といった資金力で勝るライバルから激しい追い上げを受けていた。どこが競争に勝つかは、まったく予想がつかなかった。ペイパルは、１９９０年代末に人気だった携帯情報端末（ＰＤＡ）のパームパイロット（PalmPilot）向けにピア・ツー・ピア決済システムを導入しようとしたが失敗して、ネットオークションの決済に力を入れ始めたところだった。このため、なんとしてでも業界トップのイーベイの出品者に決済システムとして採用してもらいたかった。そこでペイパルの共同創業者であるルーク・ノゼク副社長（マーケティング・戦略担当）は、妙案を思いついた。「ぼくら自身がイーベイで買い物をして、ペイパルで支払いたいと主張するんだ」。ただし、「手当たり次第に落札する必要はない。多くの出品者は、同時にいくつものアイテムを出品している。その一つを買えば、ベンダーにペイパルの存在を教えることができる」[4]。だがそれだけでは、出品者はペイパルでの支払いを受け付けないかもしれない。そこでペイパルが考え出したのが「チャリティー・ロボット」だ。

ペイパルは、イーベイの出品情報を自動的にチェックするプログラム（ボット）を作った。このボットは入札前に、寄付用のアイテムを集めていること、ロボットによって入札したいこと、ただし支払いはペイパルでしかできないことを出品者にメールで伝えた。出品者がそれに承諾したら、

ペイパル
決済プラットフォーム

ボットは自動入札を開始した。その結果、たとえ目的のアイテムを落札はできなくても、少なくとも出品者にペイパルの存在を伝えることができるというわけだ(5)。

このチャリティー・ロボットは、ペイパルの「秘密兵器」になったと、ペイパルの元マーケティング担当幹部エリック・M・ジャクソンは語る。ペイパルは赤十字の「協力」も取り付けた。落札したアイテムを赤十字に寄付することにして、一段と信用できる会社というイメージを高めたのだ。出品者の多くが、charityrobot@paypal.com というアドレスから送られてきたメールに好意的な反応を示し、ペイパルでの支払いに喜んで応じたのは驚きではない。

行動か死か

多くのプラットフォームは、こうした眉唾ものの戦略だけでなく、伝統的なマーケティングチャネルも駆使する。イーベイが、アマゾンやヤフーといったライバルのオークションサービスよりも成功した重要な理由の一つは、当時ポータルとして圧倒的な存在だったAOLとトラフィック購入契約を結んだことだった。

いずれにせよ重要なのは、プラットフォームにとって流動性を確保することは、存亡に関わる問題だということだ。これはプラットフォームの初期段階では特に重要だ。このような時期には、ネットワークに基本レベルの流動性しかなく、ポジティブなネットワーク効果の循環ができていない。ネットワークに一定の規模がなければ、プラットフォームは大した価値を提供できない。だからこの段階では、なりふり構わぬ流動性確保が必要になる。

マッチメーキング

プラットフォームにある程度のユーザーが集まったら、今度は彼らを結びつける方法を見つけなければならない。そこでマッチメーキングが必要になる。交換を円滑化するには、プロデューサーと消費者を正しく結びつける必要がある。これはユーザーが数百人とか数千人程度なら簡単だ。だが、ネットワークが大きくなると、マッチメーキングは飛躍的に難しくなる。スケール化可能なマッチメーキングシステムがなければ、プラットフォームは消費者とプロデューサーをうまく結びつけることができない。効率的なマッチングができるようになるほど、そのプラットフォームのネットワーク効果は強力になり、取引を増やせる。当然それは価値と利益の上昇につながる。

一般に、マッチメーキングシステムを構築するときは、プロデューサーと消費者の両方が重要とみなすプロダクトを、データを使って定義する必要がある。それに基づき、ユーザーをできるだけ効率的に結びつける方法を探るのだ。次に詳述するが、これはアルゴリズムを使った自動マッチングシステムになる場合もあれば、ユーザーが自分で検索・発見しやすいシステムや、まったく異なるシステムになる場合もある。

巡回セールスマン問題

ウーバーのマーケティング戦術とピーク料金システムは、すでにさまざまな記事や本で取り上げられているが、そのプラットフォームの中核をなす魔法は見落とされがちだ。それはウーバーの自動マッチング・アルゴリズムだ。

なぜ「魔法」とまで呼ばれるものが、見落とされているのか。それはドライバーにも乗客にも、目に見えないからだ。ユーザーがボタンをタップすると、数秒後にはドライバーが向かっているという知らせが入る。一方、ドライバー側は、乗車リクエストを受け取り、承諾し、乗客を迎えに行く。その舞台裏でウーバーがやっていることは、乗客にもドライバーにもほとんど意識されていないが、それこそがウーバーの成功の鍵を握っている。ユーザーがその存在に気がつかないことは、優れたマッチメーキングシステムである証拠だ。そこにはフリクションがないから、プロデューサーも消費者もその存在に気がつかない。

では、ウーバーはどうやってそれを実現しているのか。1枚の紙に、1万個の点が散らばっている様子を想像してほしい。すべての点を1本の線で結ぶとしたら、どうすれば最短の線になるか。これは「巡回セールスマン問題」と呼ばれる、数学で最も研究されている組み合わせ最適化問題で、幅広く応用されている。ウーバーの創業者であるトラビス・カラニック前CEOは、その有用性に早い段階で気がついた。「100台の車と乗客が町中に散らばっている」と、カラニックは言った。「各車はそれぞれ巡回セールスマンの問題を抱えている」[6]。ウーバーのアルゴリズムは位置情報を利用して、最も効率的に配車できるドライバーを選ぶようになっている。

これはタクシー業界では昔からある問題だ。配車係の仕事は、タクシー会社の限られた資源を最も効率的に運用することだ。だがウーバーの場合、これはもっと切羽詰まった問題だ。タクシー会社が資源を最適に運用しなければ、実車のチャンスをいくつか逃し、売り上げが若干減るかもしれないが、ドライバーが辞めることはないだろう。だが、ウーバーの場合、ドライバーと乗客を効率的にマッチングしなければ、儲けが減るだけではない。ドライバーがよそのプラットフォームに移ってしまう恐れがある。

ウーバーの規模の大きさは、この問題を一段と深刻にする。非効率的な配車係が一人いるだけなら、その影響は限定的だ。だが、何百もの都市で数千あるいは数百万の取引を同時に管理しているプラットフォームで、ドライバーと乗客のマッチングが少しでも非効率的だったら、そのプラットフォーム全体が破綻しかねない。

協調フィルタリング

マッチメーキングに苦労しているのはウーバーだけではない。アマゾンも、何十万点もの商品のなかから、ユーザーが買いたいものを見つけやすくするにはどうするか、という課題に直面した。アマゾンで、アマゾン以外のベンダーが商品を売ることができるプラットフォーム「アマゾン・マーケットプレイス」では、問題がもっと複雑になる。これらのベンダーは、自分が取り扱う商品のリスティングを自分で作るから、アマゾンは在庫に基づいた関連アイテムを事前に定義できない。そこでアマゾンは、「協調フィルタリング」という手法を使うことにした。これは大量のユーザーの行動から共通パターンを見出すプロセスで、「この商品を買った人は、こんな商品も買っています」という機能の基礎をなす。協調フィルタリングのアルゴリズムは、ユーザーがよく一緒に購入する商品（同じ作家の本、リモコンと乾電池など）に関するデータを使って、関連商品のリストを作る。

アマゾンの関連商品機能と、ウーバーの自動マッチングシステムは、どちらもデータを使って、消費者とプロデューサーの正しい組み合わせを生み出す。どちらのプラットフォームにも莫大な数のユーザーがいて、流動性は構築できた。しかしユーザーどうしをうまくマッチングするシステムがなければ、ユーザーは干し草の山から1本の針を見つけ出すような作業をしなくてはならない。プラットフォームの仕事の一つは、ユーザーがその針を簡単に見つけられるようにすることだ。それを大規模に実現するには、データを賢く利用する必要がある。

ユーチューブが成功の測定方法を変えた理由

２０１２年3月は、ユーチューブにとって最もトラウマ的な月の一つとして記憶されているはずだ。長い間、ユーチューブはクリック数（視聴回数）によって、コンテンツの人気と質を評価してきた。視聴回数は広告料の基準にもなったから、ユーチューブにとってクリックは貨幣のようなものだった。ところが２０１２年3月15日、ユーチューブの視聴回数が1日で20％も減った。これは意図的に招かれた事態だった。ユーチューブはこの日、コンテンツの評価方法をクリック数ではなく、エンゲージメント（視聴時間）に変更したのだ。

視聴者とコンテンツのマッチング、つまり視聴者が好きそうな動画を「おすすめ」することは、ユーチューブにとって重要な課題だ。ユーチューブには1分に３００時間以上の新しい動画がアッ

ユーチューブ
コンテンツプラットフォーム

プロードされる。[7]ネコのビデオからヒット曲のパロディー、大学の授業、政治家の討論会、さらには（最も重要なことに）最新のジャスティン・ビーバーのミュージックビデオまで、何十億本もの動画が掲載されている。一人の人間が一生かかっても見きれない数だが、実のところ、一人の人間が関心のある動画はごく一部だ。「ユーチューブには、地球上の誰であっても見たいと思う動画が100時間分ほどあると、私たちは考えている」と、ユーチューブのクリストス・グッドロウ取締役（検索・発見エンジニアリング担当）は言う。「重要なのは、視聴者がそれを見つける手伝いをすることだ[8]」

それまでユーチューブのマッチング・アルゴリズムは、コンテンツのクリック数に基づき「おすすめの動画」や検索結果を表示するようになっていた。「かつての動画発見機能は、視聴回数を増やすように設計されていました」と、ユーチューブの公式ブログには書かれている。「つまり視聴者を実際にエンゲージさせた（視聴させた）動画ではなく、クリック数が多いコンテンツを高く評価していたのです（巨乳のサムネイル画像をついクリックしたら、全然違うコンテンツだったという経験があるでしょう？）」。このアルゴリズムでは、ユーザーは本当に見たいコンテンツを発見するまで、実は関心のない動画をいくつもクリックしなければならない状況を生み出していた。すすめられた動画をクリックしては、最後まで見ないうちに「これじゃない」と別の動画に移っていたわけだ。つまり、クリック数では、質の高いマッチングを確保できているかは判断できない。「視聴者に何度もクリックを強いているなら、（そのアルゴリズムは）ユーザーにうまくユーチューブの価値をもたらせていないのではないかと気がついた」と、グッドロウは語る。そこでクリック数ではなく、視聴時間の長さを重視するアルゴリズムに切り替えた。その狙いは「視聴者がユーチューブで動画を見て過ごす連続時間を伸ばすこと」だ[9]。

その切り替えが行われたのが、２０１２年3月15日だった。クリック数ではなく、視聴時間に基づくマッチング・アルゴリズムが「おすすめの動画」を選ぶようにしたのだ。この変更は、多くのコンテンツクリエーターを怒らせた。彼らは古いシステムに基づき、自分のコンテンツを最適化することに慣れていた。それまでは、たとえ視聴者がコンテンツを最後まで見てくれなくても、1度でもクリックしてくれれば報酬が得られた。このため多くのクリエーターは、サムネイルに話題のイベントの画像（アメフトの試合など）を使うなど、クリックを稼ぐ仕掛けを駆使した。ところが、そのサムネイルをクリックして動画を見始めてみると、実はそのイベントの映像ではなく、誰かがそれについて話しているだけだったりする。昔のユーチューブをよく使っていた人なら、そのイライラする経験をよく覚えているだろう。さいわいユーチューブの運営者たちもそう考えた。新しいシステムでは、こうしたインチキ動画は、まともに視聴されないから、検索結果で下位に葬られることになった。究極的には、視聴者の満足度は高まり、コンテンツクリエーターたちは質の高い動画作りを促された。

ルールと基準の設定

ツイッターでは、ありとあらゆることがつぶやかれている。月間アクティブユーザーが3億人以上、さらに数億人が投稿はしないが他人のツイートを見ている。このプラットフォームで起きていることすべてを、一人の人間が把握するのは不可能だ。こうなったのには理由がある。ツイッターは世界で起きていることをリアルタイムに伝えたがっているのだ。同社のホームページは、「いま何が起きているか知る」ために、ツイッターをやることを呼びかけている。

２０１５年11月の時点で、世界中で発信されているツイートは１日６億件[10]。毎秒約１万ツイートだ。その数は日々増えている。あなたがこの文章を読んでいる間にも、何万件もの新しいツイートが投稿されている。ライブツイートは、情報の消防署と呼ばれることもある（そのとおりだ）。その活動すべてを把握するのは不可能だが、ツイッターの運営会社がそんなことを言うわけにはいかない。あらゆるプラットフォームと同じように、ツイッターもユーザーの活動を管理する必要がある。だが、何億人ものユーザーの行動をどうやって管理すればいいのか。しかもその大多数は、決して会うことのない相手だ。

実際、管理するなんて不可能だ。だが、ルールや基準を決めることはできる。そしてほとんどのユーザーは、自発的にそれを守る。ルールを守らない人には、検出システムやペナルティーを設けて不快な活動を阻止する方法もある。こうしたルールと基準は、大規模なプラットフォームがユーザーコミュニティーを統制するうえで必須のツールになる。

ルールの一部は、運営会社が決める。たとえばツイッターは、リプライ（返信）機能の使い方や、正しいフォロー方法に関するガイドラインを示している。コミュニティーの中でできる暗黙のルールもある。ツイートに多数のハッシュタグを詰め込まないことや、自分だけでなくフォロワーのため

ツイッター
コンテンツプラットフォーム

になることをツイートするべきといった考え方がこれにあたる。

ソフトウエアの設計に、ルールが組み込まれている場合も多い。ツイートは140字以内という制限もそうだ。これはもともとショートメッセージ（SMS）の文字制限が160字であることに由来する。2006年にツイッターが登場したときは、SMS経由での投稿が一般的だったのだ。だが、技術が進歩して、この文字制限を維持する必要がなくなっても、ツイッターはかなり長い間、140字というルールを維持した。なぜか。それは短いメッセージが、このプラットフォームのアイデンティティーの一つになったからだ。メッセージが短いほうが、作成は簡単だし、消費する（読む）のはもっと簡単だ。そのうえツイッターを、ほかのマイクロブログ・プラットフォームと差別化する助けになる。もっと長い発言をしたいなら、他のプラットフォームですればいい。ツイッターのユーザーにその時間はない。ツイッターは、いま起きていることを伝えるためにあるのだから。

文字制限は、ツイッターが価値提案を構築して実現するカギとなった。実のところその制限は、少しずつ緩和されてきた。リンク先のアドレスは140字にカウントされなくなったし、字数を使わずに他人のツイートを引用する機能などが追加されてきた。写真や動画など、あらゆるタイプのメディアもツイートできるようになった。それでも、簡潔で明快なツイートをすること、そして今起きていることをツイートすることという基本原則は変わっていない。

ツイッター市長

巨大なコミュニティーを管理するために、ほかにも多くのルールがある。スパムの禁止など自明なものもあれば、著名人の名前をユーザー名として取得して売りつける「ユーザー名不正占拠」やなりすましの禁止など、この種のプラットフォーム独特の規制もある。とりわけアイデンティティーはツイッターにとって大きな問題だ。また、人の発言が中核的なコンテンツであるだけに、どんな発言を認めるかは、ツイッターが今後も検討しなくてはならない重要な問題だ。

ツイッターのガイドラインは、こうしたルールは不変ではないことを断っている。時間がたてばプラットフォームは進化するし、ルールも進化する。こうした変化は、ツイッターの開発者コミュニティーに大きな影響を与えてきた。フェイスブックでもそうだが、ツイッターと開発者の関係は昔から不安定なものだった。それでもツイッターは、開発者コミュニティーの育成に成功してきたと言っていいだろう。ツイッターは毎日、外部アプリからのＡＰＩコール（外部アプリのタスクを実行するためにＯＳの関連機能を呼び出すこと）に何百万件も対応している。こうしたＡＰＩコールは、ユーザーがアクセスを許可した情報（ログイン情報や連絡先リスト、ツイート）をツイッターから引き出す。

ＡＰＩコールすべてに無料で対応するのは、ツイッターにとって大きな負担だ。それだけに、ツイッターは外部アプリが、ツイッターのプラットフォームを傷つける活動をしないように確保する必要がある。開発コミュニティー向けのルールや基準の設定は、特有の難しさがある。そのことはライアン・サーバーがよく知っている。サーバーは現在ＶＣのレッドポイント・ベンチャーズのパートナーだが、かつてはツイッターのプラットフォーム・ディレクターとして、急成長する開発者コミュニティーを管理していた。「ツイッターには協力サイトが３００万〜４００万個、協力開発者がおそらく100万人いた」と、サーバーは振り返る。「巨大なエコシステムで、実際会ったことがあるのは一握りだった。だから私たちの仕事は、どこまでやっても大丈夫で、どんな行動が期待されるかを明確にするポリシーを作ることだった」

サーバーがツイッターにいたのは、ツイッターが飛躍的な成長を遂げてIPOを果たすまでの2009〜13年だった。「当時、ツイッターのチームによく言っていたのは、私たちは市長だということだ」と、サーバーは語る。「私たちの仕事は、会ったこともない人たちから、最善の行動や最善の結果を引き出すインセンティブと逆インセンティブを作ることだった」。サーバーは事実上、ツイッターの開発者コミュニティー向けの公共政策を作っていたわけだ。

こうした姿勢は、プラットフォームのリーダー的役割を果たす人たちに驚くほど共通する。それはマーク・ザッカーバーグが、シェリル・サンドバーグ（クリントン政権で財務長官のもと働いた経歴を持つ）を最高執行責任者（COO）に雇った最大の理由でもある。「長い時間をかけて、彼女が政府でした仕事の話を聞いた」と、ザッカーバーグは言う。「多くの意味で、フェイスブックは伝統的な会社よりも政府に近い。私たちは巨大なコミュニティーをもち、他のどんなテクノロジー企業よりも本気で政策《ポリシー》を作っている[11]」。

サーバーも同じ考えだ。「それまで私は、ポリシー関連の仕事をしたことは一度もなかったし、その後ポリシーがいかに重要になるか考えもしなかった。でも、いつの間にか、ポリシー作りが私たちの仕事の大部分を占めるようになっていた」。サーバーの仕事は事実上、ツイッターの開発者コミュニティーの市長になることだった。だが、どんな町でもそうであるように、町が成長して変化すると、市長の任務も変わることがある。

ツイッターはどのようにビジネスになったか

毎日何百万件ものＡＰＩコールを処理する現在のツイッターは、初期と同じプラットフォームではない。ツイッターには長年、公式のモバイルアプリがなかったから、サードパーティー製アプリが初期の成功に大きく貢献した。「その開発プラットフォームは、モバイル用、パソコン用、そしてリナックス用のクライアントアプリを開発できるようになっていた。ウェブ用にもいろいろなアプリがあったし、ツイッターにつなぐ方法は無数にあった」と、サーバーは語る。「おかげでツイッターは、ユーザーの生活に密着した存在になれた。どこでも対応アプリでツイッターを使えたからね。モバイル端末が爆発的に普及したときも、サードパーティーがモバイル端末用のクライアントアプリを作ってくれた。さもなければ、ツイッターは初期に獲得したユーザーの多くを失っていただろう」

当初ツイッターは、開発者コミュニティーの「百花繚乱」を後押しした。クライアントアプリは、ツイッターがリソース不足で構築できなかった多くの機能を提供した。だが、プラットフォームが大きくなり、ツイッターのリソースが拡大すると、このやり方には明らかなマイナス面が現れた。ツイッターは、ユーザーのエクスペリエンスをコントロールできなくなっていたのだ。ほとんどのユーザーにとって、開発コミュニティーこそがツイッターだった。「ツイッターの初期のプラットフォームを思い出してもらうと、ほとんどがサードパーティーの作ったクライアントアプリだった」

と、サーバーは言う。「ツイッターは単なるウェブサイトとＳＭＳで、日々かろうじて生き延びていた」。だが、やがてプラットフォームが進化すると、ツイッターは開発コミュニティーの管理を強化するようになった。とりわけ非公式クライアントアプリへの締め付けを強化した。こうしたアプリのおかげで、ツイッターはユーザーとつながっていたのだが、それはツイッターがコントロールできないつながりだった。

事実上、初期のツイッターは、開発者たちに基本技術を提供してユーザーエクスペリエンスを追加してもらっていた。ツイッターに投資した著名投資家のフレッド・ウィルソンによると、「初期のクライアントアプリがやったことの多くは、ツイッターのプラットフォームにある多くの穴を埋めることだった」[12]。ただし、こうした外部アプリは、ツイッターのプラットフォームの上に補完的なビジネスを構築したのではなく、ツイッターに欠けていた中核的エクスペリエンスの穴を埋めていたにすぎない。それはツイッターのユーザー増加を助けたが、ツイッターが本物のビジネスに成長する妨げになった。

ツイッターのＡＰＩを使ってアプリを構築した開発者たちは、そのアプリを売ることで利益を得ていた（人気のクライアントアプリは、一般にアップストアで２ドル程度で売られていた）。だが、ツイッターそのものは無料だったし、開発者にＡＰＩアクセス料も課していなかった。

中核的エクスペリエンスを管理できなければ、プラットフォームの質を高めることはできなかったし、マネタイズはもっとできなかった。ツイッターは、債券王ビル・グロスの会社から、中核的エクスペリエンスを乗っ取る脅しも受けた。グロスは、ツイッターのクライアントアプリでもトップクラスの会社を多数買収して、一時は1日のツイートの20%をコントロールしていた[13]。みずからのネットワークのコントロールを失うことを恐れたツイッターは、クライアントアプリの締め出しに着手した（利益を上げる必要性もあった）。まず、2010年に当時最も人気があったクライアントアプリの一つであるツイーティー（Tweetie）を買収し、「ツイッター・フォー・iPhone」として再投入した。続いて「ツイッター・フォー・ブラックベリー」もリリースした。もはやツイッターは、単なるウェブサイトではなかった。そのプラットフォームは、初の公式モバイルアプリを持つようになった。

次にツイッターは、開発コミュニティーに対する締め付けを強化した。サーバーは2011年3月、複数の開発者フォーラムにツイッターの新しい方向性を率直に伝えた。「これまでアプリ開発者たちは、ツイッターを最高に活用できるようにするから、もっと技術情報を教えてくれと言ってきた」とサーバーは言った。「もっとはっきり言うと、開発者たちは、ツイッター消費者のエクスペリエンスを模倣または再現するアプリを作りたいと相談してくる。だが、答えは『ノー』だ[14]」。その1カ月前、ウーバーメディア傘下の複数のクライアントアプリが一時的に機能しなくなった事件があった。ツイッターが、これらのアプリのAPIアクセスを遮断したからだ。この措置が開発コミュニティーに送ったメッセージは明白だった。これまでご協力ありがとう。ここから先は自分たちでやるから――。

その後も、ツイッターのAPIに基づくアプリ開発は歓迎されたが、ツイッターの中核的エクスペリエンスを補完するビジネスを構築するなら、という条件つきだった。ツイッターのディック・

コストロCEO（当時）は、「これからはプラットフォームとして、ツイッターの外ではなく、ツイッターの内部に貢献するサードパーティー開発者を認める」と語った[15]。開発者たちは、事実上ツイッターの機能を持つクライアントアプリを構築して、中核的なエクスペリエンスを支配するのではなく、新しい付随的エクスペリエンスを生み出すことで、ツイッターのプラットフォームに価値をもたらすことしか認められなくなった。こうして、ツイッターはみずからのコア取引の唯一の所有者になることを宣言し、ユーザーエクスペリエンスを取り巻くルールや基準を設けた。

ツイッターのこれから

これはツイッターにとっても難しい決断だった。だが、プラットフォームをスケール化して、マネタイズするには必要なことだった。プロデューサー、消費者、そしてプラットフォームの利害のバランスをとるのは、いつでも難しい。ときには一部のユーザーの不評を買う決断を下さなければならないこともある。ツイッターは２０１５年にも似たような状況に陥った。収益は伸びていたが、月間アクティブユーザーは3億人前後で頭打ち状態にあった。多くがツイッターの価値を疑問視し始め、株価も下がっていた。ツイッターはヘビーユーザーの間では長年満足度が高かったが、ほとんどのユーザーにとってはわかりにくいプラットフォームだった。

ツイッターは荒れた場所にもなりうる。タイムラインにスパムがあふれ、良質なツイートはその中に埋もれてしまう。有名人に向けてツイートすることはできるが、相手は似たようなツイートを大量に受け取っているから、返事をくれることはまずない。誰かにフォローされたと思ったら、単なるフォロー返しが目的で、すぐにフォローを外される。ツイッターのことが「よくわからない」と言う人は多い。「どうして私がツイートしなくちゃいけないの」が、ほとんどの新しいユーザーの質問だ。ツイッターを試してみたけれど、そのエクスペリエンスをいまいち理解できずに、二度と使わなくなったという人も多い。それだけに、ツイッターがユーザー維持の問題を抱えていると聞いても驚きではないだろう。２０１４年5月のウォール・ストリート・ジャーナル紙によると、２０１２年に新規登録した人のうち、２年後もツイッターを使っている人は11％以下だった。その後も数字は上向いていない。ツイッターの登録ユーザー数はせいぜい横ばいで、アクティブユーザー数は計算方法によっては減っているかもしれない[16]。

こうした混乱の一因は、ツイッターが最近まで放置していたアイデンティティーの危機にある。ツイッターの一部創業者（特に最近ＣＥＯに復帰したジャック・ドーシー）は、ツイッターとは、友達とつながる方法だと考えた。つまり基本的にはフェイスブックのようなＳＮＳだと言う[17]。これに対して、やはり創業者の一人で元ＣＥＯのエブ・ウィリアムズの考えは違った。ツイッターは今何が起きているかを発見するためのプラットフォームだというのだ。テクノロジージャーナリストのニック・ビルトン（その著書『ツイッターを生み出す』（*Hatching Twitter*）はツイッターの始まりと急激な台頭を描いている）によると、ドーシーはツイッターを「自分に何が起きているかを伝える方法」と考えたが、ウィリアムズは「世界で何が起きているか知る方法」と考えた。

ツイッターがこのアイデンティティー問題を解決するのには、長い時間がかかった。そして最終的に、後者のビジョンをとった。ツイッターはフェイスブックのようなＳＮＳではない。コンテンツプラットフォームだ。トップクラスのVC、ベンチマークのパートナーであるビル・ガーリーは同意する。「フェイスブックは、情報や日常の出来事を友達とシェアする数人対数人のコミュニティーネットワークだ。これに対してツイッターは、一人対大勢の情報発信ネットワークだ。フェイスブックは、二人のユーザーの双方に恩恵があるとき初めて魔法がおきる。私があなたと友達になり、あなたが私を友達にする、そうなって初めて情報が流れ始める。だがツイッターでは、私はシャキール・オニールをフォローすることで何かを得られるが、彼には私をフォローバックする社交上の義務はない(18)」。それに、もしツイッターが、今起きていることを知る場所であるなら、すべてのユーザーがツイートする必要はない。「この発見プラットフォームのパワーは、ツイートにあるのであって、どんなユーザーにもツイートする能力があることではない」と、ガーリーは分析する。ツイッターはフェイスブックよりもツイッチやユーチューブに似ている。友達とコミュニケーションをとったり、友達が何をしているかチェックするためではなく、コンテンツを消費するために訪れるのだ。全員がツイートしなくても別にいいのだ。

実際、ツイッターはユーザーコメントについて、ユーチューブやツイッチと同じ問題を抱えていた。スパムや嫌がらせの蔓延だ。コストロ前CEOは、2015年6月に退任する前に、それを認めている。「私たちは誹謗中傷や荒らしへの対応が本当に下手だ。何年もそうだった。世界中がそう言っている。もはや秘密ではない」と、社内向けのメモに書いている。「コアユーザーが日々直面する単純な荒らしの問題を放置しているせいで、ツイッターは彼らをどんどん失っている(19)」

だが、問題は蔓延する罵詈雑言だけではない。ごく最近まで、ツイッターは新規ユーザーのエンゲージメントや発見を改善する努力をほとんどしてこなかった。最近導入した「モーメント」（ツイッター上で話題のニュースをまとめる機能）、「見逃してしまったツイート」、ネーティブ・ビデオ、グループダイレクトメッセージなどの機能はどれも結構だが、交流モデルにおける欠陥は解決していない。既存のモデルは、フォロー相手を定期的に見直したり、特定のトピックについて「リスト」を作ったりするような、積極的ユーザーにしか魅力が感じられない。

投資家の評価は散々で、ツイッターはひどい苦境にあるように見える。その復活を期待するべき理由はまだあるが、ツイッターはもっときちんとしたルールを作って、コミュニティーをうまく管理する必要がある。

意図せぬ結果を阻止する

ツイッターが直面した、誹謗中傷やユーザーエンゲージメントの問題が示唆するように、莫大な数のユーザーを統治するのは容易ではない。フレンドスター（Friendster）やマイスペース（Myspace）など、急成長したのに、あっという間に停滞してしまったプラットフォームは、たいていコミュニティーの統治が下手だった。だからネットワークが成長すると質が低下する。プラットフォームはみなこの問題を克服しなければならない。それには正しいルールと基準が必要だ。

誹謗中傷の一部はアルゴリズムで見つけられるが、それも完全ではない。中央での編集管理は、統治の問題解決に役立つかもしれない。ツイッターはこれを「モーメント」機能で実験してきたが、多くのプラットフォームはこの種のキュレーションをもっと早い段階で導入していた。インスタグラムはスタッフの採用を始めたとき、真っ先にコミュニティーマネジャーのジョシュ・リーデルを雇った[20]。だが、ネットワークが大きくなると、中央での編集管理では手に負えなくなる。そこで多くのプラットフォームが採用したのが、ユーザーによる評価システムだ。ユーザー評価は、エアビーアンドビーやイーベイ、ウーバーでよく知られる。プロデューサーの質をチェックする作業を、消費者に一部担ってもらう（その逆も同じ）と、コミュニティー統治の難しさは大幅に緩和される。たとえばウーバーは、ユーザーからの評価に基づき、どのプロデューサー（ドライバー）に運賃の高いリクエストを任せるか決定しているし、ウーバーでのサービス提供を続けられるかどうかさえ決めている。5点満点中4・5点以下のドライバーは、もはやウーバーで使ってもらえない。

だが、アルゴリズムと編集が「荒らし」の問題を解決しきれないように、評価システムも完璧ではない。プロデューサーの評価基準をユーザーに公開しすぎると、評価システムを悪用するユーザーが出てくるという問題もある。たとえばアリババは、架空取引（実際には物品の交換が行われない）によって、故意に自分の評価を高める業者の問題に頭を悩ませている。グーグルが「ページランク」（検索結果のカギとなる各ウェブページの重要度評価）、フェイスブックが「ニュースフィード」のアルゴリズムを秘密にしているのは、こうした悪質な操作を避けるためだ。こうした評価基準をコンテンツクリエーターが知れば、ごまかすのはとても簡単だ。

また、オンライン評価は、おのずとその有効性に限界がある。評価の材料となる情報が極めて限定されているから、あくまで大まかな評価にすぎないのだ。また、こうした評価はあくまでそのプラットフォームに依存する。ウーバーとエアビーアンドビーは、ドライバーやホストが自分の評価データを他のネットワークで使うことを禁止しており、批判されているが、それにはもっともな理由がある。プロデューサーの評価もプラットフォームにとっては財産の一部なのだ。第一、コンテクストと切り離されてしまったら、その評価はほとんど意味をなさない。ウーバーで4・8点という評価を得ているドライバーが、エアビーアンドビーで優れたホストか、あるいはアマゾンで手際よくTシャツを販売・発送するかどうかなど、まったくわからない。ユーチューブのチャンネル登録者数は、そのユーチューバーがハンディーでトイレを修理する能力について何も教えてくれない。アイデンティティーと同じで、人間の評価は多面的なものだ。自分の評価を別のプラットフォームにエクスポートできても、本人には現実的な恩恵がほとんどない一方で、元のプラットフォームには打撃となりかねないし、エクスポートされたほうのプラットフォームにはもっと有害になりかねない。それまで構築してきた評価システムを、無関係なプラットフォームの情報で汚すことになるからだ。ウーバーは、ドライバーの評価基準をユーザーに十分知らせていないと批判されている（どういうドライバーに四つ星や五つ星を与えるべきなのか、乗客は自分で考えなくてはいけない）。コンテクスト的に無関係なデータを加えれば、ユーザーはもっと混乱するだろう。

また、評価システムは基本的に後付けだ。つまりすでに起きたことを教えてくれるに過ぎない。プラットフォームにとってもっと重要なのは、先回りすること、つまり特定の行動をとるようユーザーを動機づけるルールや基準を作り、それによって好ましい行動を奨励し、好ましくない行動を控えさせることだ。「プラットフォームを作ろうとしている人には、『最終的にどういう結果を求めているのかよく自問すること』とアドバイスしたい」と、サーバーは言う。「そのための行動を促す、最もストレートなポリシーを作ること。ゆるいポリシーや、曖昧なポリシーは、意図せぬ結果を数多く生み出し、本当にプラスになる行動を抑制してしまう」

最高のプラットフォームは、アルゴリズム、運営サイドによる編集、そしてユーザー評価のバランスのとれたルールを執行し、ユーザーの行動を監視する。プラットフォームの統治システムを設計するときは、このアルゴリズム、編集、ユーザー評価の強みと弱みをよく理解することが重要だ。最終的なゴールは、消費者とプロデューサーの両方がプラットフォームに高いレベルの信頼を置くようにすることだ。ルールや基準がうまく機能しているプラットフォームでは、ユーザーは安心して取引相手を信頼できる。ユーザーのプラットフォームに対する信頼レベルは、運営サイドがネットワークをどのくらい効果的に統治できているかを知る優れた目安になる。ネットワークのルールをうまく執行できていないプラットフォーム（たとえばツイッター）は、ユーザーの信頼も低い。これは常に悪いサインだ。プラットフォームへの信頼を取引相手への信頼に置き換えられれば、コア取引のフリクションを大幅に取り除くことができる。

中核的ツールとサービスの提供

プラットフォームは、コア取引をサポートするツールやサービスを提供しなければならない。ツールとサービスのどちらを提供するかは、プラットフォームが中央で何を管理するかによって決まる。ツールはセルフサービス式で分散型。誰でも使えて、プラットフォームが継続的に関与したり支援したりする必要はない。ユーザーどうしが価値あるつながりを作るのを支援するテクノロジーやソフトウエアは、たいていこうしたツールに含まれる。たとえばユーチューブに動画をアップロードするツール、インスタグラムの写真編集用フィルター、エアビーアンドビーがホストに提供するカレンダー&予約管理ツール、ウーバーがドライバーに提供するナビゲーションツールなどがある。ほとんどのツールは、プラットフォームと自動的に協調するようにできていて、消費者とプロデューサーの取引を簡単にする。

これに対して、コア取引をサポートするサービスは運営会社が管理しており、プラットフォームが継続的に関与する必要がある。最大の例はカスタマーサポートだろう。サポートサービスは、何らかの問題が起きたときユーザー間のバッファー役を果たすから、顧客満足度に重大な影響を与える。たとえばエアビーアンドビーのカスタマーセーフティーチームは、ユーザーのハッピーな気分を維持するべく重要な役割を果たす。

プラットフォームが提供するツールやサービスは、第5章で紹介した、コア取引の四つの基本ステップのどれをサポートするか明確にして設計するべきだ。たとえばインスタグラムのフィルターは、創造（投稿前のコンテンツ作り）に焦点を絞っている。一方、エアビーアンドビーのカスタマーセーフティーチームは消費を円滑化することに専念している。四つの基本ステップのいずれかに明確に当てはまらないツールやサービスは、不要であることが多い。プラットフォーム起業家は、ユーザーがほしがりそうなツールを全部詰め込もうとしがちだが、マーク・ザッカーバーグのアドバイスを思い出してほしい。「重要なのは、あれこれ付け加えることじゃない。そぎ落とすことだ」。

特に初期のプラットフォームは、新しい価値を生むツールを作ることよりも、コア取引を円滑化するツール作りに専念するべきだ。ザッカーバーグがハウスシステムについて言ったような、「便利すぎる」プラットフォームを作ろうとしないこと。シンプルで効率的。これがポイントだ。

インスタカートが3年でスタートアップから20億ドル企業に成長した理由

オンデマンド経済に次々と「○○業界のウーバー」が登場するなか、新興プラットフォームが突出した成功を収めるのは不可能に見える。だが、2012年7月に設立された買い物代行サービス「インスタカート」は、3年で企業価値20億ドル超と評価され、3億ドル近くの資金を調達した。その成功のカギは、プロデューサーが効率的に取引を実行できるようにする手厚いサポート体制にある。インスタカートは、そのプラットフォームにもたらす最も重要な存在は、ショッパー（買い物代行者）であることを正しく理解している。ショッパーがいなければ、消費者に何も売ることができない。ウーバーにドライバーがいなければ、何も売ることができないのと同じだ。インスタカートの成長にとりわけ貢献したのは、完成度の高いショッパー向けアプリだ。

「インスタカートのソフトウエアとショッパー向けアプリの機能は、買い物のあらゆる段階でショッパーに最善のサポートを提供して、サービスの正確性と効率性を最適化する」と、アプーバ・メータCEOは胸を張る。推測ではない。「自分でも状況を把握するために、毎週買い物に行っている」とメータは言う。「わが社のエンジニアリング・チームも、定期的にショッパーたちの買い物に同行してプロセスを精査し、アプリの効果を最大化する方法を探っている」

インスタカート
サービスマーケットプレース
プラットフォーム

驚くべきことに、創業時、インスタカートのショッパーは一人しかいなかった。メータ自身だ。「インスタカートを立ち上げたときに、最初のアプリを書き始めた。そして自分で注文を入れてみて、自分でスーパーマーケットに行き、注文どおりの買い物をして、自分の家に配達した」と彼は振り返る。「２０１２年夏の立ち上げ時は一人だったショッパーが、今は全米に約７０００人いる」

買い物の効率を上げるため、インスタカートはショッパー向けアプリに画期的な機能をいくつも加えた。その一つは「店内ナビゲーション」だ。これは注文された商品が店内のどこにあるか教えてくれる機能だ。注文品がなかった場合の対応をすぐに調整する機能もある。「アプリに代替オプション機能も盛り込んだ。ユーザーは（買い物代行の依頼主）具体的に代替品を指定することもできるし、元の注文品に最も近い商品を選ぶよう指定することもできる。ショッパーは４００万品目のカタログにアクセスして、指定された代替品を選べる」と、メータは言う。

ユーザーには、別の場所にいながらにして、スーパーマーケットにいるような感覚を得られるツールを構築した。ショッパーに適切な情報とツールを持たせることで、消費者が買い物中の判断を一緒に下せるようにした。ショッパーが買い物をしながら依頼主に相談できるチャット機能もある。おかげで消費者は、変更や問題をすぐに知り、必要ならフィードバックを送ることができる。アプリには買い物に間違いがないようにする機能もある。「アプリにバーコード読み取り機能を付けて、（ショッパーが）手に取った商品が正しいかすぐ確認できるようにした」と、メータは言う。

まさに至れり尽くせりのアプリだが、その開発は容易ではなかったと、メータは告白する。「前例がなかったからね。私たちが解決している課題、そして私たちがやっているスケールは、これまで誰も取り組んだことがなかった。だからそのテクノロジーをゼロから作らなければいけなかった」。インスタカートのアプリが見事な改良を遂げてきたのは、スタッフのスピードと柔軟性のおかげだと、メータは言う。「わが社のチームは、実に機敏に新しいことを試し、オペレーションを調整する」。インスタカートでは、エンジニアから経営幹部までが常に、ショッパー向けアプリとカスタマー・エクスペリエンス（顧客体験）を改善する方法を探している。

インスタカートは今、買い物の効率を最適化するために、スーパーの中に目を向け、ショッパー向けアプリを店内のテクノロジーと連動させる試みをしている。なかにはインスタカート専用売り場を設けているスーパーもある。倉庫、冷蔵スペース、プリンター、レジまでインスタカート専用だ。「もとはそういう店ではなかったが、インスタカートとパートナーシップを組んだことで、われわれのニーズを満たすエリアを作ってくれた」とメータは説明する。

緊急事態

ほとんどのプラットフォームでは、自動化ツールがコア取引をサポートし、ルールと基準が大部分の有害な行動を防止してくれる。運営会社が介入しなければいけないのは、ごくまれに、明らかな荒らしが起きたときだ。ルールや基準は、交通信号のような役割を果たす。誰もがそれを守っている限り、取引は容易に調整できる。

しかし、取引に多くのリスクが伴われるネットワークもある。その場合、プラットフォームはより積極的な役割を果たさなければならない。その一例は、価値の高い資産を扱うプラットフォームだ。最も明白なのはお金だろう。ペイパルは当初、詐欺への対応に苦労した。２０００年半ばには、４カ月で５７０万ドルもの損失を被った[21]。ペイパルだけではない。駆け出しのプラットフォームには取引上のリスクとの戦いがつきものだ。とりわけユーザーどうしが対面するプラットフォームでは、そのリスクが高くなる。たとえばウーバーで車を呼んだ人は、見知らぬ人の車に乗ることになるから、ドライバーが（ａ）拉致したり殺したりしない、（ｂ）交通事故などを起こさない、ことを信頼する必要がある。ハンディーで掃除のプロを依頼したときも、少なくとも赤の他人を自宅に入れても大丈夫だと思えるだけの信頼が必要だ。エアビーアンドビーでアパートを予約したなら、通常はカギを借りるためにホストに会わなくてはいけない。あるいはホスト（他人）の家に滞在しても安全で、ベッドにはシラミがいなくて、ヒーターが壊れていないといったことを信頼しなければならない。

一般に、身体の安全が脅かされる恐れがある場合、取引のリスクは高くなる。ユーチューブやフェイスブックにあなたがアップロードした動画に、ひどいコメントをする人がいるかもしれない。たしかにサイバーいじめは深刻な問題になりつつある（特に子供たちの間ではそうだ）。だが、これらのプラットフォームを使っているときに、物理的な危害を受ける可能性は低い。これに対して対面の交流を伴う取引では、ケガやもっとひどいことが現実的な懸念になる。「エアビーアンドビーでは、他人の家の他人のベッドで眠ることになる」と、同社のチェスキーＣＥＯは言う。「だから利用するときは、イーベイやフェイスブックとは異なるレベルの信頼が必要だ[22]」。

第５章で述べたように、こうした対面交流はコア取引の外に位置する。コア取引は、プラットフォーム

フォーム内で起きる価値交換だけを指す。さいわいほとんどのプラットフォームは、価値交換の全プロセスをコア取引でカバーできる。だが、そうでない場合（多くのサービスマーケットプレースがそうだ）でも、外部での交流は、消費者とプロデューサーがそのプラットフォームを使った経験に大きな影響を与える。ハンディーで派遣されてきた清掃業者との間で嫌な経験（業者の過失でお気に入りのセーターが色移りしてしまったなど）をしたら、そのユーザーはハンディーに苦情を言うだろう。その場合、プラットフォームは、オンラインとオフラインのギャップを埋める追加サービスを提供する必要がある。

ユーザーの安全を確保する最善の方法は、悪いユーザーがプラットフォームに入ってこないようにすることだ。その最も一般的な方法は、個人情報を集めて問題のあるユーザーを察知することだ。たとえば、マッサージ師派遣サービスのジール（Zeel）は、新規登録者に社会保障番号の下4桁を提出することを義務づけている。それをＩＤ認証サービス「エクスペリアン（Experian）」にかけて、嘘ではないことを確認してから、予約を受け付け、マッサージ師を派遣する。こうした手続きを踏むのは、プロデューサーの安全を確保するためだ。ほとんどのプラットフォームはここまでやらず、クレジットカード番号を聞く程度だ。そうすれば最低限の個人情報を集められるし、少なくともそのユーザーに支払い能力があって、銀行口座があることを確認できる。一方、プロデューサー側の審査では、ジール並みの身元確認をすることは非常によくある。チェッカー（Checkr）という身元調査会社が、２０１５年10月に、２億５０００万ドルの企業価値と評価され、３０００万ドルを調達したくらいだ。[23] ウーバーのドライバーは全員、「厳格な身元調査」を受けるし、エアビーアンドビーは２０１４年、ホストの社会保障番号や政府発行の身分証明書を組み合わせた「ＩＤ認証プログラム」をスタートさせた。ハンディーも清掃業者全員に身元調査を受けさせ、さらにその合格者の面接審査をしている。

だが、プロデューサーが何十万人もいる場合、こうした審査をすり抜ける人物が出てくるし、前述のようにユーザー評価システムも完璧ではない。どんなにプラットフォームが努力しても、悪質なユーザーは入り込んでしまうものだ。これについては多くのサービスマーケットプレースが、苦い経験をしている。[24] ウーバーも例外ではない。２０１４年には、激怒したドライバーが、乗客の頭をハンマーで叩くという事件があった。同年4月、ウーバーは低価格タクシー「ウーバーＸ」の運賃に、１ドルの安全料を加算して安全手順の改善資金とすることにした。その一部は、ドライバーの身元調査と、ウーバーがドライバーに提供する賠償責任保険に当てるという。さらにその後、ドライバーが実車中の保障額は１００万ドルに、待機中の保障額は10万ドルに引き上げられた。ウーバーはもっと包括的な（ただし保険料が安い）ドライバー保険を提供するべく、保険会社との交渉も進めている。それでもあらゆる事件を防止できるわけではないが、一定の効果は期待できるはずだ。

エアビーアンドビーも問題に直面してきた。２０１１年6月にあるホストの家がゲストに荒らされ、盗みにあった事件は大いに話題になった。このときのエアビーアンドビーの対応は鈍く、ホストがブログに書いたことがきっかけで全米に知れ渡った（ツイッターのハッシュタグ #RansackGate が大きな役割を果たした）。エアビーアンドビーは大慌てで対応ミスを認め、ユーザーの安全確保の

ために大規模な投資をすることを決めた。

この事件後、エアビーアンドビーは、「ホスト保証」を100万ドルに引き上げたが、今度はこの制度を悪用しようとするユーザーが出てきた。グーグルイメージで検索した写真をエアビーアンドビーに送りつけてきて、被害に遭ったと言うのだ。こうした虚偽の訴えは、カスタマーセーフティーの担当者に見破られてしまうことも多いという。[25] エアビーアンドビーは、窃盗事件を防止するとともに、万が一そうした事件が起きたら、より早く適切に対処するため、信頼・安全性チームを拡大した。そのリーダーに雇われたのは、元米軍の情報担当官フィル・カーデナスと、元連邦捜査官のアナ・スティールだ。アイルランドのダブリンにあるカスタマーサービスセンターでも、300人のスタッフのうち100人以上が安全を担当している。おかげでホストとゲストの両方で詐欺や損害は大幅に減った。同チームは、カスタマー間の紛争処理システムの改善にも力を入れてきた。2011年の窃盗事件の1年後、エアビーアンドビーを使った宿泊300万件以上のうち、ホスト保証が適用されるケースは約400件に減った。[26] 厳しい規制の対象となるホテル業界からは、今もエアビーアンドビーの安全手順を批判する声は強いが、同社も大きく成長してきた。

プラットフォームは生きている

さて、これで価値創造のエコシステムについての説明はおしまいだ。もう読者のみなさんも、プラットフォーム・ビジネスの仕組みがよくわかってきたのではないか。価値連鎖が直線的なビジネスの特徴を示していたように、価値エコシステムはプラットフォームとその機能の全体像を示している。また、あるプラットフォームがエコシステムの各構成要素をどのくらいうまく満たしているかは、その競争優位を評価する材料にもなる。第5章で触れた出会い系アプリのティンダーは、コア取引を画期的に円滑化したことが爆発的成長につながった。コア取引が非効率的な古いプラットフォームは消えていく一方で、ティンダーをまねてスワイプとダブルオプトインによるマッチング機能を導入して生き残った賢いプラットフォームもある。同じように、ウーバーのオーディエンス構築とマッチメーキングにおける成功は、ライバルのリフトに大きな差をつける重要な要因となった。価値創造のエコシステムは、プラットフォーム・ビジネスを構築するとき、または既存のビジネスをプラットフォームから守るとき、ライバルの弱点を明らかにしたり、差別化するべき領域や攻撃できる領域を発見するツールにもなる。

しかし、価値創造のエコシステムは、ひとたびビジネスを設計したら忘れてしまっていいというものではない。組み立てラインや工場と違って、大掛かりな見直しのときまで放置しておくのもいけない。「エコシステム（生態系）」という言葉が示唆するように、プラットフォームはその住人とともに常に進化している。プラットフォームの主な活動は外部の参加者を伴うものであり、主たる資産を直線的なビジネスのように管理することはない。プラットフォームは、常にそこで起きていることに耳を澄まし、そのネットワーク（その参加者と同じように生きている）の変化に適応しなければならない。したがってプラットフォームの設計は、工業的な工程の設計というより、社会学的な考察と継続的な行動設計に近い。

たとえばコア取引の設計は、時間が経てば変更する必要が出てくるだろう。ネットワークが大きくなり、ネットワーク効果が高まると、二次的取引を導入できるようになる。ウーバーは、「ウーバーブラック」（ハイヤーの配車）でスタートし、それから「ウーバーX」（現在最もポピュラーな低価格配車）に拡張した。さらにウーバーXの成功と、その強力かつ巨大なネットワークをバネに、乗り合いサービスの「ウーバープール」を始めた（ドライバーは同一ルート上で複数の乗客を乗せることができるサービスで、乗客は「割り勘」ができる上に、自分の負担額を事前に知ることができる。ウーバーXは降車時に運賃がわかる）。最近ではウーバーラッシュやウーバーイーツなどの自転車配達サービスにも進出した。新しいサービスは、コアであるウーバーXほどの成功は収めていないが、プラットフォームがコア取引の成功とネットワーク拡大を利用して、新しいサービスと取引にうまく進出する過程を示している。

実際、二次的取引を追加するのは、プラットフォームにとって最善のスケール化方法だ。ウーバーのように、成功しているプラットフォームのほとんどは、シンプルなコア取引からスタートして、しばらくしてから二次的取引に進出する。第5章で述べたように、フェイスブックは、ユーザーがクラスメートや友達とつながることができるシンプルな交流ネットワークとしてスタートした。当時はウォールもニュースフィードもなかった。これらはコア取引であるダブルオプトインの「友達申請」モデルをサポートするために、あとから追加された機能だ。だが、ひとたび十分な数のユーザーが加わると、新たな取引を増やすことが可能になった。しかも「フェイスブックページ」や「インスタント記事」によって、新たな取引だけでなく、新しいタイプのプラットフォーム、すなわちコンテンツプラットフォームにも進出した。「フェイスブックページ」と「インスタント記事」の取引モデルは、友達申請モデルとは異なり、企業、報道機関、音楽家、セレブリティーといった新しいタイプのユーザーをフェイスブックのネットワークに加えた。新しい取引を追加することで（さらにそこに広告機能を構築することで）、フェイスブックはプラットフォームの影響圏を大幅に拡張した。さらにそこにソフトウエア開発者を加えたことは、２０１２年のＩＰＯまでの目覚ましい成長の原動力となった（これについては結論部分で改めて触れる）。

最も成功したプラットフォームは、フェイスブックやウーバーと似たような成長軌道をたどってきた。ツイッターは、シンプルなテキストメッセージをシェアするツールとしてスタートし、やがてリンク、動画、写真、さらにはショッピングまでサポートするようになった。グーグルは、検索とアドワーズだけでスタートし、のちにアンドロイド、さらにはグーグルプレイを追加した。アマゾンは書籍専門のマーケットプレースとしてスタートし、やがてファッション、食品、家庭用品、電子機器、デジタルコンテンツ、アプリなどへと拡大した。中国のＱＱやウィーチャットも、それぞれシンプルな対話プラットフォームとしてスタートし、やがてあらゆるものを扱うようになった。

プラットフォームが拡大すると、コア取引が進化すると同時に、四つのコア機能も進化する。新しい取引と新しいタイプのプラットフォーム（いずれも全体のエコシステムに統合される）が追加されれば、これらの機能も適応しなければならないのは当然だろう。だが新しい取引が追加されなくても、ネットワークが拡大して、ユーザーの行動が変わり、競争上の優先順位が変われば、四つのコア機能も変わらなくてはならない。

ユーザー主導の評価システムやキュレーションシステムは、ユーザーがあまりに増えると破綻する恐れがある。小規模なネットワーク向けに設計されたツールは、桁違いに大きくなったネットワークに対処するには設計し直す必要があるかもしれない。マッチング機能も改善して、一段と高度なフィルターとパーソナライズツールを加えて、ユーザーがますます大きくなった干し草の山から、探しているものを見つけられるようにしなければならない。数千人のコミュニティーを統治するルールは、何百万人ものユーザーを管理できるように改正する必要があるだろう。

プラットフォームが拡大するとネットワーク化された価値も高まるから、オープンなアクセスを維持するか、効果的な統治を図るためにある程度アクセスを制限するかという問題が大きくなるだろう。プラットフォームが小さく、提供できる価値がほとんどないときは、門戸を大きく開くのは基本的に理にかなっている。厳しいルールを徹底することよりも、オーディエンスを構築することが優先されるべきだからだ。だが、プラットフォームが成長するにしたがい、誰に参加を認め、どのようなユーザーの交流を認めるかは、より選択的にしてもいい。ツイッターは明らかにこの部分を改善できたはずだ。発足当初、ツイッターのコミュニティーがベンチャーキャピタリストやエンジニア中心だったときはうまくいったことが、今はうまくいっていない。誹謗中傷や荒らしの問題がいい証拠だ。だが、こうした問題は珍しいものではない。フェイスブックとリンクトインは、成長するにしたがいプライバシーの問題に取り組んだし、ウーバーとエアビーアンドビーはユーザーの安全の問題で苦労した。中国では、アリババが模造品の取り締まりで大いに苦労した。珍しいのは、ツイッターがまだ新しい現実に応じてプラットフォームを進化させていないことだ。ネットワークは変わったのに、ツイッターは変わっていない。それができるかどうかは、同社の長期的な将来性を見極める重要な手がかりになるだろう。

常に変化しなければいけないのは大変だが、それはプラットフォーム・ビジネスの弱みではなく、強みとみなされるべきだ。プラットフォームは、ネットワークで何が起きているかをリアルタイムで知り、適応するのを可能にするデータを持っている。このリアルタイムのインテリジェンスは、競争上、巨大な優位となる。なぜなら、このインテリジェンスによってプラットフォームはイノベーションを客観的に見て、ユーザーの行動から新しい機能や取引の手がかりを得ることができるからだ。ユーザーが変化の担い手になることも多い。ツイッターがいい例だ。

ツイッターの大きな特徴として、ユーザー名に@をつけること（例えば、筆者のツイッターのハンドルネームは@AlexMoazedと@NLJ_1だ）と、関連する投稿やトレンドを示すハッシュタグ（#）の二つがある。だが、どちらもツイッターが作ったルールではない。メッセージの返信に@を使う慣習は、アップルのデザイナーのロバート・アンダーソンから始まった。アンダーソンは２００６年11月2日、弟からのツイートに返事をするとき、初めて自分の名前の前に@を付けた(27)。エンジニアの間では、同じサーバー上の誰かに話しかけるとき、@の記号をつけることが普通に行われていたから、それはテクノロジーに詳しいツイッターの初期ユーザーの間でもごく自然に受け入れられていった。さらにそれは一般ユーザーの間でもたちまち広がっていった。一方、ツイッターでハッシュタグを最初に使ったのは、クリス・メッシナという人物だった。当時、写真共有プラットフォームのフリッカーでは、関連写真をグループ化するためにすでにハッシュタグが一般に使われていた。だからメッシナがツイッターでハッシュタグを使うと、すぐにコミュニティー全体に広がった。やがて@の記号とハッシュタグは、ツイッターのオフィシャルな機能となり、いまやツイッターの代名詞のようになった。

プラットフォーム・モデリング

この種のユーザー主導のイノベーションは、プラットフォーム・ビジネスにはよくある。実際、iOSもアンドロイドも、アプリのトレンドを細かくモニタリングしており、将来のアップデートにどの機能を組み込むか、既存のアプリをコア機能に組み込むべきか、それともサードパーティーのアプリ開発を支援する機能に加えるか、などを判断している。エアビーアンドビーも同じような進化をたどった。創業者たちは当初、自宅に空き部屋がある人がそれを短期的に貸し出すサービスにしようと思っていた。だが、初期のホストたちと話してみると、ホストが不在のときに家やアパートをまるごと貸し出すほうが多いことがわかった。すぐにそのスタイルはエアビーアンドビーで人気となり、いまや予約の大部分は「まるごと貸し」になった。例を挙げだしたらきりがないが、言いたいことはわかっていただけると思う。

こうしたユーザー主導のイノベーションの重要性を考えると、伝統的なソフトウエア企業のように、リリース時にフル機能を持たせようとするアプローチは、あまり理にかなっていない。どんなプラットフォームでも、まずはコア取引とネットワーク価値のモデルを構築し、実際にそのプラットフォームがどう機能するか様子を見るほうがいい。ハンディーも、スタイリング出張サービスのグラムスクアドも、このプロセスをたどって成功した。もちろん、この種の実験的な成長が向いていないプラットフォームもある。たとえば開発プラットフォームは、プロトタイピングが難しいことが多い。だが、ほとんどのプラットフォームは、できるだけシンプルなシステムで始め、そこから発展させていくべきだ。

テクノロジー企業を立ち上げるなら、ソフトウエアを作らなくては――。誰もがそう思いがちだが、これも多くの場合、あてはまらない。特注ソフトウエアがゼロでもプラットフォームを立ち上げることはできる。無料の（あるいは非常に安価な）プラグアンドプレーのツールをたくさん集めて、自分のアイデアを試してみるのは簡単だ。プラットフォームの基本的なアイデアはあっても、その見込みを確認するのに数週間かけるのは貴重な資源の無駄遣いだ。たとえば、アプリコの「プラットフォーム・モデリング」サービスを使えば、この確認は簡単にできる。[28] 軽量モデルをできるだけ早く作り、それを使ってみてアイデアの有効性を確認し、フィードバックを集めること。フル機能かつスケール化可能なソフトウエアの構築を考えるのは、何がうまくいき、何がうまくいかないかが大まかにわかってからでいい。プラットフォーム起業家へのアドバイスは、まずは自分のアイデアの有効性をすばやく確認することだ。その先はユーザーにリーダーシップを取ってもらえばいい。

第7章
ネットワークに仕事を任せよう

市場を正しくシーケンシングする重要性は、過小評価されている。

——ピーター・ティール、元ペイパルCEO

この大人気サイトでは、次に何が起きるかまったく予想がつかない——。ニューヨーク・タイムズ紙のニック・ビルトン記者が、そう書いたのは2010年2月のこと。社会現象にもなったチャットルーレット（Chatroulette）というサイトの紹介記事だった。[1] ヒョウ柄の着ぐるみを着た男性の写真入りだ。同じ月、ニューヨーク誌も、「チャットルーレットはインターネットの未来なのか」という特集記事を掲載。チャットルーレットを「アンチフェイスブック」だと紹介した。[2] ビルトンの記事は、このプラットフォームは「オンラインにおける新しいカテゴリー」の始まりかもしれないと締めくくっている。

いったいチャットルーレットとは何なのか。その基本的なコンセプトは驚くほど単純だ。ユーザーをランダムに結びつけ、その二人がウェブカメラでライブチャットをする。それだけだ。サイトのデザインも実にシンプル。特別なソフトウエアも登録も必要ないし、完全に匿名でいい。ユーザーが「スタート」ボタンをクリックすれば、見知らぬ人（場合によっては地球の裏側の）とつながれる。ＵＳＡトゥデーのミシェル・ケスラー記者は、「スポーツについておしゃべりをし、相手がギターを弾くのを眺め、イギリスのハウスパーティーに参加するのを可能にする場所だ。しかも５分以内に」と書いている。そんなことができるのは、インターネットでもここだけだ、と。(3) それは実に愉快な経験だった。「数万人の赤の他人とスピードデートしているような気分だ」と、ビルトンは書いている。立ち上げたのは、17歳のロシア人アンドレイ・テルノフスキー。たちまち大人気となったチャットルーレットは、ポップカルチャーでも盛んに取り上げられるようになった。著名コメディアンのジョン・スチュワートは、司会を務めるテレビ番組『デイリー・ショー』でチャットルーレットをおちょくり、人気アニメ『サウスパーク』は、チャットルーレットのパロディーシーンを盛り込んだ。テクノロジー業界でも大評判になった。テルノフスキーは、ナップスターのショーン・ファニングを顧問に迎えた。シリコンバレーを訪れて、のちにユーチューブやエアビーアンドビーに投資したシャービン・ピシェバーにも気に入られた。ある投資家は、チャットルーレットには未来の出会い系サイトとして「無限の」ポテンシャルがあると評した。(4)

ビルトンの記事が掲載された２０１０年２月、チャットルーレットのトラフィックは１カ月で４００％増加し、世界中から４００万人（うちアメリカから約１００万人）が訪れた。(5) ピーク時には、数十万人が同時に利用していた。特に学生の間で大人気となり、ユーザー全体の約40％を占めた。ところがその数カ月後、チャットルーレットはほとんど死に体になっていた。トラフィックは干上がり、誰も注目しなくなっていた。

チャットルーレットの法則

いったい何が起きたのか。その爆発的成長は一見素晴らしかったが、よく見るとネットワークの質は悪かった。大人気になった後にチャットルーレットを始めた人は、おそらく後悔したに違いない。当初よりもユーザーの質が大きく低下したのだ。以前は、見知らぬ人と出会って驚くクールなサイトだったが、数カ月もたつと、みだらな姿をさらす（あるいはもっと低俗な使い方をする）ユーザーが急増した。当然ながら、一般ユーザーのほとんどは気味悪がって近づかなくなり、チャットルーレットの評判は急速に低下した。その結果、ユーザーは男性が圧倒的となり（一説には89％）、約15％は「R指定またはより悪質」とみなされた。この15％（ある調査はこれらのユーザーを「変態」と呼んだ）は、たいてい全裸で「ひわいな行為」をしていた。「変態ユーザー」のうち女性は10％以下だった。(6)

チャットルーレットは、「ヌードチャット」を検出する機能を導入しようとしたが、すでにほとんどのユーザーは逃げ出した後だった。ただ、この機能は、不適切な行為をしているユーザーをアダルトサイトに送り込むことで、チャットルーレットにとってはマネタイゼーションのツールになった。サロン誌のある記者は、「かつての偉大な文明に残されたのは、パンツを脱いでうろつく男だけになった」と書いた。(7)

チャットルーレットは匿名で登録も不要だったから、ユーザーを監視するのは難しかった。不適切な人物も含め誰でも利用できたことが、プラス作用からマイナス作用に働いた。このことは、インターネットの「チャットルーレットの法則」として覚えておくといいだろう。十分な規模に達したネットワークは、放置しておくと自然にユーザーと使用法の質が低下する（たとえば裸の男がカメラの前に座っている状況になる）のだ。

10億ドルのアイデアをつぶす方法

成長の管理に苦労したソーシャルプラットフォームは、チャットルーレットが初めてではない。2002年にスタートしたフレンドスターは、急速な成長を遂げ、大規模なソーシャルネットワークとして初めて成功したプラットフォームとなった。創業者のジョナサン・エーブラムズは、オンラインデートは、「匿名性が高すぎて気味が悪い」と考えた。[8] そこでフレンドスターでは、ユーザーが友達とつながり、二次のコネクション（つまり「友達の友達」）を見られるネットワークをつくった。「出会いのプロセスをもっと信頼できるものにしたい」と、エーブラムズは言った。[9] 2003年の秋までに、フレンドスターのユーザーは300万人に膨らんだ。[10]

ところがフレンドスターは誰でも参加できたため、その成長にテクノロジーが追いつけなくなった。あるユーザーが別のユーザーとつながると、そのウェブページは二人合わせて四次のコネクションに入る人を計算しなければならなかった。これは数十万人にもなる可能性があった。[11] しかも新規ユーザーがどんどん加わり、他のユーザーとつながるから、フレンドスターのサーバーは常にこの計算をしなくてはならなかった。このため、ネットワークが拡大すると、サーバーの負担が極めて大きくなり、ウェブページを1ページ開くのに40秒かかることもあった。(12)

フレンドスターがユーザーの身元確認に力を入れていなかったことも、問題を生じさせた。すぐに偽プロフィールすなわち「フェイクスター」が急増して、「著名人、物語の登場人物、物、場所、ロケーション、標識、コンセプト、動物、コミュニティー」などのページがあふれた。(13) やがてフレンドスターは、こうした偽プロフィールがネットワークの質を低下させることに気がついた。フェイクスターを面白がるユーザーもいたが、フレンドスターを真面目なネットワーキングに使いたかったユーザーは嫌がった。しかもフェイクスターは、一時的とはいえバイラルになる（情報が急激に広がる）ことが多く、サーバーにさらなる負担を生じさせた。だが、すでにコアユーザーのニーズを満たすのに苦労していたフレンドスターは、新たな問題に丁寧に対処する余裕がなかった。だからフェイクスターを一気に追放することを決め、ネットワークの成長を大幅に鈍化させた。

フレンドスターには、ほかにもあまり知られていない問題があった。対応が遅れて、手のほどこしようがなくなった問題だ。２００４年初め、フレンドスターのクリス・ラント技術部長は、午前2時にトラフィックが急増することに気がついた。調べてみると、そのすべてがフィリピンから来ていた。経営陣も知らない間に、フレンドスターは東南アジアで大人気になっていたのだ。だが、フレンドスターはアメリカの広告主獲得を目指していたから、この発見は大打撃だった。(14) しかもフレンドスターの初期ユーザーは、フィリピンと自然なつながりがほとんどなく、地球の裏側に住む人たちとつながることにも関心がなかった。さらに悪いことに、フィリピンのユーザーはアメリカ人に輪をかけて「フェイクスター」が大好きだった。外国人ユーザーは、ネットワーク効果という意味でも、マネタイゼーションという意味でも、フレンドスターのコアビジネスに大した価値をもたらさない一方で、サーバーに一段と大きな負担をかけた。２００４年末までに、フレンドスターのコアテクノロジーはパンクし、ネットワーク効果は低下し、初期ユーザーのほとんどが去っていった。イライラしたユーザーは新しいプラットフォームに乗り換えてしまったのだ。

11時です、あなたの子供がどのサイトを見ているかご存じですか？

フレンドスターの最大の受け皿となったのはマイスペースだった。フレンドスターが落ち目になった２００３年９月に、eUniverse（ｅユニバース）というインターネットマーケティング会社が立ち上げたプラットフォームだ。ｅユニバースの主なビジネスは二つ。一つは、「スクーター」とイラクのトレーディングカード」や痩せ薬、遠隔操作可能なヘリコプターなど、うさんくさい商品を売る直線的なインターネット通販事業で、返品率が非常に高いことで知られた。[15] ｅユニバースの第二のビジネスは、ユーザーのコンピューターにスパイウエアを密かに埋め込み、広告に利用するという、さらにうさんくさいビジネスだった。昔ネットサーフィンをしていると、突然ポップアップ広告が出てきたのを思い出してほしい。あれがｅユニバースの収入源だったのだ。

マイスペースはもともと、ミュージシャンがファンとつながる交流サイトとしてスタートした。

共同創業者のクリス・デウルフとトマス・アンダーソン（悪名高い「マイスペース・トム」だ）は、ロサンゼルスのクラブに通って、マイスペースを使ってくれるミュージシャンを探した。[16]親会社の商売を考えると意外ではないが、マイスペースはユーザーが守るべきルールも非常に緩かった。おかげで、マイスペースは当初の音楽ファンを超えて、誰でも参加できるプラットフォームとして急拡大した。フレンドスターはフェイクスターを追放したが、マイスペースは「アンチフレンドスター」を自称して、ユーザーに偽名での登録を認め、「なりたい人間になる」ことを許した。オンラインでの活動についても非常に規制が緩かった。

サーバーの負担を減らすため、マイスペースはフレンドスターのように友達の「近さ」を計算するのをやめた。かわりにユーザーは全員、登録時にトムを友達にする。こうすれば既存のユーザーはみな「トムの友達」になるから、新規ユーザーはトムとつながった瞬間に、全ユーザーのプロフィールを見られるようになる。こうしてマイスペースは、極めてオープンな交流サイトになった。誰でも他人のプロフィールを見られたし、「友達」にできた。2004年4月には、ログインしなくても、ユーザーのプロフィールや写真といったコンテンツを見られるようにした。こうして「のぞき見」が、マイスペースのコアエクスペリエンスになり、ページビューは急増した。

この自由放任的な環境は、人気ユーザーを数多く取り込むきっかけとなった。インターネット時代初のeセレブで、フレンドスターにセクシーすぎる写真を投稿して何度も活動停止処分を受けたティラ・テキーラもその一人だ。テキーラはマイスペースで最も人気のユーザーになった。

だが、このアプローチには大きな欠点があった。マイスペースでは、プロフィールにプログラムコードを埋め込むことができたため、プラットフォームがスパムだらけになったのだ。この機能によって、プロフィールに直接ジャンク広告を掲載したり、著名ユーザーが無数の「友達」に広告を送りつけて利益を得たりするケースが生じた。さらにマイスペースは、身分証明書を提示しなくても登録できたから、児童性愛者や年齢を偽る未成年者の両方が入ってきた。こうしてマイスペースは、「自由放任は変態の増加を招く」というチャットルーレットと同じジレンマに陥った。

やがてマイスペースは、激しい批判にさらされるようになった。２００６年2月、コネチカット州のリチャード・ブルメンタル司法長官は、マイスペースで未成年者がどのくらいポルノにさらされているかを調査すると発表した[17]。他の州でも同様の調査が始まり、メディアの注目も集まった。「10代の子供ならたいてい、マイスペース・ドットコムというブログサイトを訪問したことがあるはずです」と、ＣＢＳニュースは２００６年に警告した。「この交流サイトや類似サイトは、性犯罪者が子供たちを容易に餌食にする場所になっているとの懸念が示されています[18]」。悪評がたつと、ユーザーが逃げ出した。マイスペースのユーザー数は、２００８年末の７５００万人をピークに、月１０００万人ペースでの流出が続き、２０１１年には３５００万人以下に落ち込んだ[19]。

フェイスブックが世界を奪う

２００４年2月、新たなソーシャルネットワーキングプラットフォーム「フェイスブック」がスタートした。そのアプローチは、フレンドスターともマイスペースとも大きく異なっていた。フレ

フェイスブック
ソーシャルネットワーキング
プラットフォーム

ンドスターやマイスペースは誰でも受け入れたが、フェイスブックはその目的と対象者を極めて限定していた。当初のホームページには、「同じ大学の人を検索しよう」とあった。「同じ授業を取っているのは誰か探そう。友達の友達を見つけよう。あなたのソーシャルネットワークを視覚化しよう」。なによりフェイスブックは、参加できる人を慎重に制限していた。

フェイスブックは、「Harvard.edu」のメールアドレスを持つ学生だけが参加できて、本名を使うこと、というルールを定めていた。また、春学期の初めに立ち上げたのには理由があった。それは学生たちが履修科目を決める前に、さまざまな授業を試しに受けてみる期間「ショッピングウィーク」だったのだ。創業者のマーク・ザッカーバーグは、すでにその前の学期に「コースマッチ」というソフトウエアを作っていた。クラスメートの顔ぶれをチェックして履修科目を選べるソフトウエアだ。それを見れば、ある授業を誰が履修しているか調べたり、特定の人が履修している授業すべてを知ることができた。ザッカーバーグは、フェイスブックにも似たような機能を加えたため、たちまちフェイスブックは学生たちにとって実用的なソーシャルネットワークになった。その週末までに、ハーバードの学生の約半分がフェイスブックに登録していた。2月末には、その割合は75%に達した。

だが、フェイスブックは拡大を急がなかった。ザッカーバーグは、フレンドスターが拡大するにつれてトラブルに陥り、マイスペースという無法者に駆逐されたのを見ていた。だからフェイスブックでは「.edu」のメールアドレスと本名登録を義務化して、ユーザーの数を増やすことよりも、質の高いユーザーと使い方を維持することを優先した。ほぼ誰でも入れるようにしたライバルとは対照的だ。

やがてフェイスブックは、アイビーリーグの大学（コロンビア大学、マサチューセッツ工科大学、プリンストン大学、スタンフォード大学など）への拡大を決めた。ハーバードのユーザーはこれらの大学に知り合いが多かった。つまり現実のソーシャルネットワークがすでに存在した。それがこれらの大学を選んだ最大の理由だ。これによりハーバードのユーザーは、よそのエリート大学に進学した高校時代の友達とつながることができた。ただ、当時のフェイスブックは同じ大学の学生しか「友達」になれないようになっていた。ユーザーから、大学を超えて「友達」になりたいという要求が高まると、ザッカーバーグは、相互合意を条件に認めることにした。ダブルオプトインの「友達申請」機能の始まりだ。大学を超えたつながりは、フェイスブックの成長の重要なけん引役となった。ユーザーはつながりたい他大学の友達を次々とフェイスブックに招待したからだ。

こうしてクロスキャンパスリンケージ（大学を超えたつながり）は、フェイスブックの成長戦略のコアになった。実際、フェイスブックの成長戦略は天才的としか言いようがない。大学生をターゲットにしたソーシャルネットワークは、フェイスブックが初めてではなかったし、当時急成長しているソーシャルネットワークもフェイスブックだけではなかった。だから他のネットワークに正面からぶつかっていくのではなく、フェイスブックは「囲い込み戦略」をとった。特定の大学でライバルのネットワークがすでに足場を築いていたら、フェイスブックはその大学だけでなく近隣の大学になるべくたくさん門戸を開いた。近隣大学のネットワーク効果を利用して、ターゲット大学にプレッシャーをかけようというのだ。近隣大学の友達がフェイスブックを使っていると、ターゲット大学の学生たちもフェイスブックを選ぶようになるというわけだ。この戦略は大成功を収め、全米の大学のソーシャルネットワークプラットフォームが、フェイスブックに乗っ取られた。

フェイスブックを使える大学が増えると、まだ使えない大学の学生たちがアクセスを求めるようになった。広告主はどんどん拡大することを求めたが、ザッカーバーグはその圧力に抵抗した。そしてフェイスブックにアクセスしたいという希望が多い大学に拡大を限定した。しかもそこには明確な基準があった。フェイスブックを利用したいという学生の数が、その大学の総学生数の約20%を超えるまで、門戸を開くのを控えたのだ。その結果、新しい大学を加えたとき、十分な数のイニシャルユーザーを確保できたし、近隣大学での需要も高めることができた。だからフェイスブックが新しい大学に門戸を開くたびに、トラフィックが爆発的に増えた。

こうした計画的アプローチによって、フェイスブックは大学市場を圧倒した。2005年末までに、アメリカの全大学生の約85%がフェイスブックに登録していた。このうち60%がフェイスブックを毎日使っていた。[20]

自然な流れを考えると、次に門戸を開く対象は高校生だ。だが、ほとんどの高校生は「.edu」というメールアドレスを持っていない。身元確認はフェイスブックの中核をなすようになっていたから、ネットワークの質を悪化させずに新しいタイプのユーザーに門戸を開く方法を考えなくてはならなかった。その答えはまたも、ユーザーがすでに持つソーシャルネットワークを利用することだった。すなわち大学生のユーザーに、高校生を招待できるようにしたのだ。登録できるのは招待されたユーザーだけだ。そこで登録された高校生ユーザーは、自分の友達を招待できる。ただし当初、高校生ユーザーは大学生ユーザーのプロフィールを見ることはできなかった。つまり高校生向けフェイスブックは、メインネットワークとは切り離されていた。この戦略をとる以上、高校生の増加スピードは制限されることになった。だが実名を使い、ネットワークの質を守るという方針は変わらなかった。この手法をとることによって、高校生を追加してもネットワークの質が落ちないと確認できると、フェイスブックは大学と高校の壁を取り外した。こうしてユーザーは、学校にかかわらず、誰とでも友達になりメッセージをやり取りできるようになった。

２００６年４月までに、フェイスブックの高校生ユーザーは１００万人を超え、さらに一段と急速な成長を遂げた。２００６年９月26日、13歳以上で有効なメールアドレスを持つ人は誰でもフェイスブックに登録できるようになった。[21] 約１年後の２００７年11月６日には、「フェイスブックページ」がスタートして企業にも門戸が開かれ、新しい広告システムも導入された。[22] ２００８年末までに、フェイスブックのユーザー数は全世界で１億５０００万人に達した。[23] それから10年足らずで15億人（２０１７年６月末時点で20億人）を超えた。だが、ザッカーバーグが繰り返し述べてきたように、その成功は初期の極めて慎重なスタートや成長戦略なくしてありえなかっただろう。[24] 注意深く選んだ道筋と計画が、フレンドスターやマイスペース（のちにはチャットルーレット）がつまずいた領域で、フェイスブックが成功するカギとなった。フェイスブックは、ユーザーが数年で何十倍にも増えるなかでも、ネットワークの質を維持する方法を見つけたのだ。

ソーシャル・ネットワーク戦争からの教訓

第3章で、ネットワーク効果のシンプルな定義を示したと思う。ネットワーク効果は、ユーザーが増えるにしたがい、プラットフォームをより有用で価値の高いものにする。あるユーザーのプラットフォーム上での行動が、別のユーザーの得る価値に直接的な影響を与えるとき、そこにはネットワーク効果があると言える。

その典型例として、参加者が増えると一人ひとりが得る価値が高まる電話ネットワークがある（**図7・1**）。「メトカーフの法則」（イーサネットを発明したロバート・メトカーフに由来）は、「ネットワークの価値は、接続されているユーザー数の2乗に比例する」（ネットワーク価値＝n^2）としている。

ユーザーが増えるにしたがい、そのネットワークで可能なユニーク接続数は、$(n^2-n)/2$ のペースで増える（nはユーザー数）。接続数が非常に大きくなると、この関数の値は限界値n^2に近づくから、メトカーフの法則が生まれるわけだ。

プラットフォームにも似たようなダイナミクスがある。ネットワークのプロデューサー（または消費者）が増えるほど、消費者

図7.1 電話ネットワークにおけるネットワーク効果：つながりが増えると価値が高まる

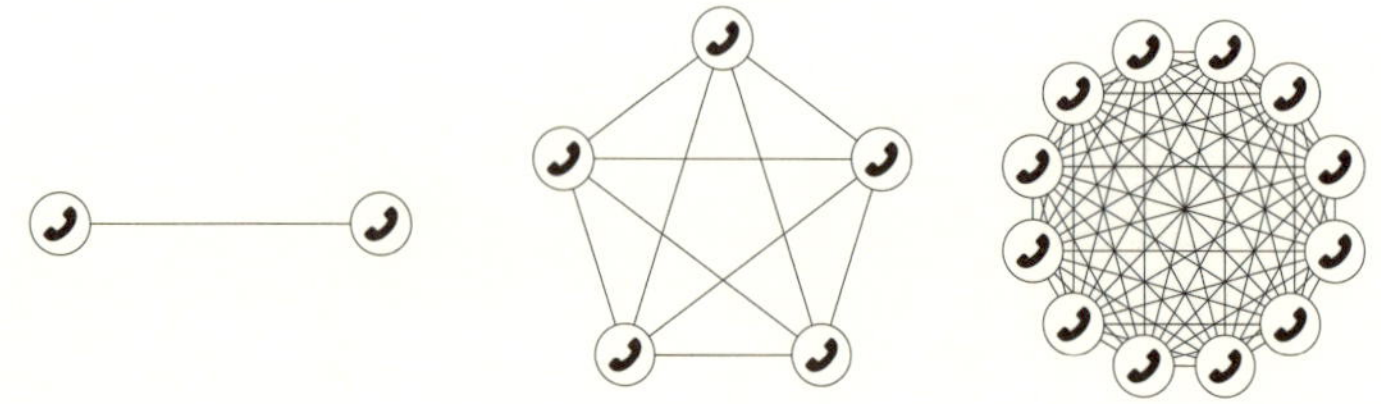

（またはプロデューサー）がそのプラットフォームから得る価値は高まる。たとえば、アップルのプラットフォームであるｉＯＳ向けアプリを作っている開発者が増えるほど、消費者にとってｉＯＳの価値は高まる。この関係は双方向だから、プラットフォームに消費者が増えるほど、プロデューサー（つまりアプリ開発者）にとってｉＯＳの価値は高まる。

この種のネットワーク効果は、「間接的ネットワーク効果」または「クロスサイドネットワーク効果」と呼ばれる。あるユーザーグループ（たとえば消費者）の一人ひとりにもたらされる価値は、相互依存するもう一方のユーザーグループ（たとえばプロデューサー）の構成員の数が増えるほど高まる（図7・2）。このように、ネットワーク効果はユーザーグループの垣根を超えて存在し、二つのグループの間でポジティブなフィードバックの循環を生み出す。プラットフォームにプロデューサーが増えるほど、各消費者にとってプラットフォームの価値は高まるし、その逆も起きる。その結果、ひとたびネットワークが十分な規模に達すると、それぞれのグループが新しいユーザーを獲得し、取引数を増やすのははるかに簡単になる。成長がさらなる成長を呼ぶわけだ。

図7.2 間接的なネットワーク効果がプラットフォーム企業に価値をもたらす

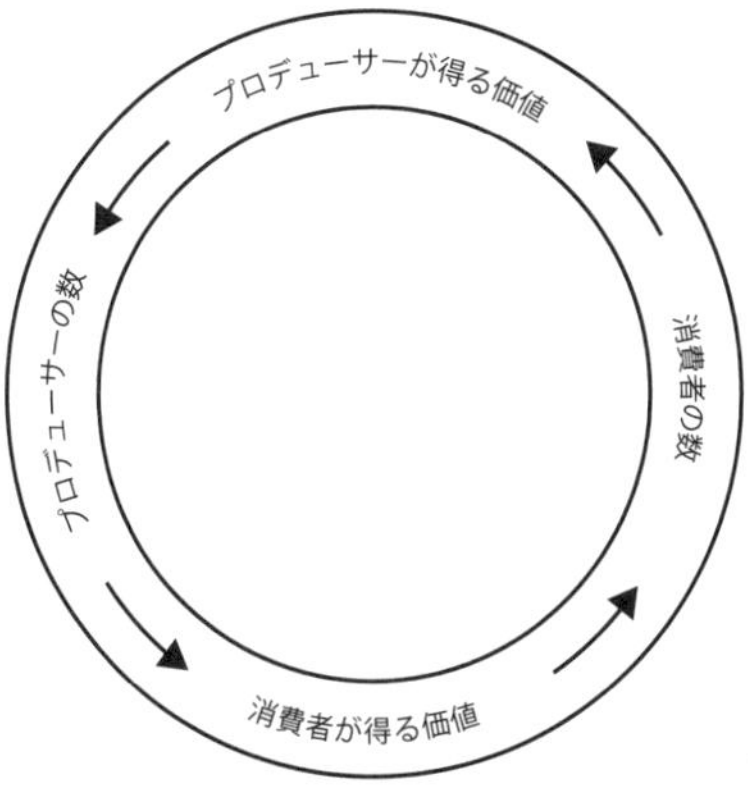

だが、こうした伝統的な定義では、強力なネットワークを構築することは数字のゲームに過ぎない。あるネットワークに参加するユーザーが増えると、そのネットワークの価値は必ず高まることになっている。メトカーフの法則が、マイナスになりえないことに注意してほしい。新しいユーザーは誰でも、他のみんなと同じようにポジティブな存在であることを前提としている。つまりあらゆる成長は同じように価値があり価値があり、他のユーザーにプラス効果をもたらすことになっている。だが、チャットルーレットやフレンドスター、マイスペースの例が示すように、現実はそうではない。

ネットワーク効果のほとんどはローカルなもの

伝統的なネットワーク効果の理解は、なぜ間違っているのか。それは、ネットワークで生まれるすべてのつながりが、意味のあるつながりとは限らないからだ。「そんなの当たり前じゃない？」と思うかもしれないが、メトカーフの法則は本質的に、すべてのネットワーク効果はグローバルだとみなしている。つまり誰もが、そのネットワークにいる全員とつながることに価値を見出すことになっている。この考え方では、ネットワークに参加する人はみな等しく価値がある。図7・1に示した、典型的な電話ネットワークの図を見てほしい。そのネットワークに参加するユーザーはみな、たとえどこにいても、誰に対しても同じ価値を提供することを示している。現実には、この考え方は理にかなわない。あなたにとって一部のユーザーは、ほかのユーザーよりも価値が高い。また、ある時点で新規ユーザーの限界価値は下がり始める。たとえばフェイスブックでは、ほとんどの人は、15億人の全ユーザーのごく一部とコミュニケーションをとることにしか関心がない。現実には、あなたが恩恵を受けるのは、直近のソーシャルネットワークから同じプラットフォームに加わる人がいたときだ。まったくの他人で、あなたが交流したいと思わないタイプの人が加わっても、あなたは直接的な恩恵を受けない。ネットワーク全体の価値が高まって、ユーザー数が14億人から15億人になっても、あなたがそのプラットフォームから得る価値は変わらない可能性が高い。１億人といえば大変な数だが、そのほとんどはあなたと緊密につながる可能性は低い。

あるユーザーとのつながりの価値が高いか低いかは、そのネットワークにおける自分と相手の近接性によって決まる。新規ユーザーが、そのネットワーク上であなたから遠くにいればいるほど、その人とつながる価値は低くなる。その価値はゼロではないけれど、あるポイントから先は、新規ユーザーの限界価値は取るに足りないものになる。たとえば、世界のウーバーのドライバー数が１００万人増えても、新しいドライバーがいる場所があなたが行きそうにない町だったら、あなたにとってのウーバーの価値はさほど変わらない。つまりほとんどのネットワーク効果はローカルであって、グローバルではない。(25)

地理的な要因が重要な意味を持つウーバーのようなプラットフォームにとって、「ローカル（地元）」という言葉は文字どおりの意味を持つ。消費者は地理的に近くにいるドライバーに価値を見出す。だが、ローカルなネットワーク効果は、比喩的な意味での距離も意味する。ネットワーク内で近いか遠いかは、ユーザー間の交流の頻度と密度によって決まる。

ただ、「ローカル」という言葉は、私たちが意図することを感覚的に表現している。ネットワークで重要なのは、誰とどのくらい緊密につながっているかだ。一般にユーザーは、特定のユーザーからなる小集団（クラスター）に受け入れられることに価値を見出すから、どのユーザーにも自分にとって重要な「ローカルネットワーク」が存在する。ただしネットワーク上で何が「近さ」を決めるかは、プラットフォームのタイプによって異なる。たとえばフェイスブックの場合、地理的な近接性は、必ずしもつながりの強さを示す優れた指標ではない。自分と強いつながりを持つユーザーが、違う町や国に住んでいることだってある。多くのネットワークでは、地理的ロケーションはほとんど意味を持たない。あなたが飼い猫の最新動画をどこからユーチューブにアップロードしようと、ほとんどのユーザーは気にしない。あるいは、あなたのツイートをおもしろいと思う読者は、地理的にあなたの近くにいる必要はない。いずれのケースでも、重要なのは相手との物理的距離よりも主題なのだ。

ネットワーク効果のローカル性は、プラットフォームにとってネットワークの規模だけでなく、密度が重要であることを理解する助けになるだろう。ネットワークの密度が濃いほど、重複するローカルネットワークが増える。それは取引に発展する可能性の高いつながりが増えることを意味する。プラットフォームは潜在的なつながりではなく、取引によって真の価値を生み出すことを思い出してほしい。だから、小さいけれど密度が高く、極めて活発なネットワークのほうが、大きいけれど散漫なネットワークよりも、はるかに価値が高くて有用だ。ネットワークが小さいほど、取引は増えて、大きな価値を生み出す。

ほとんどのプラットフォームは、密度の高いネットワーク効果を作るにあたり、まず、ごくシンプルな使い方で限定的な領域をターゲットにしてから、それを幅広いオーディエンスに拡張する。ウーバーなどのサービスマーケットプレースの多くは、まず一つの街（たいていニューヨークかサンフランシスコ）でサービスを開始する。そこで密度の濃いネットワークを構築してから、新しい街に移り、再びネットワークをゼロから構築する。サービスマーケットプレースだけではない。レストラン口コミサイトのイェルプ（Yelp）はサンフランシスコで始まり、レビューアーのネットワークを構築してから、他の街に拡張した。元フェイスブック社員二人が立ち上げたQ＆Aプラットフォームのクオラ（Quora）も、まずはＶＣやテクノロジー、スタートアップにジャンルを絞った。こうした限定的な分野の質問に答えられる人に初期ユーザーを限定することで（クオラは招待制だ）、その後トピックや業界を広げるときの基盤となるコアクラスターを育てた。

この枠組みは、フェイスブックの成功を理解する助けになる。と同時に、マイスペースの凋落と、グーグルのソーシャルネットワークが失敗した理由も教えてくれる。フェイスブックは、大学生向けのニッチなソーシャルメディアとしてスタートした。大学時代は人間関係の密度が人生で最も濃くなる時期であり、最も社交的になるときでもある。フェイスブックの共同創業者ダスティン・モスコビッツは、自分が履修している授業で、このプラットフォームの初期データを使った研究発表を行った。その結果、基本的にどの大学のどの学生も、他の学生と二次のコネクション以内に入る（つまり最低でも「友達の友達」である）ことがわかった。「だからフェイスブックは大学でこれほど大きく成長した」と、モスコビッツは指摘している。[26] フェイスブックは、現実に存在する緊密なネットワークのうえに構築された。つまりそのプラットフォームは、既存のネットワークをネット上に延長したにすぎない。フェイスブックは、極めて具体的なユーザーグループを、極めて具体的に活用した。そして、学生がネット上で交流できるようにするツールを作ることに専念した。また、所属大学や友達関係に基づき、ユーザーが見られる情報を限定した。

マイスペースも当初は、ミュージシャンとファンのつながりを中心にネットワークを構築した。ところがプラットフォームが成長すると、マイスペースはすぐに異なるタイプのユーザーにも門戸を開いた。そして、彼らがそのプラットフォームをどう使うかは、ほとんど気にしなかった。こうした姿勢は、行き当たりばったりの機能追加方法にも現れた。共同創業者のトマス・アンダーソンは、よそのウェブサイトにおもしろい機能はないかとインターネットを探し回り、よさそうなものが見つかると、マイスペースの開発者たちにそれをコピーするよう命じた。たとえば、ユーザーが魅力的かどうか1点から10点までの点数をつけて、お互いをランク付けする機能は、世界的なブームとなったホット・オア・ノット（Hot or Not）をまるまるコピーしたものだ。ホット・オア・ノットのCEOはこれに激怒して（当然だ）抗議し、マイスペースは最終的にデザイン変更を強いられた。ブログサイトのザンガ（Xanga）も、人気の機能を多数マイスペースにコピーされたとして、マイスペースを訴えた。マイスペースは4万ドルの和解金を支払い、ザンガが商標登録した機能名を使用しないことを約束した。(27)

こうした戦略はマイスペースの急成長を助けたが、ネットワーク内に多くのノイズももたらした。ユーザー数など上辺だけ見ると立派な成長だったが、持続可能なネットワークは生み出していなかった。新規ユーザーの多くは、他の多くのユーザーにさほど価値を見出さなかった。共通点はほとんどなかったし、つながりを作り交流する方法に一貫した枠組みもなかった。やがてマイスペースは、知らない人と知り合う場所になった。「マイスペースのアイデアは正しかった。あるバンドに9万人も友達がいたことがあるんだから」と、フレンドスターのケント・リンドストロム元ＣＥＯは言う。「それがツイッターになったんだ」[28]。だが、マイスペースは拡大するにしたがい、コアネットワークから離れ、ユーザーが得る価値も希釈されていった。その結果、ユーザーの数は多いが、ユーザー間に価値ある交流はほとんど生まれない場所になった。要するに、大きいだけでローカルなネットワーク効果のないネットワークだ。

巨大なゴーストタウンとなったプラットフォームは、マイスペースだけではない。グーグルは、この問題をよく知っている。グーグルはこれまでに何度も、ＳＮＳプラットフォームを作ろうとしてきた。その最初の試みはオーカットだ。スタンフォード大学時代にクラブ・ネクサスというソーシャルネットワークを作って失敗したオーカット・ブユクコッツェンが、グーグルでエンジニアをしていたときに作ったネットワークだ（クラブ・ネクサスのことは第5章で少し触れた）。

グーグルがオーカットを立ち上げたのは、フェイスブックが誕生する2週間前の２００４年1月のことだ。オーカットは当初、アメリカで人気となり、マイスペース（当時急速に伸びていた）のライバルになると見られていた時期もあった。だが、その年の末までに、オーカットはアメリカよりもブラジルで大人気になった。アメリカでの人気を抜こうという草の根運動まで起きた（グーグルが組織したわけではない）。このキャンペーンは大成功して、オーカットはすっかりブラジルのポルトガル語話者のためのネットワークというイメージが定着した。アメリカのユーザーの多くは、言語が違うユーザーだらけのＳＮＳに関心を失い、オーカットから離れていった[29]。やがてオーカットはブラジル最大のＳＮＳとなり、２００８年にはグーグルが運営本部をブラジルに移したほどだ[30]。だが、アメリカではオーカットの人気が戻ることはなく、グーグルはオーカットのテコ入れ努力をやめてしまった。その後、グーグルバズやグーグルウェーブといった比較的小規模な挑戦をへて、グーグルはグーグルプラス（Google+）で再びＳＮＳを作る大きな賭けに出た。２０１１年6月にスタートしたグーグルプラスはアンチフェイスブックという位置付けで、フェイスブックよりも細かくプライバシー設定をできるのが魅力の一つとされた。グーグルは、グーグルプラスをＧメールやユーチューブなど、既存の人気プラットフォームと連携させたため、すぐに数百万人のユーザーを集めることができた。ところが明確な目的がなかったため、グーグルプラスはユーザーを交流させることができなかった。「データを見ると、誰もコンテンツを投稿していないし、戻ってこないし、このプラットフォームに積極的に参加していないことは明らかだった」と、ある元社員は言う。「半年たって、これはうまくいっていないぞという空気が漂いはじめた[31]」。テクノロジーメディアでは、「グーグルプラスを使っているのはグーグルの社員だけ」というジョークが広まった。グーグルがフェイスブックとの競争を恐れて、独自のＳＮＳを必要としていたのは明らかだった。だが、グーグルプラスはコアとなる使い方も、コアとなるユーザーグループも見つけられなかったから、マイスペースのようにユーザーだけはたくさんいるゴーストタウンと化してしまった。

逆ネットワーク効果と先発優位の死

ネットワーク効果に関するメトカーフの法則には、もう一つ大きな問題があった。すべてのネットワーク効果がポジティブではないことだ。なかには他のユーザーにマイナスの影響を与えるような行動をとるユーザーがいる。もっとはっきり言うと、有害なユーザーがいる。こうした悪質なユーザーは、逆ネットワーク効果をもたらす。チャットルーレットを考えてみるといい。チャットルーレットからユーザーが得られる価値は低下する。有害な活動が多いほど、そのネットワークからユーザーが得られる価値は低下する。チャットルーレットを考えてみるといい。チャットルーレットにくるほとんどのユーザーは、ランダムに見ず知らずの人とおしゃべりする経験を求めていた。そのほとんどは、毛むくじゃらの男の裸のクローズアップなんて見たくない。そんな不快な経験をすればするほど、チャットルーレットを使いたくなくなる。インターネットのメッセージ欄やコメント欄に誹謗中傷があふれる「荒らし」も、ユーザー離れを招く行為だ。フレンドスターを乗っ取ったフェイクスターや、マイスペースの評判を落としたスパムや性犯罪者も、逆ネットワーク効果をもたらす有害ユーザーだ(32)。こうした悪質なユーザーは、他のユーザーのために価値を作り、ネットワークに恩恵をもたらすのではなく、他のユーザーに害を与えたり、コストを生じさせたりする。それを放置すると、彼らはネットワークを乗っ取り、良質なユーザーは逃げ出してしまう。消費財市場における不良品問題と同じように、悪質なユーザーは良質なユーザーを追い出すことができるのだ。だからすべてのプラットフォームは、なるべく早く成長しようとする一方で、拡大がもたらす弊害に目を光らせる必要がある。

この「逆ネットワーク効果」という概念は、ネットワーク構築についての私たちの理解を大いに変える重要なものだ。ネットワーク効果という概念と、メトカーフの法則による定義は、1990年代にインターネットに注目が集まったとき、よく知られるようになった。ところがその定義では、ネットワーク効果とはネットワークが価値を生み出す方法であり、プラットフォーム間の競争とは最速で最大になるための競争だった。これは先発優位の概念と重なる。当時、先発優位の概念は強力だった。USAトゥデー紙のテクノロジーコラムニストであるケビン・マニーは、「(先発優位を獲得した)スタートアップは、たちまち何百万ドルもの資金と、莫大な露出、そして有力な取締役を勝ち取った」と書いている。[33] どんな分野でも最初に参入しさえすれば、その分野はまるまる手に入るというのだ。ドットコムバブルがはじけたとき、先発優位の概念も一定の打撃を受けたが、それは完全になくなったわけではない。シリアル起業家であり、リーンスタートアップ運動の創始者であるスティーブ・ブランクは、先発優位は「なかなか死なないアイデア」だと言っている。[34] それは現実的なネットワーク効果がまったくなく、持続可能な優位性もほとんどない企業にも、この概念があてはまるせいだ。ペット・ドットコムとコズモ・ドットコムは、ドットコム時代の好例だろう。だが先発優位を重視する傾向のもう一つの問題点は、ネットワーク効果をスケール化する方法について誤解を生む可能性があることだ。成長最優先のマインドセットは、初期は勢いのあったプラットフォームがスケール化しなくなる大きな原因だ。フレンドスターもマイスペースも、まず大きくなろうとするばかりで、その拡大がプラットフォームに与える影響をほとんど考えなかった。フレンドスターは、アイデンティティーを確認するシステムを最初に作らなかったから、偽プロフィールばかりが増えて、コアユーザーを苛立たせる結果になった。フレンドスターがこうした偽ユーザーを取り締まろうとしたとき、良質なユーザーの多くはすでに立ち去った後で、その成長は立ち消えになってしまった。マイスペースも似たような問題があった。その無計画なスタートを考えると、マイスペースがユーザーの質を維持することに力を入れなかったのは、さほど驚くべきことではない。ユーザーのコンピューターにスパイウエアをばらまくことで儲けていた会社が、コミュニティー統治やユーザーの質といった問題に真剣に取り組むとは考え難い。マイスペースはわざと統治のゆるいシステムを構築し、メディアの批判と政府当局の圧力を受けたとき初めて一定の管理を始めた。[35] たとえば同社の初期の成長計画は、全米17都市のナイトクラブでパーティーを開くというものだった。きわどい格好の女性たちをエサに、新規ユーザーを獲得しようというのだ。その後マイスペースで、ユーザーのプロフィールページに、ポルノ画像がポップアップすることが大きな問題になったのは、決して偶然ではない。[36] フレンドスターもマイスペースも、ユーザーを増やすことを最優先して、一時は世界最大のソーシャルネットワークになった。だが逆ネットワーク効果のために、その成長は長続きしなかった。

フレンドスターでは、偽プロフィールがネットワーク急拡大の助けになったが、その成功は短命で、拡大時と同じくらい急速に崩壊していった。マイスペースも、大きくなるにしたがい悪評が高まった。ユーザーエクスペリエンスの質も低下し、多くのユーザープロフィールは、スパムといかがわしい広告でいっぱいになった。こうした質の低下がマイスペースのコアユーザーを逃げ出させ、新しいユーザーを敬遠させ、その成長を妨げた。この二つのプラットフォームが示すように、大量のユーザーを持つ先行者になるだけがすべてではない。どんなに大きなネットワークでも、あまりにも質が低ければ役に立たない。

　ネットワーク効果をもっと丁寧に分析すると、先発優位の重要性はほとんど見られない。たしかにネットワークの拡大は非常に重要だ。特に複数のプラットフォームが支配権を競い合っているときはそうだ。競争上、ほとんどのプラットフォームは、できるだけ早くユーザーを増やさねばという強いプレッシャーを感じる。これは適切な感覚だ。だが、成長はそれ自体が目的ではない。たしかに既存の大規模ネットワークは、新規参入者や小規模なライバルに対して優位に立つが、その優位が重要性を持つのは、それが持続可能な場合だけだ。

　すべての成長がいい成長ではない。ネットワークの成長は、ユーザーにもたらす価値を増やすときだけ役に立つ。ネットワークの成長は、プラットフォームが持続可能で防御可能なビジネスを構築するための資金をもたらしてくれるが、そのためには成長を持続しなければならない。さもなければ、そのネットワークは拡大と同じくらい急速に消えてゆくだろう。第3章で述べたように、家事代行サービスのホームジョイは、この間違いを犯した。供給の質に目を配らずに、成長を追い求めた結果、ライバルよりもユーザー維持率が著しく低く、ユーザー獲得のために資金を使い切ってしまった。同社は2015年7月に廃業した。どんなユーザーでもいいから獲得しようとすると、失敗しかねないのは明らかだ。賢い選択を心がけることが重要だ。

ユーザーがプラットフォームを定義する

初期段階にある多くのプラットフォーム・スタートアップは、自分たちのことをソフトウエア企業だと考えている。

これは間違いだ。ソフトウエア企業は、その商品の機能を磨くことに専念していて、それを使うコミュニティーのことはさほど考えない。だから、これぞという機能をたくさん詰め込めば、自然とユーザーが集まってきて、成長して、成功すると考えがちだ。「ここの機能をちょっと工夫して、ボタンの位置をずらせば、大成功！」というわけだ。その考え方は完全に間違っているわけではない。どんなソフトウエア企業でも、最適化は重要な作業だ。だが、プラットフォームにとっては、たとえ専用ソフトウエアがあっても、肝心なのはネットワーク価値だ。実際、成功したプラットフォームほど、機能が果たした役割はさほど大きくはない。プラットフォームが拡大すると、ネットワークの経済性と価値が高まり、あれこれ管理をする必要がなくなるからだ。その一方で、誰を参加させるかについては、よく注意を払う必要がある。一度ネットワークに特定のイメージがついてしまったら、それを変えるのは非常に難しい。

中国のメッセージングプラットフォーム「モモ（陌陌）」は、2012年にこのことを苦い経験から学んだ。モモは、ロケーション機能によって、近くにいる他人とメッセージをやりとりできるプラットフォームだ。それってつまり……と想像はつくだろう。創業者たちの努力に反して、モモは「ナンパアプリ」と呼ばれるようになったのだ。あるバイラル動画は、モモを「ヤる相手を見つける魔法のツール」と呼んだ。(37) 経営陣はマーケティングに多額の資金を投じて、そのイメージを覆そうとしたが無駄だった。アメリカ版モモとも言えるティンダーは、やはりナンパアプリという評判が高まり、同じような問題に直面した。ヴァニティ・フェア誌は2015年9月、「ティンダーと『出会い系黙示録』のはじまり」という特集記事を掲載。ティンダーは、現代のナンパ文化の中心的存在として紹介された。[38] ティンダーはツイッターで猛烈に反論したが、かえって「(ティンダーの)PRチームはメルトダウン状態」と嘲笑される始末だった。[39] それでもティンダーが反論を続けたのには十分な理由があった。単なるナンパアプリと見られてしまったら、そのマーケットは限定的なものになってしまう――。だが、どんなに努力しても、一度ついたイメージを変えることはほとんどできなかった。

こうした評判が一時的な問題にすぎないのであれば、モモもティンダーもさほど危機感を持つ必要はない。だが、ネットワークの成長はランダムではなく、経路依存性がある。つまり、あるネットワークにどんなユーザーが入ってくるかは、既存のユーザーのタイプと行動に左右される。あるネットワークの成長は、それまでの経路に左右される。言い換えると、ユーザーはあるプラットフォームに参加するかどうかを、ランダムに決めているのではない。そのプラットフォームの既存のユーザーの魅力(または欠点)を見て決めているのだ。あるプラットフォームに特定タイプのユーザーが一定数集まると、それからは同じタイプのユーザーがどんどん入ってくるようになる。

出会い系プラットフォームは、驚くほどこのパターンに当てはまる。一般にネットワークのユーザーは、短期的な人間関係を持ちたいか長期的な人間関係を作りたいかのどちらかだ。そこに性的関係を求めるユーザーが大勢集まると、そういうプラットフォームだというイメージが定着してしまう。そうなると、どんなにイメージアップを図っても、あるいはどんな機能を追加しても、異なるタイプのユーザーを取り込むのはほぼ不可能になる。

ネットワークの経路依存性は、プラットフォームの設計初期に特に心がけるべき重要な要素だ。あるプラットフォームを最初に使い始める人は、その先プラットフォームがどのような成長をたどるかに大きな影響を与える。運営側が、ネットワークのコミュニティーやカルチャーを一番コントロールできるのも、そのネットワークがまだ小さいときだ。これまでに述べてきたように、フェイスブックの創業者たちは極めて慎重にネットワークを育てた。ライバルプラットフォームと違って、どういうコミュニティーを作りたいかを真剣に考えた。たとえば、当初のターゲットは大学生だったにもかかわらず、普通の大学生にはあまり見られない悪質な行為を禁止する厳しいルールをわざわざ設けた。ザッカーバーグは初期のフェイスブックについて語るとき、コミュニティーのカルチャーをしっかり確立することが重要だったと強調する。フェイスブックは意識的に「実名登録のカルチャー」を作ってきたと、ザッカーバーグは言う。そして共同創業者であるダスティン・モスコビッツと、「フェイスブックにとってクオリティーがいかに重要か、そして自分たちがどんなコミュニティーとカルチャーを作りたいかを、長い時間をかけて議論した」と言う。(40)

ザッカーバーグたちは、フェイスブックの目的についても明確なビジョンを持っていた。そのためにフェイスブックが、成功している既存のプラットフォームとは、非常に異なる道をたどることになるのは承知のうえだった。「初期のマイスペースは、見知らぬ人と知り合うという点ではずっと優れていた」と、ザッカーバーグは言う。「フェイスブックは出会いをメインに考えたことは一度もない。すでに知っている人とネットでもつながり、現実の人間関係の地図を（ネットに）

描くことを目的としていた」。そのためにはユーザーが実名を使う必要があるかわりに、大学が発行した「.edu」メールアドレスさえあれば登録できた。こうすることで、フェイスブックは偽プロフィールの増加を防ぎ（ふつう大学は学生一人に一つしかアドレスを発行しない）、ユーザーは本人として活動するという前例を確立した。ザッカーバーグによれば、「ネットでの交流は匿名で行われることがほとんどだ。当時は、個人情報の管理体制やコミュニティーインフラが確立されていないのに、本名などの個人情報をネットで公開するなんて恐ろしいことだと考えられていた。だから、安心して自分のアイデンティティーをシェアできる枠組みを作ること――それが私たちがやったことだ」。こうしてフェイスブックは、フレンドスターと違って、早い段階で実名登録のカルチャーを育てるツールとインフラ作りに力を注いだ。

また、「.edu」のメールアドレス保有者という条件を設けたのは、フェイスブックの成長を意図的に大学に制限するためだった。ネットワークをゆっくり成長させることにしたのは意図的だったと、ザッカーバーグは言う。ネットワークを拡大するなら、きちんとスケール化の準備を整えてからにしたかったのだ。「フレンドスターは、スケール化にあたって巨大な問題に直面した。ネットワークの成長が急すぎて、スケール化が難しくなってしまったのだ。フェイスブックの場合、一つ一つ大学を増やしてそのたびにサービスを最適化したこと、そして新しい機能を提供する一方で、それがきちんと働くようにしたことが、成功の大きなカギになった」。なんの制約も設けずに、短期間のうちに大きくしたほうが簡単だったかもしれない。だが、初期段階でコミュニティーのクオリティー維持に力を注いだおかげで、フェイスブックが大学を超えて爆発的成長を遂げたときも、そのカルチャーを維持することができた。「ユーザーが数百万人に達して、そのカルチャーが確立されると、アイデンティティーを保証する教育機関発行のメールアドレスを持たない人がほとんどになっても、そのカルチャーを自動的に維持できるシステムになっていた」

ユーザー数が15億人に達した今も、実名登録というカルチャーは、フェイスブックの中核にあり続けている。フェイスブックは２００８年、偽名でフェイスブックを使っていることが発覚した、女優リンジー・ローハンのアカウントを無効化している[41]。この実名登録のカルチャーは、フェイスブックがマイスペースを追い抜いた（２００５年には明確になっていた）最大の理由でもある。マイスペースの「なんでもあり」のカルチャーは、かえって多くのユーザーを逃げ出させた。これに対してフェイスブックは、「フェイスブックのデータはクリーンなものが多いというイメージが確立された」と、ザッカーバーグは言う。「ここは信頼できる、という感覚だ」。ネットワークの経路依存性ゆえに、その効果は時間とともに大きくなっていった。マイクロソフトの研究者ダナ・ボイドは、マイスペースの凋落を、アメリカの都市における白人住民の郊外流出になぞらえた[42]。マイスペースには「デジタル世界のスラム」というイメージがついたため、多くのユーザーが逃げ出し、待ち構えていたフェイスブックに流れ込んだというのだ。当初は招待制だったこと、アイビーリーグという由緒正しいイメージ、そしてクリーンであるという評判が、多くの大学生を引きつけた。「マイスペースは派手なパーティーのようなものだった。そのパーティーはお開きになった」と、マイケル・Ｊ・ウルフ元ＭＴＶネットワークス社長は言う。「フェイスブックは、もっと実用的なコミュニケーションツールに成長した[43]」

ユーザー・シーケンシング——ユーザーは平等ではない

伝統的なネットワーク効果の説明には、もう一つ大きな問題点がある。それはネットワーク全体にとって、どのユーザーも同じ価値があると想定していることだ。だが現実は違う。プラットフォームにとって一部のユーザーは他のユーザーよりも価値が高い。これは、ユーチューブやツイッターのようなコンテンツプラットフォームではとりわけ明白だ。セレブユーザーのチャンネル登録者数やフォロワー数は、平均的なユーザーよりもはるかに多い。だからユーチューブもツイッターも、特別な機能やマーケティングを約束するなど、セレブユーザー（つまり価値の高いユーザー）を確保する努力を惜しまない。中国版ツイッターのウェイボー（微博）や、中国版ユーチューブのヨークトゥードゥ（優酷土豆）も、同じようなセレブユーザー獲得戦略を展開している。コンテンツプラットフォームだけではない。ウーバー、リフト、ハンディーなどの大手サービスマーケットプレースでも、質が高いサービスを提供する専業プロデューサーは、ネットワークの流動性と質の両方を高めるから、一般のプロデューサーよりも価値が高い。

ユーザーの価値はみな同じではないこと、そしてネットワークには経路依存性があることを考えると、プラットフォームがまずどういうユーザーを取り込むかが、そのネットワークの成長に大きな影響を与えることがわかるだろう。プラットフォームにとっては、ユーザーの数だけでなく、取り込むユーザーグループの順番が成功のカギになるのだ。マイクロソフトの家庭用ゲーム機エックスボックス（Xbox）などの開発プラットフォームが大規模な投資をして、ローンチ時に話題の独占タイトルを揃えようとするのはこのためだ。マイクロソフトは、アップグレード機エックスボックス・ワン（Xbox One）をローンチするとき、独占タイトル15本を確保するために10億ドルを投じたといわれる。(44) これは最初に大ヒットゲームで大量のユーザーを呼び込み、それがエックスボックス・ワン対応ゲームを作る優秀なゲームクリエーターを呼び込むという好循環を作るためだ。

新しいプラットフォームがこの循環を作るためによく取る手法は、立ち上げ当初は価値の高いユーザーグループだけに参加を限定することだ。さっき言ったように、クオラはテクノロジー起業家とVC向けの招待制ネットワークとしてスタートした。ひとたびその道のプロからなる小規模で密度の濃い排他的ネットワークができると、オーディエンスを拡大するのは簡単だった。多くの新規ユーザーは、初期の専門家ユーザーのコメントを読みたがった。つまりクオラに参加することに強力なインセンティブを感じた。最終的にクオラは、誰でも登録して質問に答えられるようになった。

最近では、ツイッターの共同創業者で元CEOのエブ・ウィリアムズが立ちあげたブログプラットフォームの「ミディアム」も、似たような経路をたどった。すなわち最初はジャーナリストや成功した起業家や、リーディングシンカーの招待制ネットワークとしてスタートし、規模が一定に達してから一般に公開された。「われわれは、質が質を生むと考えている。だからミディアムをスマートに育てたいと思っている」と、ウィリアムズは当時語った。(45) 質の高いユーザーだけでスタートしたおかげで、ミディアムには多くの質の高いコンテンツが蓄積され、彼らにリーチしたい多くの読者とプロデューサーを呼び込んだ。

いまや企業価値100億ドル超と評価されている写真共有プラットフォームのピンタレストも、同様の戦略をとった。ピンタレストは、著名デザインブロガー向けの招待制ネットワークとしてスタートした。未登録者も、登録ユーザーが「ピン（お気に入り指定）」を付けた画像や、「ピンボード（お気に入りの画像を並べた掲示板）」を見ることができたが、自分も同じことをするには招待を受けて登録しなければならなかった。この戦略は、登録ユーザーになりたいという未登録者の欲求を煽った。また、ピンタレストはフォロワーが多いブロガーを優先的に招待したから、彼らは消費者を魅了するコンテンツ作りに励んだ[46]。こうして初期のプロデューサーは、磁石であると同時に門番の役割を果たした。そのポジションは彼らに、ほどよいエゴとステータス感を与え、自分のフォロワーを喜んでピンタレストに連れてくる結果をもたらした。

ネットワーク効果のはしご——質を高めるためのフレームワーク

さて、ネットワークの仕組みを理解できたら、ネットワーク効果を生む方法を考えよう。当然ながら、ネットワークを構築するのは、単に多くのユーザーを集めるよりも難しい。これまでは、ネットワークが大きくなるにしたがい質を高める方法を体系的に理解する枠組みはなかった。だが、今は違う。このネットワーク効果のはしごを見てほしい（図7・3）。

あるプラットフォームにおけるネットワークの質は、コネクション、コミュニケーション、キュレーション、コラボレーション、コミュニティーという、はしごの五つの「ステップ（段階）」によって決まる。[47]どんなネットワークも、プラットフォームが成熟するにしたがい、これらのステップを上昇して、質を高め、コミュニティー参加を高めることを目指すべきだ。

コネクション

コネクションは、ネットワークを構築するうえで最も基本的な段階だ。あるプラットフォームで交流するペアの数を増やすには、消費者とプロデューサーの両方をひきつけなければならない。参加者（ノード）が一人増えれば、理論的にはコネクションの数は2倍に増える。ただしここで強調しておきたいのは、あくまで理論的なコネクションであることだ。現実には、つながりができただけでは、取引は生まれない。残念ながら、メトカーフの法則の説明で述べたように、コネクションは多くの人のネットワーク効果に関する理解がはじまり、終わる場所でもある。

図7.3　ネットワーク効果のはしご

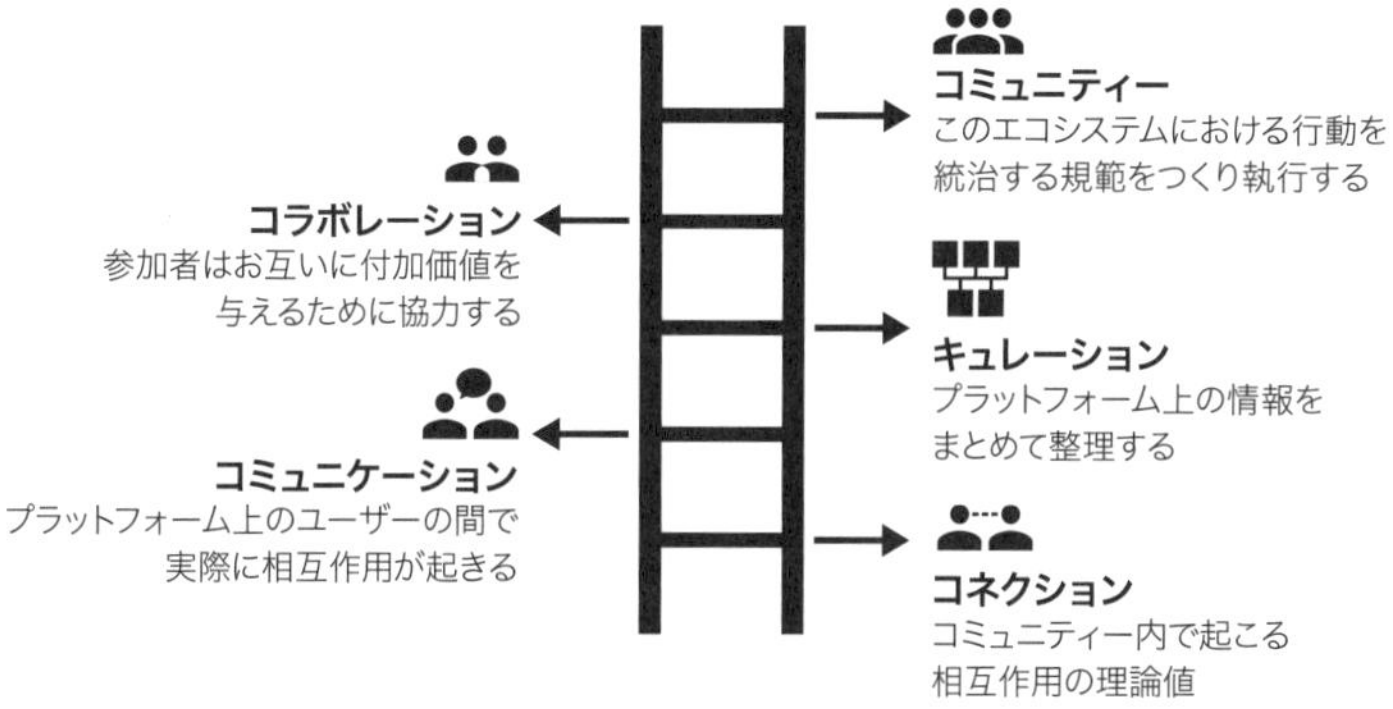
コミュニティー
このエコシステムにおける行動を統治する規範をつくり執行する
コラボレーション
参加者はお互いに付加価値を与えるために協力する
キュレーション
プラットフォーム上の情報をまとめて整理する
コミュニケーション
プラットフォーム上のユーザーの間で実際に相互作用が起きる
コネクション
コミュニティー内で起こる相互作用の理論値

コミュニケーション

コミュニケーションは、同じプラットフォーム上にいるユーザー間の取引を促すことで、コネクションがもつ潜在的なエネルギーを動的エネルギーに変える。フェイスブックやキックスターターのような大型プラットフォームは、ユーザー間に多様なエンゲージメントの機会を提供する。第3章で紹介したが、アリババのオークションプラットフォームであるタオバオでは、取引完了前にユーザーどうしがコミュニケーションをとりやすくしたことが成功のカギになった。ここで重要なのは、ユーザー間の質の高い交流を円滑化することで、価値交換をしやすい環境を作ることだ。このステップを飛ばしてしまうと、ネットワークの理論価値は理論的なままで終わってしまう。ユーザー間のコミュニケーションを促すと魔法が起きる。コア取引のところで説明したように、プラットフォームはユーザーが価値を生み出し、消費するように動機づける必要がある。たとえばマイスペースには、今も3億人のユーザープロフィールがあり、無数の潜在的コネクションがあるけれど、相変わらず空っぽの大型遊園地のようだ。DJがいるのに、誰も踊っていないパーティーほど悲惨なものはない。ユーザーを動かさないといけないのだ。

キュレーション

ほとんどのプラットフォームは、コア取引の対価支払いの段階に、キュレーションの要素を取り入れている。最もよくあるのは、ユーザーによる評価システムだ。たとえばウーバーを利用した人は、ドライバーの評価をしなければ、次の乗車をリクエストできない。それだけではない。ドライバーも同じように乗客を評価する。ウーバーに乗車リクエストをすると、ドライバーはそのユーザーの評価を見ることができ、リクエストを引き受けると、乗客側もドライバーの評価を見ることができる。こうしたシステムは、消費者とプロデューサーの両方に質の高い取引を促す役割を果たす。ユーザーにフィードバックという形の価値提供を求めることで、ネットワークの質を維持する仕事にユーザーを巻き込むわけだ。また、プラットフォーム上にある他人のコンテンツの編集を許可することで、ユーザーにさらなる価値提供を促す場合もある。いわば「メタ創造力」をシェアしてもらうことで、オリジナルのプロデューサーが残していった価値ギャップを埋める、新しいプロデューサーグループを生み出すわけだ。多くのコンテンツプラットフォームは、この種のキュレーションによって新しい価値を生み出している。たとえばツイッターのリツイートは、もとのツイートに対するフィードバックになるし、新しいオーディエンス（リツイートする人のフォロワー）への発信にもなる。また、音楽定額配信のスポティファイ（Spotify）では、ユーザーはプレイリストを作ることによって、他人の曲で自己を表現できる。そのプレイリストは、プラットフォームにとっては新しいタイプの在庫だ。他のユーザーは、あなたがキュレートしたプレイリストをフォローしたりコピーしたりして音楽を聴く。この種のキュレーションによる創作活動は、ユーザーがプラットフォームをパーソナライズ化する方法でもあり、質の高い在庫の構築や発見を促す。

コラボレーション

キュレーションは、ユーザーの個人活動によってネットワークに価値を追加してもらう方法だが、コラボレーションは、ユーザー間の協力を促すことで、ユーザーを一段とネットワークに巻き込む方法だ。スタートアップ投資プラットフォームのエンジェルリストは、プラットフォームの中心にコラボレーションを据えた。2010年初め、共同創業者のナバル・ラビカントとババク・ニビは、有力VCのブログにエンジェル投資家のリストを投稿した。そのリストが、投資家とシードマネーを求めるスタートアップをマッチングするプラットフォームへと発展して、エンジェルリストが生まれた。

2013年までに、エンジェルリストはスタートアップ約10万社、認証済み投資家1万8000人が参加するネットワークに成長した[48]。同年7月には、投資家のコラボレーションをしやすくした新機能「シンジケート」がスタートした。まず幹事投資家が、何らかのテーマや投資理論に基づきシンジケートを立ち上げる。そのページを見れば、他の投資家は誰が幹事で、どういうジャンルに投資するシンジケートかわかる。幹事投資家は、スタートアップから投資条件を見せてもらい、気に入ったら一部出資する。すると他の投資家は、幹事と同じ条件で投資に参加することを前提に、そのシンジケートに加わる。シンジケートに参加した投資家は、たとえば資金調達ラウンドの募集枠がいっぱいになっている場合でも、優先的に参加できる。このように複数の投資家が協力することで、少額でもベンチャー投資をできるようになる。また、幹事が投資先の業績をモニタリングして、デューディリジェンスを担うことになっているから、一般投資家にとっては質の高い投資案件を見つける助けにもなる。そのかわり幹事は、シンジケートの投資利益の一部を手数料として得る。このようにユーザー間のコラボレーションを可能にすることで、エンジェルリストはより多くのス

エンジェルリスト
投資プラットフォーム

タートアップにとって、資金調達をしやすくするとともに、スタートアップ投資の初心者にも参加の道を開いた。

コミュニティー

ネットワーク効果が極めて高いプラットフォームは、ユーザーに自分の利益を追求するだけでなく、コミュニティー運営に積極的に参加するよう促す。すでにキュレーションとコラボレーションの段階で、プラットフォームはユーザーの自主的活動を促すことで、お互いに付加価値を高めさせる。ただし、キュレーションやコラボレーションは、あくまで「私（個人）」にとってのプラットフォーム改善だ。たしかに、自己利益は人を動かす強力な動機になる。だがこの段階では、ユーザーは自己利益追求の一環としてではなく、ネットワークの統治と維持に積極的に参加する。たとえばウィキペディアの生命線は、その編集者コミュニティーにある。彼らのおかげで、非営利プラットフォームであるにもかかわらず、３６００万件以上もの記事を２９１の言語で提供できる。[49] 英語版だけでも、ウィキペディアは百科事典７４７３冊分のボリュームがある。[50] しかもこのプラットフォームには、正式な運営ルールがない。実際、最初期からある基本方針の一つは、「ウィキペディアは確たるルールを持たない」だ。プラットフォームが大きくなるにしたがい、創業者ジミー・ウェールズの仕事をコミュニティーが引き継いだ。もはやウェールズ一人では、「慈愛深い独裁者」として全ての活動を管理することは不可能になったからだ。[51] 現在、ウィキペディアのコミュニティーは、そのネットワークを統治する暗黙のルールと社会的規範を作っている。また、虚偽的あるいは詐欺的変更を繰り返すユーザーを削除・ブロックしたり、ページを不正な編集から守ったりといった重要な管理機能も果たすことで、暗黙のルールを執行する役割も果たしている。これらのユーザーは、その活動から直接的な恩恵をほとんど得ていないが、このプラットフォームとネットワークは自分たちのものだという当事者意識を持つ。たしかにある意味で、ウィキペディアは彼らのものだ。

このレベルの関与は非営利プラットフォーム以外でも見られる。開発者向けQ&Aプラットフォームのスタックオーバーフロー（Stack Overflow）や、掲示板のレディット（Reddit）がいい例だ。どちらにも極めて熱心なユーザーがいて、コミュニティー内での行動を統治する慣例と基準を作成して維持している。アメリカでウーバー最大のライバルであるリフトは、ドライバーコミュニティーに似たような自主性をもたせている。リフトの共同創業者であるローガン・グリーンとライアン・ジマーは、積極的なコミュニティー作りに重点を置くべきだと早い段階で判断した。「なかには『コミュニティー作り』なんて変だと思う人がいるかもしれない。コミュニティーとは、自然発生的に見えるべきだからね」と、グリーンは言う。「ただ、コミュニティーを構築するのは正しいことだと、私たちは思っている。なぜならそうしないと、チャットルーレットみたいにサービスの質が悪化する恐れがあるからだ。コミュニティーを作れば、一定の規範を設けられる」[52]。

ドライバーコミュニティーの構築は、リフトが全米に拡大するなかで、ドライバーの質を維持する助けになった。リフトは、ドライバーどうしのつながりを推進するため、定期的にオフ会も開いている。「ドライバーのコミュニティーイベントはかなり開いている」と、リフトの元プロダクト部門トップだったライアン・フジウは言う。「こういうイベントは、ドライバーをまとめて、コミュニティー意識を高めるだけでなく、情報やベストプラクティスを広めるのにもとても役に立つ。新人ドライバーにとっては、既存のドライバーと積極的に関わることが最も助けになる(53)」

ネットワーク効果のはしごを広げる

ネットワーク効果のはしごの五つのステップは、プラットフォームがどれだけユーザーを呼び込み、活性化し、主導権を与えられるかを反映している。プラットフォームはまず、ひたすらユーザーを呼び込んで、ユーザー間につながりを作らなくてはいけない。だが、こうしたコネクションの潜在的価値を実現するには、コミュニケーションを通じてユーザーを動かさなくてはいけない。ひとたびネットワークが確立されて、価値の交換が始まると、ユーザーに権限を与えることでネットワーク効果を強化する。次に、もっと恩恵を得たいというユーザーの意識を利用して、キュレーションとコラボレーションを促してネットワークの質を高め、新しいタイプの価値を作る。そして最後に、ユーザーにネットワークの統治を任せて、コミュニティーに対する当事者意識を持たせる。このはしごの各ステップを上ることで、プラットフォームはネットワーク効果を強化し、より質の高いネットワークを構築できる。はしごの上の段階に行くほど、そのネットワークの価値は高まる。

第8章 なぜプラットフォームは失敗するのか、どうすれば失敗を避けられるのか

人はよく、「この商品は最高だ。最高に売れるぞ」と言うが、それが本当であることはほぼ絶対ない。こういう連中は嘘をついている。自分に対して、あるいは他人に対して、もしくはその両方に対して。

——ピーター・ティール

だいたい10年に1度、企業とマーケットプレース、そしてチャンスが収斂して、革新的なことが起きる。だが最近はグーグル以来起きていない——。こう言ったのは、シリコンバレーの伝説的なVC、セコイア・キャピタルのパートナー、ダグラス・リオーンだ。リオーンは2011年、写真共有プラットフォーム、カラー（Color）のプレゼンに出席した。(1)「カラーのように人を結びつけるアプリはなかった」と、リオーンは感心したように言った。シリアル起業家のビル・グエンらが作ったカラーは、「近くにいる人とエクスペリエンス」を共有する「インスタントソーシャルネッ

トワーク」だ。[2]運営するカラー・ラボの共同創業者はみな素晴らしい経歴の持ち主で、「スマートフォン時代のフェイスブック」になるという野心的な目標を掲げていた。シリコンバレーの投資家たちは、カラーに殺到した。「次のビッグウェーブ」を逃したくなかったのだ。

フェイスブックと違って、カラーを使うにはユーザー名もパスワードも必要なかった。「友達になる」機能も「フォローする」機能もない。半径45メートル以内にいる他のユーザーが撮った写真が、自動的に自分のスマートフォンに表示される。移動すれば、別の人たちの写真が表示される。カラーはこれを「弾力的ネットワーク」と呼んだ。その狙いは、知らない人とソーシャルネットワークを作ることだ。「フェイスブックは破綻していると思う」と、グエンは当時言った。[3]カラーは、フェイスブックができないことをするはずだった。「地元の駐車場にいようが、コンサート会場にいようが、最新の距離アルゴリズムで近くのスマートフォンを発見」して、すぐに写真や動画、コメントをシェアできるようにする――。カラーは、初期のグーグルの4倍のデータを取り込み、分析できるとグエンは主張した。[4]

この野心的なビジョンと、高度な技術（リンクトインの元チーフサイエンティストであるＤ・Ｊ・パティルらが開発した）を兼ね備えたカラーは、４１００万ドルの調達に成功した。グエンは35万ドルを投じてカラー・ドットコム（Color.com）というドメインを取得し、さらに7万７０００ドルでイギリス英語のドメイン（Colour.com）も取得した。こうしてカラーは、ＵＳＡトゥデー紙やＣＮＮなど大手メディアもカラーを大きく取り上げた。ただ、問題が一つあった。カラーはまだ立ち上がっていなかったのだ。

ついにiOS対応アプリが公開されたのは、2011年3月24日のこと。アートとテクノロジーの祭典SXSW（サウス・バイ・サウスウェスト）の数日後のことだった。ツイッターは2007年のSXSWでローンチして、一気にユーザーを増やすことに成功したのだが。

それでも、事前に大いに話題になったこともあり、カラーはアップストアの人気ランキング第2位に入った。1位はフェイスブックだ。ところがカラーには問題があった。「30分で気がついたよ。『なんてこった。これじゃだめだ。クソッ。大失敗だ』ってね」と、グエンは振り返る。(5)

4100万ドルの失敗

「4100万ドルもかけてパーティーを開いたのに、誰もこなかったら?」。ニューヨーク・タイムズ紙は2011年6月、テクノロジースタートアップに投資するリスクを論じる記事を掲載した。(6) 冒頭の問いは、その書き出しだ。もちろん話題の中心は、カラーだ。カラーは実に基本的な問題に直面した。そのアプリを使っている人が近くにいなかったら、何も起きないことだ。アップストアでは、星が一つか二つしかつかず、散々なレビューが並んだ。「初めて使ってみた感想は、最悪。真っ白で、何も映し出されない」と、あるユーザーは書いている。「使い方を理解しても意味なし」と、別のユーザーは書いた。アプリをダウンロードしたほとんどの人にとって、そのプラットフォームはゴーストタウンも同然だった。魔法のようなテクノロジーと「弾力的ネットワーク」があっても、自分の半径45メートル以内にカラーのユーザーがいて、写真をアップロードしていなければ、何も映し出されなかったのだ。そんな条件をクリアできるのは、テクノロジー好きが集まる人口密度の高い場所だけだった。しかもアプリをダウンロードしてすぐに、自分の写真をアップロードする人はほとんどいなかった。新規ユーザーとしては、アプリに何も映し出されないなら、そこに長居する理由はなかったし、自分の写真をアップロードする気にもなれなかった。カラーは、のちにスナップチャットの代名詞となる「エフェメラル（消える）」機能を特徴としていた。つまり、アップロードした写真が24時間で自動的にアプリから消去される仕組みになっていた。

カラーは、急いでゴーストタウン問題に対応した。「ひとりぼっちでカラーを使わないで！」と、ホームページに警告も掲載した。アップデート版では、人口密度が低い地域では、半径45メートルの制限を緩和できるようにしたが、効果はなかった。カラーはすっかり冗談の種になってしまった。「大騒ぎされたスタートアップが、大騒ぎで逃げ出した」と、あるメディアはジョークを飛ばした。[7]著名テクノロジーブロガーのロバート・スコーブルは、「プレゼン資料を見てみたい」と、書いている。「魔法のユニコーンの粉でもちりばめてあったに違いない」[8]。カラーは、あっという間にアップストアのランキング圏外となり、消えたも同然になってしまった。さらにフェイスブック・アプリにする試みが失敗すると、カラー・ラボは解散し、テクノロジー部門はアップルに引き取られた。

どちらが先？

これまで多くのスタートアップを手がけてきたカラーの経営幹部が、事前にゴーストタウン問題に気づかなかったのは大きな驚きだ。ただ、この問題自体は珍しいものではない。カラーのグエンCEOは、高度な技術だけでユーザーを「うならせ」る自信があったようだ。だから外部テストもほとんどせず、ローンチ戦略らしきものも練らなかった。

この「作ればウケる」という自信は、驚くほどよく見られる。熟練テクノロジー投資家や経営者も例外ではない。カラーがそのネットワークを一気に活性化する方法を見つけられなかったのも、その自信のせいだ。だが、テクノロジーだけあっても成功はできない。とりわけプラットフォームの場合、自分以外にもユーザーがいなければほとんど価値がない。ここでつまずいたプラットフォームは、カラーが初めてではない。そして間違いなくこれからも出てくるだろう。これはすべてのプラットフォームが最初に乗り越えなくてはならない問題だ。

なぜかって？　それはネットワーク効果が、諸刃の剣だからだ。成功したプラットフォームと競争するのは非常に難しいが、その成功の原動力となるネットワーク効果を生み出すのも極めて難しい。伝統的な直線的スタートアップは、とりあえず一つの顧客グループの支持を得ればいいが、プラットフォームは少なくとも二つ、すなわち消費者とプロデューサーというタイプの異なる顧客グループの支持を勝ち取らなければならない。カラーの場合、新規ユーザーがコンテンツを消費できるように、誰かにコンテンツをアップロードしておいてもらう必要があった。しかし、プラットフォームに何もなければ、自分だけ写真をアップロードするインセンティブがない。ゴーストタウンの人口を増やす意味がない。ウーバーのように成功したプラットフォームでさえ、スタート当初は同じ問題を抱えていた。第5章で述べたように、オーディエンス構築が重要なのは、流動性を確保する必要があるからだ。たとえばウーバーというプラットフォームを機能させるには、ドライバーと乗客の両方が必要だ。そして十分な数のドライバーと乗客を集めて、流動性のあるマーケットプレースを構築する必要がある。流動性とは相対的なもので、取引頻度の高い市場は、価値は高いが取引がさほど頻繁ではない市場よりも流動性が高い。いずれにせよ、ネットワークが大きくなるにつれて、流動性が高まり、取引が円滑化される。プラットフォームが成長すると価値が高まるとは、究極的にはこういうことだ。ネットワークが大きくなると、円滑化される取引も増える。

だが、プラットフォームの駆け出しの時期は、ほとんどのユーザーにとって、そこに参加するコストのほうが、そこから得られる価値よりも高い。たとえば、個人情報を入力して、ユーザー登録をする手間（コスト）は、そのネットワークの一員になることで得られる価値よりも、当初は大きくなりがちだ。「参加費」のような金銭的なコストはないかもしれないが、登録に要する時間や労力といったコストは発生し、ユーザーを敬遠させる可能性がある。ネットワークが十分な大きさに成長していれば、消費者もプロデューサーも喜んで参加するだろう。だが、ネットワークが小規模なときは、どちらも参加したがらないだろう。

したがってプラットフォームの最初の目標は、ユーザーがネットワークに参加することで得られる価値が、参加するコストを上回るポイントに達することだ。第3章で述べたように、このポイントは「クリティカルマス」と呼ばれる。成功したプラットフォームのほとんどが、ホッケーのスティックのような成長カーブを描くのはこのためだ（図8・1）。ネットワークを磁石にたとえるとわかりやすいだろう。ネットワークが小さいときは、その磁力によって新規ユーザーははじかれる。

ところがネットワークが十分な規模に達すると、磁石は回転して磁性が逆転する。突然、新しいユーザーをどんどん引きつけるようになり、プラットフォームは急成長を始める。

プラットフォームが初期の成長で苦労するのは、経済学で調整問題と呼ばれるもののせいだ。すべての消費者とプロデューサーが調整しあって、みんなでネットワークに参加することに決めれば、全員が恩恵を得られる。だが、こうしたことは現実にはありえない。だからプラットフォームは、みずからのネットワークを管理しなければならない。そしてユーザーの参加を動機づけることによって、調整問題を克服しなければならない。その主な方法は、一方または両方のユーザーグループへの参加を促す「補助」をすることだ。そうすれば、ネットワークに参加する価値が比較的低い初期でも、ユーザーを獲得しやすくなる。プラットフォームと投資家

図8.1 エアビーアンドビーのホッケースティック曲線（出典：Venturebeat）

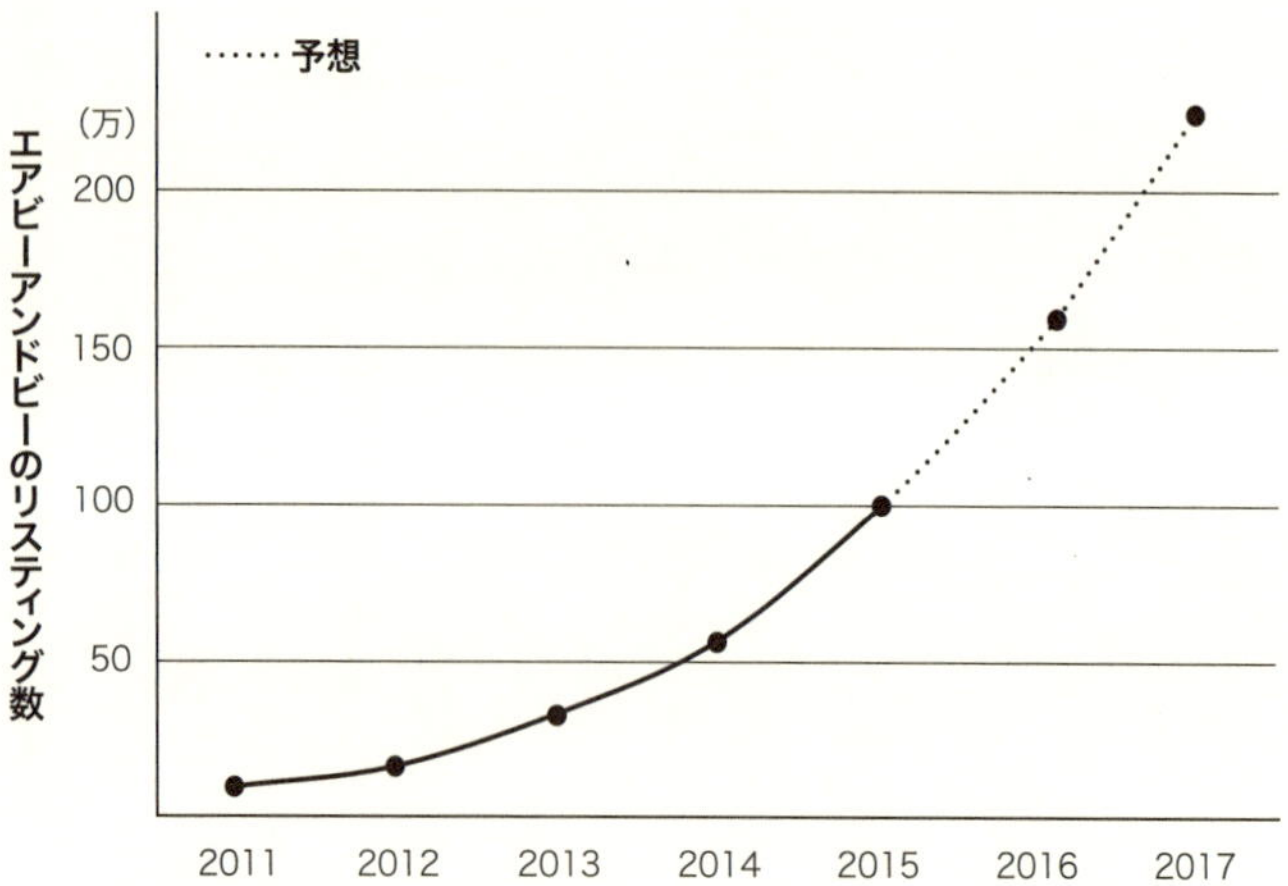

は、最終的にそのネットワークの価値が、補助コストを上回るようになると信じている。ひとたびそのネットワークが成熟すれば、十分な価値を自動的に提供できるようになり、もはや手厚い補助によって参加者を確保する必要はなくなる。

参加価値を高める三つの方法

初期のネットワークの参加価値を高める方法は、主に三つある。金銭的な補助、機能による補助、そしてユーザー・シーケンシング（ユーザーの順位付け）だ。

金銭的な補助

金銭的な補助は、消費者やプロデューサーに直接金銭を交付する方法で、最もわかりやすいだろう。紹介料はその一例で、ほとんどのプラットフォームが新規ユーザーを獲得するために使っている手法だ。たとえば、もしあなたが友達をウーバーに招待したら、あなたとその友達は、それぞれ次回の利用料金が30ドルまで無料になる。ペイパルも、新規ユーザーと紹介者に10ドル提供する戦略でネットワークを構築した。コストは高くついたが、２０００年代初めの急成長の重要な呼び水となった（多い時で1日7～10％の成長をみせた[9]）。

もう一つの金銭的な補助法として、値引きがある。キックバックや紹介料を払うよりも直接性は低下するが、プラットフォームの一方のユーザーグループに課す料金を下げることで、参加を促す方法は非常によくある。格好の例は、ゲーム機業界だろう。エックスボックス・ワンとプレイステーション4は、できるだけ多くのユーザーを獲得するために、原価すれすれ、場合によっては原価割れで販売されている。ユーザー（消費者）が十分増えれば、ゲーム開発者（プロデューサー）を取り込みやすくなる。プラットフォームは、これら開発者からライセンス料を取ることで利益をあげる。プロデューサーを確保するために、所得保証をするプラットフォームも多い。ウーバーとリフトは、激しいドライバー獲得競争を繰り広げた結果、登録ドライバーに最低所得保証をしている。ハンディーも、類似プラットフォームからハンディーに移ってきたプロデューサーに所得保証を与えている。

機能による補助

第二のタイプの補助は、機能による補助だ。多くのプラットフォームは、有力ユーザー向けの特殊機能を開発している。貴重なユーザーグループを取り込むために、彼らがそのプラットフォームを愛用し、活発に利用したくなるような付加価値を提供するわけだ。

たとえばインスタグラムは、現在のようなSNSになる前から、素晴らしい写真撮影アプリだった。インスタグラムは、ネットワークが存在しなくてもユーザーが魅力を感じて使いたいと思う機能、すなわちシングルユーザー・ユーティリティーを提供することによって、多くのプロデューサーを取り込むことに成功した。それが一般消費者を引き寄せ、写真を中心とするコンテンツプラットフォームの成長につながった。

もう一つの例として、ツイッターの認証アカウントがある。一部のツイッターユーザーのアカウント名には、青いチェックマークがあることをご存じだろう。このマークは、それが本人のアカウントであるとツイッターが認証したことを意味する。認証ユーザーは、セキュリティーの強化やアイデンティティー保護、特別なカスタマーサービス、といった追加機能を利用できる。他の認証アカウントのツイートだけを見たり、話しかけたりする権限も与えられる。この機能が提供されるのは、一般にセレブや公人など著名ユーザーに限られる。彼らは多くの人がフォローし、交流したいと思う人物だから、ツイッターにとって極めて価値の高いユーザーだ。認証システムにより、ツイッターはこの「極めて価値の高いユーザー」という小さなグループにプラスアルファの価値を提供する。その結果、もっと多くのセレブや公人がツイッターを利用するようになる。すると彼らをフォローして話しかけるために、多くの一般ユーザーもツイッターにやってくる。

ユーザー・シーケンシング

金銭的な補助も、機能による補助も、第3の補助方法であるユーザー・シーケンシングをベースにするべきだ。第7章で詳しく論じたが、ユーザー・シーケンシングとは、一般ユーザーが交流したいと思うような、特定のユーザーグループの獲得を優先することだ。そうすればこの高価値ユーザーを利用して、もっと幅広いオーディエンスを獲得することができる。

初期プラットフォームに参加する価値を高める三つの方法を組み合わせると、タマゴが先かニワトリが先か（まずはプロデューサーと消費者のどちらの獲得に力を入れるべきか）という問題を克服して、ポジティブなネットワーク効果が生まれ、急成長が始まるクリティカルマスに到達できる。では、あなたのプラットフォームでは、具体的にどのような形で初期の参加価値を高めればいいのか。数え切れないほどのプラットフォームと仕事をして、成功例と失敗例を見てきた結果、私たちはプラットフォームがクリティカルマスに到達するための七つの重要戦略をまとめた。七つの戦略は相互に排他的なものではなく、各プラットフォームの資源と目標に応じて、一つまたは複数を同時に使うことができる。ここでは七つの戦略を、金銭的な補助か機能による補助か、あるいはその両方かに分けて紹介することにする（ユーザー・シーケンシングは七つすべてに含まれる）。

ニワトリとタマゴの問題を解く七つの方法

金銭的な補助

①大規模な初期投資で安全を確保する

大規模な初期投資は、「このネットワークは参加しても安全ですよ」というプロデューサーへのサインになる。この戦略はとりわけ、開発プラットフォームによく見られる。開発者がプラットフォームに参加するにはかなりの初期費用がかかるうえに、別のプラットフォームに移るには相当な切り替えコストがかかる。プラットフォームが大規模な初期投資をすれば、「このプラットフォームは消えてなくなったりしない」というメッセージとなり、プロデューサーは安心して長期投資できる。この好例は、マイクロソフトの初代エックスボックスのローンチだろう。マイクロソフトは、その販促に5億ドルを投じる計画を派手に宣伝して、このプラットフォームに長期的に全力投球する決意をアピールした。これはマイクロソフトにとって、サードパーティー開発者を取り込む重要な戦略だった。マイクロソフトの「本気度」を見た開発者たちは、安心して初代エックスボックス対応ゲームの開発に没頭できた。

中国企業のテンセントも、アリババの決済サービス「アリペイ」に対抗して、独自の決済プラットフォーム「ウィーチャットペイ」を採用するショッピングサイトを増やすために同じ戦略をとった。ただしそれは一夜でできることではない。そこでまずは大量の宣伝と投資によって、利用を促す種を蒔いた。２０１４年の春節には、ウィーチャットペイのユーザーに1日で計5億元（約８１００万ドル）をばらまく猛烈なキャンペーンを実施した。

②業界の既存者と協力する

２００７年、グーグルは不安に駆られていた。パソコンの検索エンジンでは、相変わらず圧倒的優位にあったが、モバイルインターネットが広まり始めていた。初代iPhoneの大成功を見て、グーグルは、モバイルの世界がアップルの独壇場になることを恐れた。さいわい、不安に駆られていたのはグーグルだけではなかった。携帯端末メーカーや通信キャリア（iPhoneを独占していたAT&Tを除く）も同じ不安を抱き始めていた。そこでグーグルは、みずからのOS「アンドロイド」を推進する団体「オープン・ハンドセット・アライアンス」を立ち上げた。

これは事実上の協同組合だ。グーグルはアンドロイド端末を広めるために独自のネットワークを構築するのではなく、アライアンス参加企業に既存の販売網を持ち寄ってもらったのだ。２０１５年の時点で、アンドロイド端末が世界のモバイル端末市場で80％以上のシェアを誇り、グーグルプレイストアには１８０万本以上の対応アプリが提供されているところを見ると、この戦略は大成功を収めたようだ。

機能による補助

③プロデューサーの仕事をする

成功するまで、成功者のふりをしろ――。自己啓発本などではよく言われることだが、これは多くのプラットフォーム企業にも当てはまる。消費者とプロデューサーを同時に引き込もうとするのではなく、プラットフォーム自身がプロデューサーの役割を果たして、消費者を取り込むのだ。そのうえで、その消費者を呼び水にしてプロデューサーを取り込む。別の言い方をすれば、伝統的な直線的ビジネスとしてスタートして、十分な数の消費者を獲得できたら、そのネットワークをプロデューサーにも開放するのだ。

この戦術は、ネットワークを立ち上げるときによく見られる方法だ。たとえば、ウーバーは当初、ドライバーに依頼が入るまでの待機時間にも料金を払った。ひとたび十分な需要を構築したとき初めて、プロデューサーを引き寄せることができた。クオラとレディットも、当初はコンテンツをすべて自分たちで企画し、作成することによって、プラットフォームの種をまいた。クオラの場合、十分な数のテクノロジー専門家やベンチャーキャピタリストを獲得するまでの間、創業者のチャーリー・チーバーと、レベカ・コックス、そしてフェイスブックの元最高技術責任者（ＣＴＯ）アダム・ダンジェロが、Ｑ＆Ａのほとんどを作っていた。クオラで彼らのプロフィールを見ると、何十もの質問を作ったことがわかるだろう。プラットフォーム上のコンテンツと活動が自動的にまわる量になるまで、クオラのスタッフはこの作業を続けた。レディットでも、創業者のアレクシス・オハニアンとスティーブ・ハフマンが基本的に同じことをした。レディットは２００５年６月、Ｙコンビネーター（いまやスタートアップのインキュベーター大手として知られる）から誕生した、最初のスタートアップの一つだった。オハニアンとハフマンは当初、あちこちにステッカーを貼って認知度を高めるという、古典的なマーケティング手法をとった。だが、サイトにコンテンツがなければ、いくら多くの人が来ても長居してくれない[10]。そこで二人は、自分たちで全コンテンツを投稿した。それだけではない。多くの偽プロフィールを作って投稿し、実際よりも多くのユーザーがいるように見せかけたのだ。数カ月もすると、二人がコンテンツを作らなくてもフロントページは埋まるようになった。本物のユーザーが増えて、コンテンツ作りを引き継いだのだ。

④既存のネットワークを利用する

わざわざゼロからネットワークを作るのではなく、すでにあるものを利用する方法もある。一番いいのは、既存の大きなネットワークに属するユーザーグループを取り込むことだ。ただし、既存のネットワークからユーザーを奪ってくるには、あなたのプラットフォームのほうが高い価値を提供できなければいけない。あなたのプラットフォームは既存のネットワークの進化版であり、ライバルの中心的ユーザーにアピールする必要がある。第6章で述べたように、エアビーアンドビーは、クレイグリストのネットワークを利用して初期のエコシステムを構築した。だったら私たちもクレイグリストからユーザーを奪ってこよう——。そう思うかもしれないが、それはできない。クレイグリストは、エアビーアンドビーの事件があった後、こうした慣行を禁止し、同じようなことをした人には、最大で1日2万5000ドルの罰金を請求するというルールも作った。[11] グーグルのように同業者の協同組合を作るでもなく、よそのネットワークのユーザーを盗もうとすれば、相手がいい顔をするはずがない。

だったら、どこに利用価値の高いネットワークは存在するのか。それは必ずしもデジタルネットワークである必要はない。ティンダーは、大学の社交クラブのネットワークを利用した。その戦略を考案したのは、共同創業者のホイットニー・ウルフ（その後バンブルという別の出会い系プラットフォームを設立）だったと、ティンダーの最初期のエンジニアの一人ジョー・ムニョスは言う。「ぼくらは（ウルフを）全米の大学に送り込んだ」と、ムニョスは言う。「彼女は天才的にプレゼンがうまくてね。自分の社交クラブの支部を訪問して、プレゼンをして、そこにいる女子全員にアプリをインストールさせた。次にその大学の男子社交クラブに行って、アプリをダウンロードさせる。開いてみると、自分が知っている可愛い女の子たちがみんなそこにいるってわけさ」。ウルフが「全米ツアー」に出る前は、ティンダーのユーザーは5000人以下だったが、帰って来たときは1万5000人に増えていた。「その時点で、雪崩が始まったと確信した」とムニョスは言った。[12]

金銭的な補助と機能による補助

⑤価値の高い、または「セレブ」ユーザーをつかまえろ

高価値ユーザーは、彼らと交流したいユーザーを取り込む助けになる。第7章で述べたように、「セレブ」ユーザーは、そのエコシステムにプラスアルファの価値をもたらしてくれる。だから多くのプラットフォームは、高価値ユーザーを獲得するために特別な補助をする。出会い系サイトはその典型だろう。たいていのプラットフォームは男性のほうが多いから、女性は無料にして参加を募る。コーヒー・ミーツ・ベーグル（Coffee Meets Bagel）はさらに一歩進んで、プラットフォームの設計自体を女性にアピールするデザインにして、女性ユーザーの獲得に力を入れている。女性ユーザーが集まれば、おのずと男性ユーザーは増えるという算段だ。

これまでも述べてきたように、ツイッターは著名人や公人のユーザーを取り込むことに、特別に力を入れている。これら高価値ユーザー専用の機能に加えて、スター（俳優、スポーツ選手、ミュージシャンなど）とのコネ作りを専門とするチームがあった時期もある。ツイッターでは、こうしたスターはＶＩＰ（超重要人物）ならぬＶＩＴ（超重要ツイーター）と呼ばれた[13]。また、第7章でも紹介したが、ウェイボーとヨークトゥードゥも似たようなセレブ戦略を活用した。一方、ウーバーやリフト、ハンディーなどのサービスマーケットプレースは、トップクラスのプロデューサーに、自分たちのプラットフォームで多くの仕事を引き受けるよう促すインセンティブを提供している。こうしたプロデューサーは、ネットワークの流動性とサービスの質の両方を高めるから、とりわけ価値が高い。

この戦略の最高の例は、イェルプかもしれない。当初は、ライバルのジュディーズ・ブック（Judy's Book）やインサイダー・ページ（Insider Pages）のほうが、イェルプよりもレビュー数が10倍近く多かった。だが、それは不当につくられた差だった。コンテンツの呼び水にするため、どちらのプラットフォームも、お金を払ってレビューを書いてもらっていたのだ。イェルプも負けてはならぬと、同じ手法をとったがすぐに問題が発覚した。いくつかの都市でお金を払ってレビューを書いてもらったところ、クズのような内容ばかりが数千も集まり、献身的なユーザーはごくわずかであることがわかったのだ。お金を払ってレビューを書いてもらうのは、持続可能なネットワーク構築法ではなかった。そこでイェルプは独創性を発揮した。質の高いレビューを頻繁に投稿するユーザーを「イェルプ・エリート隊《スクアド》」に指名して、レビューをどんどん書いてもらうように動機づけたのだ。エリート隊に入れるのはイェルプが厳選したベストユーザーだけで、その選出プロセスは謎に包まれている。毎年、イェルプのスタッフからなる「エリート審議会」が、新しいエリートメンバーを選出するとともに、既存のメンバーを据え置くかどうかを決める。その基準は実に厳しい。共同創業者のラッセル・シモンズでさえ、イェルプでの活動が十分でないとして、数年前にエリートの地位を失った。検討対象になるには、各都市でトップクラスのイェルパーでなければならないのは間違いない。ひとたび入会が認められると、プロフィールに輝くバッジが付き、そのレビューはハイライトされる。それだけではない。エリート隊のメンバーは、現実の世界でもＶＩＰ待遇を受けられる。イェルプは定期的に、エリート隊向けのイベントやパーティーを開く。デジタル世界と現実世界の両方でトップユーザーを特別待遇することで、イェルプでの活発な活動を動

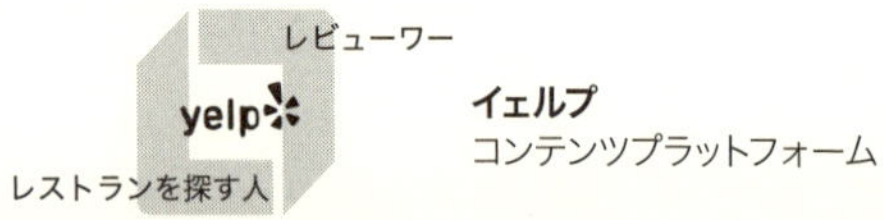

機づけるのだ。その狙いどおり、エリート隊は、初期のマーケティング戦略の基幹になった。イェルプは「ネットワーク効果」のはしごを急速にスケール化し、最も重要な領域で強力なコミュニティー意識を確立した会社の最高の例だろう。

⑥両方の役割を果たせるユーザーグループを探せ

この戦略の基本的なアイデアは、三つめの戦略（プラットフォームがプロデューサーの仕事をする）と似ている。ただしこれは、ユーザーにプロデューサーと消費者の両方の役割を果たしてもらう戦略だ。この両方ができるユーザーグループを見つければ、初期の段階でプロデューサーと消費者という二つのグループを取り込み、そのバランスを取るのに必死になる必要はない。エッツィーはこの戦略で成功を収めたプラットフォームだ。エッツィーの初期の調査で、手工芸品を買う可能性が最も高い人たちは、手工芸品を作る人たちであることがわかった。だからエッツィーは、このユーザーグループに的を絞り、一般に拡大する前にマーケットプレースの両側を埋めようと考えた。その戦略はうまくいき、エッツィーは２０１５年４月にＩＰＯを果たし、２億６７００万ドルを調達することに成功した。[14]この戦略は、ほとんどのソーシャルネットワークとコミュニケーションプラットフォームにも当てはまる。これらのプラットフォームでは、消費者とプロデューサーが重複する部分が非常に大きく、ほとんどのユーザーが、時と場合によって両方の役割を果たす。フェイスブックのユーザーは、プロフィールを作るプロデューサーであると同時に、友達のプロフィールを見る消費者でもある。スナップチャットでは、メッセージを送るユーザー（プロデューサー）が、受信するユーザー（消費者）でもある。

⑦シングルユーザー・ユーティリティーを提供する

七つめの戦略は、シングルユーザー・ユーティリティーの提供だ。ベンチャーキャピタリストのクリス・ディクソンの言葉を借りれば、それは魅力的なツールでユーザーをおびき寄せ、そのままネットワークに取り込むアプローチだ。[15]プラットフォームにはさまざまな機能や側面があるが、ユーザーに確実に価値をもたらす機能を用意する戦略だ。

この戦略をとったプラットフォームの多くは、ネットワーク構築前から、ユーザーに必須の機能を提供するアプリとして存在した。初期のインスタグラムがいい例だ。本格的なSNSになる前、インスタグラムはユーザーに写真の撮り方と、それをクールに見せる方法を提供するツールだった。

レストラン予約プラットフォームのオープンテーブルも、この戦略をとって参加レストランを増やした。同社は、サンフランシスコのトップクラスのレストランでさえも、コンピューター予約システムを導入せず、昔ながらのペンとノートで予約を管理していることに気がついた。そこでオープンテーブルは、オンラインで予約を管理するアプリを開発して、サンフランシスコのトップレストラン20店にターゲットを絞り、システム導入を支援すると提案した。トップレストランが参加すると、すぐに他のレストランもオープンテーブルに関心を持つようになった。システムの中核となるレストランが集まると、オープンテーブルはそのプラットフォームを一般消費者に開放して、オンラインで予約を取れるようにした。

もちろん、シングルユーザー・ユーティリティーを手っ取り早く提供する方法は、ユーザーにお金を払うことだ。この手法だと、他にユーザーがいようがいまいが、ネットワークに参加することで価値を得られるから、プラットフォームの価値に関するユーザーの不安を取り除く助けになる。ただし、気をつけないといけないのは、このように金銭を直接支払う補助方法は、長期的に維持するのが難しいことだ。その補助がなくなったら、ユーザーは立ち去ってしまうかもしれない。

＊　＊　＊

プラットフォームを軌道にのせる七つの主要戦略を紹介してきた。初期のユーザー獲得は、プラットフォームを構築するうえで特に難しい部分だが、これらの戦略を創造的に使えば、プロデューサーと消費者のどちらを先に獲得するかという問題を克服して、ユーザーを取り込むことができるだろう。次は、ネットワーク効果のはしごを上って、長期的な成長のエンジンをかけることだ。

結論 次のビッグチャンスを見つける方法

古いものはなくならないが、重要でなくなる。

――ベネディクト・エバンズ、アンドリーセン・ホロウィッツのパートナー

アディエン（Adyen）という名前を聞いたことがあるだろうか。アムステルダムに拠点を置く電子決済サービス会社で、プラットフォーム経済の目に見えないエンジンだ。アディエンは、エアビーアンドビーやブッキング・ドットコム、ドロップボックス、フェイスブック、スポティファイ、イェルプ、ウーバーなど多くの企業の決済を請け負っている。グローバルなプラットフォーム企業に顧客を絞ることで、アディエンは急成長を遂げてきた。２０１３～14年の売り上げは９５００万ドルから１億８５００万ドルへとほぼ倍増。２０１４年には投資家から2億５０００万ドルを調達して、15億ドルの企業価値があると認められた。(1)

アディエンがウーバーに採用されたのは、ウーバーがオランダに進出した２０１２年のこと。以後、ウーバーが六大陸数十カ国に進出するのを助けてきた。アディエンは各地の規制や決済構造に

応じてシステムを調整して、顧客企業が世界２００カ国近くで支払いを受け取れるようにしている。「ユニコーン（評価額10億ドル以上のスタートアップ）が急速な成長を遂げるなかで、スピーディーに事業を開始できることと、複雑性を取り除くことは最重要事項だ」と、アディエンのピテル・ファンデルドゥスＣＥＯは言う。「こうしたスタートアップにとって、アディエンの利点は、新しい市場ですぐに事業を開始できることと、速やかにスケール化できることだ。次のスポティファイやウーバーがモロッコやポーランドに進出したとき、アディエンなら初日から決済を処理できる」

グローバルなプラットフォームにとって、外国への進出は容易ではない。特に決済は複雑だ。決済の仕組みは国によって大きく違う。アメリカとイギリスではオンライン取引の多くがクレジットカードで決済されるが、それ以外の国では、クレジットカードはさほど日常的に使われていない。「オンラインショッピングの決済方法は、国によって驚くほど違う」と、ファンデルドゥスは言う。「私たちは、グローバル企業が世界中の市場で、主要決済方法を利用できるようにすることで、世界の電子商取引に革命を起こしてきた。中国ではアリペイ、テンペイ、ユニオンペイ、ドイツではＳＯＦＯＲＴ、ロシアではＱＩＷＩ、ブラジルではボレトといった具合で、数えだしたらきりがない。このアプローチは大きな成功を収めており、多くの顧客は外国に進出するとき、『決済ファースト』のアプローチを取る。つまり新しい国でオペレーションを開始する前に、まずは国際配達と現地の決済方法を確保するようになった」

アディエンは、クレジットカード決済の承認率に関するデータも集めており、顧客企業と協力して、クレジットカードの拒絶率を最小限に抑えようとしている。あなたが次にウーバーを利用したとき、あるいはエアビーアンドビーでアパートを予約したとき、あなたのカードが拒絶されずにスムーズに決済ができたら、感謝するべき相手はアディエンだ。

ただ、プラットフォームと提携するときは、特殊な課題に対処できないといけない。第一に、プラットフォーム企業の成長が猛烈に速いこと。第二に、プラットフォームは、複数のカスタマーグループと同時に取引できなくてはいけないことだ。

「私たちのマーケットプレース・ソリューションは、プラットフォームと最高の提携方法を提供する」と、ファンデルドゥスは胸を張る。「『アディエン・マーケットペイ』は、売り手、買い手、そしてプラットフォームの間で、支払いを自動的に分割できるようにする」。これはプラットフォーム企業にとって、極めて大きな魅力だ。なにしろ通常、支払いの分配には大量の社内リソースを消費する。「1回の注文で、消費者は3人のベンダーから商品を購入する場合がある」と、ファンデルドゥスは言う。「その場合、売り上げを各ベンダーに分ける作業と、マーケットプレースに払う手数料を計算する2段階の作業が必要だ。全部合わせると、4人の当事者間で、計6回の分割が行われる非常に複雑なプロセスだ。アディエンはそれを引き受けることで、マーケットプレースの負担を取り除くとともに、決済プロセスを自動化して、プラットフォームが世界進出に集中できるようにする」

「これはゴールドラッシュだ」

プラットフォーム企業が抱える問題を解決するビジネスで成功したのは、アディエンだけではない。エアビーアンドビーの爆発的成長を受けて、民泊に付随するサービスを提供するビジネスがたくさん誕生している。その多くはホスト向けだ。たとえば、エアスプルース（AirSpruce）は、エアビーアンドビー用にクールなリスティングを作りたいホストのために、旅行ライターを紹介する。一泊料金をどのくらいに設定するべきかわからないなら、ビヨンド・プライシング（Beyond Pricing）の料金調整サービスを利用すれば、適時最適な料金を教えてくれる。ほかにも、エバーブックド（Everbooked）、プライスラボ（Price Labs）、スマートホスト（SmartHost）などが、エアビーアンドビーのホストに便利なツールを提供している。キーカフェ（Keycafe）は、アパートの鍵を地元のカフェに預かってもらうシステムを作っている。ゲストにしてみれば、ホストの都合に合わせて到着時間や出発時間を調整しなくても、そのカフェの営業時間内ならいつでも鍵を引き取れる。アーバンベルホップ（Urban Bellhop）は、鍵の受け渡しだけでなく、チェックインの作業も引き受けてくれるほか、リスティング管理や清掃サービスも提供する。ピロー（Pillow）、ビヨンド・ステイズ（Beyond Stays）、ゲスツィー（Guesty）も、似たようなサービスを提供するスタートアップだ。

ウーバーの周りにも、そのサービスをサポートするエコシステムができてきた。サンフランシスコのスタートアップ、ブリーズ（Breeze）は、空き時間にウーバーやリフトのドライバーをしたいが自家用車がないという人のために、週195ドルで車をリースしている。2013年末、ウーバー自身も自動車ローン会社と提携して、ドライバーをしたい人へのサポートに乗り出した。(2) 保険業界にとっても大きなチャンスだ。ウーバーもリフトも、実車中のドライバーには保険をかけているが、この保険は乗客を迎えに行くときなど客を乗せていないときはカバーされない。一方、多くの個人向け自動車保険は、契約者がウーバーの仕事をしていることを知ると契約を取り消してしまう。伝統的な商業保険の特約を付けようとすると、多くのパートタイムのドライバーには手が出ないほど保険料が高くなってしまう。

そのニッチを埋めるのが、メトロマイル（Metromile）などの保険会社だ。メトロマイルの自動車保険は、走行距離によって保険料が決まる。契約者は、メトロマイルから支給される走行距離計をマイカーに設置し、それをウーバーのシステムとリンクさせると、個人的なドライブと、ウーバーのドライバーとしての走行を区別できる。ウーバーでの実車中は、ウーバーの保険が適用されるから、メトロマイルは個人としての走行距離分だけ保険料を課す。「既存の保険モデルは、（ウーバーに）適応していなかった」と、メトロマイルのダン・プレストンＣＥＯは言う。[3]「メトロマイルは、テクノロジーを駆使した保険商品を提供している」。ガイコやプログレッシブなどの既存の自動車保険大手も、メトロマイルに追随してウーバーやリフトのドライバー向けにライドシェア保険を販売し始めた。

大型プラットフォームの周囲に派生的ビジネスが生まれるのは、新しい現象ではない。たとえば検索サービスでは、グーグルの検索上位に表示されるようにするコツや広告戦略をアドバイスする「ソーシャルメディアマネジャー」が続々と誕生した。こうした周辺サービスを提供する人や企業は、フェイスブックやリンクトイン、ツイッターといった大手プラットフォームあってこその存在だ。ユーチューブは、大量のユーチューバー（YouTuber）を生み出してきた。さらにスモッシュやピューディパイといったトップクラスのユーチューバーには、彼らの動画制作やゲーム中継をサポートするビジネスが大量に存在する。アプリ開発者とモバイルゲーム業界も、ｉＯＳやアンドロイドといった開発プラットフォームを中心に爆発的に拡大している。２００９年創業のアプリコも、もとはアプリ開発会社としてスタートした。アプリ開発業界だけでも、２０１７年までに市場価値は７７０億ドルに膨らむと見られている。(4)

ウーバーやエアビーアンドビーといったユニコーンに投資するチャンスを逃した多くの投資家は今、こうしたプラットフォームの周辺ビジネスを物色している。「ゴールドラッシュだ」と、あるベンチャーキャピタリストは言う。「ウーバーやエアビーアンドビーのような黄金を探すか、ガラクタを売り続けるかどちらかだ」(5)。だが、このアプローチにリスクがないわけではない。プラットフォームが、こうした派生的なサービスをみずから提供し始める場合がある。また、サードパーティーがルールや基準に反した場合は、プラットフォームへのアクセスを禁止することもできる。どちらの場合も、独立サービスプロバイダーは、一夜のうちに自分のビジネスが成り立たなくなりかねない。そんな苦い経験をした企業の例をいくつか紹介しよう。

ファームビルに賭ける

２００７年５月24日、フェイスブックは開発者カンファレンス「Ｆ８」で、フェイスブック内アプリの開発プラットフォームを立ち上げると発表した。新たなゴールドラッシュの始まりだ。開発者たちは、フェイスブックのソーシャルグラフ（ユーザーのネットワークを示すデータ）を活用しようと、このプラットフォームに殺到した。マーク・ピンカスは、ソーシャルグラフの可能性に最初に気づいた一人だ。「自分の友達と、その友達をみんな集めたら――ゲームができるぞ、と思った」と、ピンカスは振り返る。「それまではゲームが好きなことを隠してきた。忙しくて、どこかに友達を集めることもできなかったしね。でも（フェイスブックでは）、すでに友達がいて、つながっている。そこにゲームをプラスしたらすごいぞ、と思ったんだ」[6]。開発者プラットフォームができたことで、ピンカスのビジョンは現実味を帯びてきた。そこで彼は、フェイスブック向けのゲームアプリを開発する会社プレシディオ・メディアを設立。2カ月後には、フェイスブック向けポーカーゲームを公開した。さらに、プレシディオはジンガ（ピンカスのブルドッグの名前だ）に社名変更して、2008年6月に『マフィア・ウォーズ』をリリースすると大ヒットになった。『マフィア・ウォーズ』は、ユーザーがギャング集団を作って遊ぶマルチプレーヤーゲームだった。他のプレーヤーと戦ったり、自分のチームに引っ張り込んだり、手を貸してもらったりしてミッションを完遂する、まさにソーシャルなゲームだった。だが、その最大の特徴は、現在「フリーミアムゲーム」と呼ばれるゲームだったことだ。つまりプレー自体は無料（フリー）だが、わずかな料金を払うと高度な機能（プレミアムコンテンツ）を利用できたり、上級ステージに進めるゲームだ。

　続いてジンガは2009年6月、『ファームビル』をリリースした。すでにフェイスブックで大人気となっていた『ファームタウン』にそっくりのゲームで[7]、目新しさはなかったが、たちまちメガヒットになった。『ファームビル』は、リリースから2カ月で、1日100万人以上のユーザーがプレーするゲームになっていた。[8] その1カ月後の資金調達で、ジンガは著名VCのクライナー・パーキンス・コーフィールド&バイヤーズなどから2900万ドルを調達した。

『ファームビル』もフリーミアムゲームだった。プレーヤーは自分の農場を作り、作物を育てる。でも、上のステージに進むためには、友達に来てもらって農作業を手伝ってもらわなければならない。もちろんプレミアムを払えば、友達を呼んでこなくてもいい。当時フェイスブックをやっていた人なら、その結果を覚えているだろう。フェイスブックには、自分の農場で牛に水をやってほしい、といったリクエストがあふれかえった。どんなフリーミアムゲームでもそうだが、プレミアムを払ってもいいと思う人は全ユーザーの3～5%だ。お金を払いたくないユーザーは、自分の友達のウォールとニュース・フィードに招待メッセージやヘルプメッセージを送りつける。

これはフェイスブックも予想していない事態だった。開発者プラットフォームを立ち上げたとき、開発者がアプリを通じてユーザーにどんな活動をさせてもよいか、強力なルールを作らなかったためだ。このためジンガは事実上、フェイスブックのユーザーが友達にスパムを送りつける事態をもたらした。ファームビルから（つまりジンガ経由）送られるメッセージは、承認済みの友達からのメッセージとして、優先的に表示されるようになっていたから、問題は一段と悪化した。2010年3月1日、フェイスブックはポリシーを変更して、開発者がユーザーに送れる通知の数を制限した。するとたちまち、ジンガのゲームのトラフィックは急減した。『ファームビル』のユーザー数は、1カ月で26%減少した。ジンガは、フェイスブックを出てすべてのゲームをジンガ・ドットコムで運営することも検討したが、結局フェイスブックにとどまることに決めた。そして新ゲーム『シティービル』をリリースしたところ、それまでで一番の人気ゲームとなり、ユーザー数は43日で1億人を突破した。

フェイスブック上のユーザーが飽和状態に近づいたことに気がついたジンガは、新たな成長チャンネルを求めて、積極的な企業買収に乗り出した。2010～11年にゲーム会社を11社も買収した。[9]オンラインゲーム業界は、ゲームがヒットするかどうかが業績を最も左右するから、ジンガは売り上げを増やす近道として、ヒットゲームを新たに制作するよりも、すでに人気のゲーム（とその開発チーム）を買収することに資金を注ぎ込んだ。その結果、ジンガの業績は2010年に初めて黒字に転じた。だが、成功は長続きしなかった。2011年には、フェイスブックでの成長が衰え始めた。にもかかわらず、ジンガは2011年12月16日にIPOに踏み切った。そしてその年、過去最大となる4億400万ドルの純損失を計上した。2012年にフェイスブックが開発者プラットフォームのルールを厳しくすると、ジンガはますます低迷の一途をたどり、もはやヒットゲームも作れなくなった。2012年末、ついにジンガはフェイスブックと袂を分かった。[10]ジンガの売り上げの推定80％はフェイスブックユーザーによるものだったが、そのゲームを独自のプラットフォームに移すことに決めたのだ。もはやプレーヤーは、フェイスブックでゲームの進捗状況を友達とシェアできなくなった。

ゲームのプラットフォームがパソコンからスマートフォンなどの携帯端末に移ったことも、ジンガには不意打ちとなった。ジンガの最大のライバルは、もはやフェイスブック向けのアプリを開発していなかった。大きな盛り上がりを見せているのは、ｉＯＳとアンドロイドだった。携帯端末で大人気となったのは『テンプル・ラン』『クラッシュ』『キャンディークラッシュ』といったゲームで、ジンガはフェイスブックで得たような成功を再現できなかった。ピーク時は１日３億６００万人いたジンガのアクティブユーザーは、１年後の２０１３年６月には1億８７００万人まで落ち込んだ。ジンガの赤字は悪化し、人員削減を続け、ピンカスは２０１３年にＣＥＯを退任した。こうして彼が夢見たビッグパーティーは、終わりを迎えた。

栄枯盛衰

ジンガの盛衰は、有力プラットフォームを中心に関連ビジネスを展開するリスク（と潜在的なチャンス）の好例だ。ジンガは、フェイスブックの開発者プラットフォームの潜在能力をいち早く利用したが、フェイスブックがルールを厳格化すると、たちまち成長が失われてしまった。その後も新しいタイトル（ヒット作の続編も多い）を発表しているが、立ち直っていない。プラットフォームの打ち出した変更が、エコシステムの先行きに大きな影響をもたらすことは珍しくない。第６章でも紹介したが、多くの開発者がツイッター関連アプリを制作していたが、ひとたびツイッター自身がその役割を担うことに決めると、多くのサードパーティー開発者は文字どおり、「商売上がったり」になってしまった。

どちらのケースでも、目ざとい開発者は、目先のチャンスを利用して成功を収めた。ジンガは、フェイスブックのユーザーにゲームへの招待状を大量に送りつけることで急成長を遂げた。フェイスブックも、当初はジンガの急成長から大きな恩恵を得た。フェイスブックの2011年の売り上げの12%をジンガが占めたのだ。[11] タイミングも絶妙だった。フェイスブックは2012年初めにIPOを控えていた。直前に売り上げが大幅に増えたおかげで、IPO価格は上昇したし、現金収入も増えた。だが、ジンガの成功は、フェイスブックがジンガの販促活動を規制すると消えてしまった。ツイッターも、みずからが未熟だった時代は、サードパーティーのモバイルアプリから恩恵を得たが、ビジネス上さらなる成功を目指すには、そのコアエクスペリエンスを完全にコントロールできる必要があった。つまりツイッターのアプリは、ツイッターが所有している必要があった。多くの開発者は、ツイッターのアプリを1~2ドルで販売することで短期的に大きな成功を収めたが、その目標はツイッターの長期目標と一致しなかったため、成功は長続きしなかった。

もちろん、プラットフォームの長期目標に合わせたアプリを作ったとしても、生き残れるとはかぎらない。アンドロイド端末メーカーの一部に起きたことを見るといい。プロローグで述べたように、グーグルは大手スマートフォンメーカーと通信事業者からなる、いわばアンドロイド応援団を組織した。HTCとモトローラは、アンドロイド端末を普及させるうえで、極めて重要な役割を果たした。HTCのスマートフォン「マイタッチ」と「エヴォ」は大ヒットしたし、モトローラの「ドロイド」もそうだった。ところが2012年までに、両社の売り上げは大幅に減少した。2012年のHTCの売上高は前年比36%減だった。[12] モトローラはすでに赤字で、2011年度の赤字幅は2億4900万ドルにもなっていた。[13] このためモトローラは、2012年に1125億ドルで身売りを決めた（とはいえ、この買収にはモトローラの手元資金30億ドルが付いてきたから、実質的な買収額はわずか95億ドルだった）。そのときでさえ、グーグルの狙いはもっぱらモトローラが保有する特許だった。これらの特許は、グーグルが特許紛争で特許管理専門会社やライバルからアンドロイドを守る役に立った。２０１２年末までに、グーグルはモトローラの家庭機器部門を23億５０００万ドルで売却。翌年にはモトローラの携帯端末部門を29億１０００万ドルでレノボに売却した。泣きっ面にハチで、レノボは２０１６年の終わりまでにモトローラというブランド名の段階的廃止を決めた。ＨＴＣも厳しい運命をたどった。２０１１年末からの半年で、ＨＴＣの時価総額は２７０億ドルも減り、ピーク時の25％以下になった。２０１２年10月、ＨＴＣは第３四半期の売上高が前年同期比48％減、純利益は同79％減だったことを発表した[14]。２０１５年８月までに、ＨＴＣの時価総額は２０１１年のピーク時のわずか５％にまで縮小した。２０１５年８月９日には、ＨＴＣの時価総額４７０億台湾ドル（当時15億米ドル）は、手元資金４７２億台湾ドルを下回った[15]。手元資金がなかったら、ＨＴＣの価値はゼロ以下だったのだ。

ＨＴＣとモトローラに何が起きたのか。短い答えは、サムスンだ。サムスンは短期間、マイクロソフトのＯＳ「ウィンドウズ・モバイル」対応端末を作っていたが、のちにアンドロイドを使うことを決めた（独自のＯＳ開発を検討したこともあったが、それは断念した）。２０１０年６月、サムスンはアンドロイド端末「ギャラクシーＳ」を発売し、１年後にはアンドロイド端末に集中することを決めた。２０１１年11月に「ギャラクシーＳⅡ」を発売したときは、大掛かりなマーケティングを展開するとともに、アップルとｉＰｈｏｎｅを激しく攻撃。２０１２年に発売した「ギャラクシー

SⅢ」で、世界で最も売れているスマートフォンの地位を正式に（そして十分な差をつけて）iPhoneから奪った。スマートフォン部門は同社で最大の利益を上げ、その年の終わりまでにサムスン全体の利益を76％押し上げた。ウォール・ストリート・ジャーナル紙は2013年1月、「アップルはサムスンにクールさを奪われたのか」という記事を掲載した。[16]

だが、それまでの端末メーカーと同じように、サムスンのトップの座も長続きしなかった。アンドロイド端末は増え続けたが、サムスンは新たなライバルに押されている。低価格機種では、中国のメーカーがサムスンを激しく追い上げている。特に、かつてサムスンのスマートフォンがナンバーワンだった中国では、いまやシャオミとファーウェイ（華為技術）のアンドロイド機のほうが売れている。[17] サムスンはアップルにも遅れを取っている。2014年9月9日に発売されたiPhone6とiPhone6プラスは、サムスン端末の最大の強みである大型ディスプレイを実現した。大型ディスプレイは、長い間高級機種市場におけるサムスンの優位を牽引する特徴だったが、アップルがそれを実現すると、たちまちサムスンのシェアは食われ始めた。iPhone6の発売後、アップルの四半期利益は同社史上最高となった。[18]

同時期、サムスンの四半期利益は64％減となり、[19] その後ももがき続けた。2015年7月、サムスンは7四半期連続で利益減となった。わずか数年で、サムスンの携帯端末部門は、看板部門から衰退部門へと転落した。多くのアナリストや投資家が、かつて支配的だった会社が「末期的な衰退」にあると示唆した。[20]

ピラミッドの頂点

サムスン、そしてその前にＨＴＣとモトローラに起きたことは、実に多くを物語っている。スマートフォン業界で起きていることは、経済全体で起きていることの縮図と言っていい。現代の産業界では、プラットフォームがその頂点に位置し、最大の市場支配力、最大の利益、そして最も持続可能な競争優位を持つ。サムスンのように、価値の高い直線的ビジネスを構築することは今も可能だが、商品がコモディティー化し、ライバルに特徴をコピーされると、その競争優位はしばしば急速に失われ、「本家」は新たな強みを獲得しようと必死になる。機能は真似しやすいが、ネットワークは違う。商品はコモディティー化するが、プラットフォームはしない。

長年直線的企業だったサムスンは、何年も前にその問題点を認識して、プラットフォーム企業への移行を試みてきた。ここ数年は、複数のメーカーが集まる開発プラットフォーム「タイゼン（Tizen）」にも参加してきた。タイゼンは、とりわけウエアラブル機器やスマートＴＶなど、新しいデバイス向けのオープンソースシステムだが、あまり成果は上がっていない。すでにアンドロイドとｉＯＳがこれらの分野に進出しており、グーグルとアップルはそこでの開発者との関係を、ハードウエアメーカーに譲りそうにない。このためサムスンの凋落は続く可能性が高い。ブルームバーグの投資番組「マーケット・メーカーズ」の司会者エリック・シャッカーは、サムスンの苦闘を見てこう言った。「インテリジェンスとパワーが集まるのは、プラットフォーム企業であることが明らかになってきた(21)」。

もしあなたが今日ビジネスを立ち上げるなら、最大かつ最も持続可能なチャンスをもたらしてくれるのは、プラットフォームだ。だが、フェイスブックやウーバー、エアビーアンドビーといった成功したプラットフォームのビジネスモデルをコピーしただけでは、うまくいくとはかぎらない。デスクトップコンピューター向けＳＮＳを立ち上げる好期は、ブロードバンドが普及してコンピューターでインターネットを使うことが広がり始めた２０００年代初めだ。ウーバーなどの輸送系マーケットプレースを構築する時期は、スマートフォンが主流派の消費者に広がり始め、現在のユニコーン企業の多くが拡大を始めた２０１０年代だ。こうした競争環境を理解せずに、成功したビジネスをただ真似ても、失敗するだけだ。ここから先は、プラットフォームを構築するチャンスを見つける方法と、プラットフォームが最大のインパクトを与えられそうな領域を考えてみよう。

法との戦い

まず、新しいプラットフォームを構築するプラス面を語る前に、最大のリスクを話しておきたい。それは現行の法令だ。20世紀のほとんどの間は、直線的なビジネスが支配的だったため、多くの法律はこうしたビジネスを規制することを想定して作られており、プラットフォームにはうまく当てはまらないことが多い。このため、業界初の本格的プラットフォームは、法的なグレーエリアで活動することになる場合が多い。「規制の目を逃れられるくらいでなければ、そのアイデアは大したことがないのかもしれない」と、ＶＣのグレイロック・パートナーズの投資家サイモン・ロスマンは言う[22]（ロスマンはイーベイ・モーターズの創業者で、副社長としてイーベイの自動車部門構築に貢献した）。伝統的な企業の多くは、現行法規の枠組みを利用して、プラットフォームを閉鎖したり、その成長を制限しようとするだろう。その最も顕著な例は、エアビーアンドビーとウーバーだ。どちらも法的に大きなハードルに直面してきた。ユーザーの安全性確保をめぐり、エアビーアンドビーが奮闘してきたことについては、第6章で簡単に触れた。ウーバーがワシントンとニューヨークで、規制上のハードルに直面したことは第4章で触れた。ほかにも両社は、さまざまな訴訟に直面している。エアビーアンドビーは宿泊業に関する規制と課税問題で、ウーバーは「1099」事業者の地位をめぐる問題で（詳細はこの後すぐに述べる）。ウーバーとエアビーアンドビーだけでなく、大手プラットフォームは独占的な存在となり、既存の業界を脅かすようになると、ほぼ例外なく法的な問題に直面するようになった。

その第一号は、ドットコム時代のイーベイだろう。1990年代末〜2000年代初め、イーベイは不正品を購入してしまった多くの消費者から訴えられた。不正品を購入してしまったのは、イーベイの責任だというのだ。これに対してイーベイは、自分たちは販売のマーケットプレースを運営しているだけで、不正取引の責任は問われるべきでないと主張し、ほとんどのケースで勝利した[23]。アリババも2015年に上場した後、傘下のオークションサイト、タオバオ（淘宝網）で売られた不正品をめぐり、似たような訴訟に直面した。これに関しては、不正品の取り締まり方法を改善するよう米政府から指導される事態にもなった[24]。

ペイパルも、2000年代初めにその法的地位をめぐり訴訟になった。ペイパルは商業銀行のように融資事業をしていなかったし、ユーザーの口座残高に利息も支払っていなかったから、商業銀行ではないと主張した。だが、2002年1月にペイパルがIPOの手続きを開始すると、カリフォルニア州、アイダホ州、ルイジアナ州、ニューヨーク州が、同社を商業銀行に分類すると言い出した。ルイジアナ州は、ペイパルを同州で禁止するとまで言い出した。こうした訴訟は、全米銀行協会など銀行業界のロビー団体の支援を得ていた[25]。しかし数カ月後に、米連邦預金保険公社（FDIC）が、ペイパルは連邦銀行法の適用対象にならないとの意見書を提出[26]すると、各州の規制当局は訴えを取り下げた。

ユーチューブも、ユーザーによる著作権侵害動画や音楽のアップロードについて、複数の裁判で責任を問われた。法的リスクが高まったことが、ユーチューブが2006年にグーグルに身売りした大きな要因の一つとなった。著名投資家のマーク・キューバンは当時、著作権訴訟リスクのために、「ユーチューブを買ったらグーグルは大変なことになるだろう」とブログに書いた。「何千人もの著作権者が、自分のコンテンツがユーチューブでダウンロードされたとして、ユーチューブに最大限の賠償金支払いを求める訴訟を起こすだろう[27]」。ある意味でキューバンは正しかった。2007年3月、米メディア大手バイアコムはユーチューブに対して著作権侵害訴訟を起こし、10億ドルの損害賠償金支払いを求めた[28]。だが、グーグルはデジタル・ミレニアム著作権法の免責条項により、責任を回避することができた。

だが、新しいプラットフォームが訴えられるトレンドは止まりそうにない。ユーチューブがグーグルに買収された数年後、オンライン融資プラットフォームのレンディング・クラブが、法的な問題に直面した。２００６年に設立されたレンディング・クラブは、その新しい融資方法が規制当局の目の敵にされた。レンディング・クラブは、消費者ローンを小口に分けて、多数の人が大きな融資案件に参加する仕組みをつくった。これは個人投資家にとって、リスク分散にもなる。だが、米証券取引委員会（ＳＥＣ）は、これらの融資は、ＳＥＣがそれまで承認してきた形の証券とは異なると判断。ＳＥＣとレンディング・クラブは、新しいタイプの証券を定義する必要に迫られるとともに、同社はＳＥＣに登録しなければならなかった。２００８年、レンディング・クラブはＳＥＣの承認が下りるまでの半年間閉鎖された。[29] 最終的にＳＥＣから承認をもらって活動を再開したが、プロスパーとゾパといった同様の融資プラットフォームも、似たような問題に直面した。

このように、プラットフォーム企業が法規制上の問題に直面することは非常によくある。プラットフォームのビジネスモデルは、直線的なビジネスと比べて多くの強みをもたらすが、深刻な法的リスクに直面するという潜在的なマイナス面がある。そのせいでレンディング・クラブやプロスパーのように、廃業に追い込まれそうになることもある。

その一方で、こうした問題は、エアビーアンドビーやウーバーをめぐる論争を大局的に見る助けになるはずだ。既存の法的枠組みへの挑戦は、プラットフォーム企業にとって馴染みの領域なのだ。

エアビーアンドビーの場合、宿泊業規制や安全基準が適用されないのはおかしいと、ホテル業界が声を上げている。大手ホテルは、各地とりわけニューヨーク市（エアビーアンドビー最大の市場の一つだ）の規制当局に、エアビーアンドビーのホストを取り締まるよう圧力をかけた。ある報道によると、ニューヨーク市のエアビーアンドビーの物件の４分の３が「違法」だ。[30] それでもエアビーアンドビーの成長は止まることがなく、ニューヨークの多くのホストも物件の貸し出しをやめなかった。ゲストの安全性についてエアビーアンドビーに責任があるかないかも、大きな法的問題となった。第6章で述べたとおり、同社は、ユーザーの安全確保のために思い切った措置をとってきた。だが、ホストたちに地元の宿泊業規制や安全基準を守らせる努力は、さほどしていない。2015年11月、同社はまたもマイナスの注目を浴びた。エアビーアンドビーに宿泊していたゲストが死亡したという記事が出たのだ。[31] 利用者から起こされた訴訟も多い。2016年初めの時点で、伝統的なホテルを念頭においた規制の枠組みの中で、エアビーアンドビーの立場は極めて不安定だ。

ウーバーにとっての最大の法的問題は、ドライバーの法的地位だ。ウーバーはドライバーをパートナーと呼び、アメリカではいわゆる「1099コントラクター」（契約請負業者）」、つまり独立自営業者とみなしている。これは、このタイプの就業者が内国歳入庁（IRS）に提出する書式1099に由来する呼び方で、ウーバーは彼らの分の給与税を払わなくていいし、医療保険や労災補償といった長期的な福利厚生を提供する必要もない。また、ドライバーの行動についてウーバーの法的責任も制限される。ハンディー、リフト、インスタカート、ポストメート（Postmates）など多くのサービスマーケットプレースでも、サービス提供者の一部または全員を、「W2ワーカー（パートタイマー）」ではなく「1099コントラクター」とみなしている。だが、現時点では、サービス提供者の分類を間違っているという訴訟を起こされているのはウーバーだけだ。もし訴訟に負けたら、その後遺症は重大だ。プロデューサーをW2ワーカーに分類しなければならなくなったら、何億ドルもの損害賠償金や税金を支払わなくてはいけないかもしれない。医療保険を提供する責任も生じる可能性が高い。Ｗ２ワーカーを使ってプラットフォームを運営することは可能だが、それに伴う諸経費や追加的な税負担は大きい。そうなれば、これらのプラットフォームは多くの柔軟性とコスト優位性（それらは手頃な価格という形で消費者に還元されることが多い）を失うだろう。このため係争中の裁判は、プラットフォーム企業の長期的な存続に大きな影響を及ぼす可能性が高い。

このようにプラットフォームのビジネスモデルは、大きな利点がある反面、深刻な法規制上のリスクを抱えていることが多い。ある意味で、多くのプラットフォーム・ビジネスは、規制についての先物買いだ。そのビジネスが規制や法的問題を克服して、市場を獲得できれば、投資家にとってもユーザーにとっても、巨大な経済的恩恵がある。しかしもし現行法の制約を乗り越えられなければ、ただちに廃業となるリスクがある。大手サービスマーケットプレースが、サービス提供者の分類訴訟に負けて、彼らをＷ２ワーカーとして扱わなければならなくなったら、そのユニットエコノミクスはさほど優れたものでなくなり、アメリカでは同種のマーケットプレースの多くが廃業に追い込まれるかもしれない。エアビーアンドビーやウーバーのような大手プラットフォームでさえ、法廷闘争に負ければ、すぐにその価値が失われる恐れがある。

最後に、１０９９エコノミー、つまりギグエコノミーで働く人々が直面する問題について触れておきたい。この新しい柔軟な働き方が与える幅広い影響は、基本的に本書の守備範囲外だ。このトピックについては多くの良書があり、今後も良書が誕生するだろう。このタイプの就業者を取り巻く特殊な問題が大きく関係してくるプラットフォームは、サービスマーケットプレースだけだ。

そしてサービスマーケットプレースは、本書で説明してきたプラットフォーム・ビジネスの一部にすぎない。ただし、サービスマーケットプレースが、経済的にも社会的にも長期的に成長できるようにするには、(特にアメリカでは) 仕事のやり方の変化にしたがって社会的なセーフティーネットも改革する必要があるだろう。

現時点では、セーフティーネットの携行性を確保すること (転職先に社会保障を持ち運べるようにすること) や、ベーシックインカムの導入が支持を集めつつあり、この議論の優れた叩き台になりそうだ。プラットフォーム経済のどこに自分たちの居場所はあるのかという就業者たちの懸念は、もっともなものだ。ただ、どのような改革をするのであれ、プラットフォーム企業独特のニーズを考慮に入れて、丸いもの (プラットフォーム) を四角い (直線的な) 型に押し込まないようにするべきだ。現行の多くの政策や規則は、プラットフォーム経済にはあまり適していない。プラットフォームの経済的・社会的影響力が高まるにしたがい、就業者とプラットフォーム企業の両方のためにも、この変革が起きることを期待したい。

一つのプラットフォームがすべてを支配する?

プラットフォーム経済の未来を理解するために、もう一度中国を見てみよう。アリババは2014年9月に、記録的なIPOを果たしてメディアを席巻した。だが、最終損益を見ると、まだライバルのテンセントのほうが上だ。2014年のアリババの売上高は122億9000万ドル、利益は37億3000万ドルだった。これに対してテンセントは売上高が129億ドル、利益は39億ドルと、フェイスブックさえも上回った（フェイスブックは売上高124億7000万ドル、利益は29億4000万ドル）。

何より興味深いのは、テンセントの儲け方だ。アリババは傘下にタオバオとTモールというマーケットプレースがあるが、テンセントも、テンセントQQとウィーチャット（微信）という二つの大きな対話プラットフォームを傘下に持つ。ウィーチャットは、QQを原型に、さまざまな機能が追加されたチャットアプリだ。2014年の時点で、QQの月間アクティブユーザーは8億1500万人もいた。だが、テンセントはQQを携帯端末用に改変するのではなく、まったく新しいプラットフォームを一から作ることにした。こうして2011年1月、ウィーチャットがリリースされた。中国語表記の「微信」とは「マイクロメッセージ」という意味だ。2015年半ばまでに、ウィーチャットは世界第3位のモバイルメッセージング・プラットフォームになった。月間アクティブユーザー数は6億5000万人で、それを上回るのはフェイスブック傘下のワッツアップとフェイスブック・メッセンジャーだけだ(32)。

だが、ウィーチャットの最も興味深いところは、その利益のあげ方だ。ある推定では、ウィーチャットはワッツアップよりもユーザー一人あたり7倍の利益を上げているという。ワッツアップは年間アクセス料が1ドル程度だ(33)。ワッツアップの親会社であるフェイスブックと違って、テンセントの広告収入はわずかで、売り上げの80%以上は、デジタルステッカー、アイコン、顔文字、アバターなどのバーチャルグッズから得ている。フリーミアムゲームで売られるデジタルグッズ

から得る利益も大きい（ジンガやキャンディークラッシュを想像してほしい。ちなみにテンセントには『ファームビル』とそっくりの『QQファーム』がある）。実際、売り上げという意味では、テンセントは世界最大のゲーム会社で、700億ドルとされるグローバルゲーム市場の約8％のシェアを握る。(34)

ゲームとバーチャルグッズは、依然としてテンセントの最大の収入源だが、ウィーチャットでできるのはそれだけではない。ここ数年、どんどんマーケットプレースとサービスが増えて、ユーザーはゲームだけでなく、公共料金を支払ったり、銀行の残高を確認したり、友達に送金したり、慈善団体に寄付したり、ニュースを読んだり、近隣のバーゲン情報を得たり、映画のチケットを買ったりできる。病院の予約をしたり、タクシーを呼んだりといったサービス予約も、ウィーチャットのアプリ内でできる。もう一つウィーチャットのドル箱機能は「紅包（ホンバオ）」だ。中国では、春節や結婚式などの祝祭イベントに、家族や友達の間で赤い封筒に入れた小銭を贈る慣習がある。ウィーチャットでは、電子マネーで紅包を贈ることができる。受け取った人は、それをモバイルバンキング口座に貯金しておける。2015年の春節の前夜（2月18日）、推定10億個の「バーチャル紅包」が、ウィーチャットで送られた。(35)

ウィーチャットは、「公式アカウント」を通じて開発プラットフォームも追加した。これはウィーチャット内にユーザーが持つミニホームページのようなもので、現在推定1000万人がこのアカウントを作っている。中国語では「小程序（ミニアプリ）」と呼ばれ、ツイッターで企業やセレブをフォローするのと同じ要領で、他のユーザーのミニアプリにコネクトすることができる。その用途はセレブ情報、個人ブログ、銀行、病院、ドラッグストア、メディア、インターネットスタートアップなどさまざまだ。(36) ウィーチャットから本人認証を受ければ、決済の処理をしたり、ダイレクトメッセージやボイスメッセージに答えたり、自分を新たにフォローしたユーザーの居場所を知ることができる。ウィーチャットには検索エンジンやアプリストアもある。

このように、ウィーチャットはある意味で最強のプラットフォームになった。「あらゆるプラットフォームを制するプラットフォーム」だ。単にメッセージをやり取りするのではなく、幅広いプラットフォームやサービスのエコシステムをサポートしているのだ。中国におけるウィーチャットの成功を受け、いずれ欧米でもこのプラットフォームモデルが圧倒的になると業界アナリストらは見ている。まだそれは現実になっていないが、これから変わっていくのかもしれない。

フェイスブックは、２０１５年の開発者カンファレンス「Ｆ８」で、フェイスブック・メッセンジャーを開発プラットフォームにして、企業とアプリを消費者と結びつける計画を発表した。ウィーチャットがすでに中国でやっているのとかなり似ている。メッセンジャーとの正式な統合を最初に発表した会社の一つに、プロ・ドットコムがある。アメリカで最大級の住宅・内装マーケットプレースだ。メッセンジャーの巨大なユーザー基盤を考えると、同じ決定を下す企業は増えるだろう。ただ、フェイスブックが開発プラットフォームでかつてやったこと（ジンガを思い出してほしい）で痛い思いをした開発者は、まだ参加に慎重な姿勢を示している。

それに、アメリカでウィーチャットと同じモデルを作るのは容易ではないだろう。中国にはさまざまな種類のアプリストアがあって、５％程度のシェアを握るストアが十数個乱立している。アップルの iOSアップストアを除くと、こうしたアプリストアのほとんどは、中国のアンドロイド端末メーカーが運営している。だが、グーグルの中国におけるプレゼンスはごくわずかで、これらのメーカーが使っているのもグーグルが配布するアンドロイドではない。したがって、グーグルプレイサービス（グーグルが所有・管理するアプリと開発サービス）にもアクセスできないし、グーグル・プレイも使わない。これらのメーカーのほぼすべては、オープンソースのアンドロイド（「アンドロイド・オープン・ソース・プロジェクト（AOSP）」）を使っている。だから無数のアンドロイド対応アプリストアがあるのだ。最大のものはテンセントの「マイアップ」で、市場シェアは約25％だ。[37] ほかにも（ITセキュリティー大手の）奇虎360科技（チーフー360）が運営する「360モバイルアシスタント」、検索最大手のバイドゥが運営する「バイドゥモバイルアシスタント」、シャオミの「MIUIアップストア」などの人気が高い。その分割された市場環境にウィーチャットが乗り込んできて、アプリと企業（直線的な企業含む）をまとめあげた。

アメリカの状況は大きく異なる。開発プラットフォームは、グーグルの「プレイストア」とアップルの「アップストア」による事実上の寡占状態にある。フェイスブックは、ウィーチャットのようにOSを飛び越えて人々や企業が交流する大手プラットフォームになった（失敗に終わったフェイスブック・ホームは、この目標に向けた最初の試みだったが、メッセンジャーのほうがずっと成功の見込みは高そうだ）。だが、アメリカではすでにアップルとグーグルがこの役割を果たしていることを考えると、フェイスブックがウィーチャットと同じようなモデルを成功させるのは、ずっと難しいだろう。

ウィーチャットの成功を受け、別の業界でプラットフォームの中のプラットフォームという現象が起きると、一部の専門家や起業家は考えている。具体的には、いわゆるオンデマンド経済（ウーバー、グラブハブ、ハンディー、ポストメートなど）は、ＡＰＩによって一つの「スーパープラットフォーム」に統合されるというのだ。だが、競争関係にあるプラットフォームが従順な姿勢を示すことはまずないから、現実味は乏しそうだ。過去にも、ツイッターがフェイスブックの「友達」をインポートできるようにして、フェイスブックのソーシャルグラフを利用しようとしたとき、フェイスブックはツイッターからＡＰＩへのアクセス権を取り上げた。また、中国では、アリババとテンセントがプラットフォーム戦争の真っ最中で、お互いのエコシステムから相手を締め出している。この現象は新しいものではない。イーベイがマーケットプレースを構築していた当初、複数のライバルがイーベイなどのオークションサイトのリスティングを一つにまとめようとしたが、イーベイはこれを拒否してＡＰＩへのアクセスを遮断したため、これらの「まとめオークションサイト」は急速に衰えていった。

今後の流れとして最も可能性が高いのは、各プラットフォームのエコシステムの成長だろう。これらのエコシステムは、プラットフォーム版コングロマリットだ。ただし伝統的なコングロマリットは、多くの関連企業を買収して傘下に入れたが、プラットフォームのエコシステムは、複数のプラットフォームをカバーするビジネスを生み出す。たとえばグーグルは、グーグル検索（コンテンツサイトとショッピングサイトの両方をカバーする）、アンドロイド、グーグルプレイストア、アンドロイド・ペイとグーグル・ウォレット、ウェイズ、ハングアウトなどを持つ。そこに明らかに欠けているのはSNSプラットフォームだが、オーカット、グーグルウェーブ、グーグルプラスなど、これまでの試みはことごとく失敗に終わってきた。その一方でグーグルは、グーグル・エクスプレスなどサービスマーケットプレースの実験もしてきたし、自動運転車を開発してウーバーのライバルになる可能性もある。

同様に、アップルにはiTunes、iOS、アップストア、アップルペイ、iメッセージなどがある。フェイスブックはSNSプラットフォームとして始まったが、コンテンツプラットフォーム（インスタグラムとフェイスブック・ページ）、メッセージングプラットフォーム（メッセンジャーとワッツアップ）、さらには開発プラットフォームに拡大し、プロダクトマーケットプレースとサービスマーケットプレースの実験も数多くしている。

そしてアマゾンは、アマゾン・マーケットプレース、アマゾン・ペイメント、アマゾン・ウェブサービス（AWS）、ファイアTV、キンドルを持つ。キンドルには、コンテンツプラットフォーム（書籍とデジタルコンテンツ）とアンドロイドベースの開発プラットフォームが含まれる。アマゾンは、家事サービスのマーケットプレース「ホームサービス」で、サービスマーケットプレースへの進出も検討している。

中国でも結果は同様で、バイドゥ、アリババ、テンセントを中心とする3大プラットフォーム・エコシステム（BATと呼ばれる）が存在する。アメリカと同じで、各エコシステムは各分野で競合するプラットフォームを持つ。たとえば決済分野では、それぞれアリペイ、テンペイ、バイドゥ・ウォレットがある。アリババが動画プラットフォームのヨークトゥードゥを買収すると、B

ATはそれぞれ独自の動画配信プラットフォームを持つようになった。他方、アリババはウィーチャットのライバルとなるチャットアプリ「ライワン（来往）」を構築し、テンセントはアリババ最大のライバルであるネット通販・京東集団（JDドットコム）に多額の出資をしている。また、BATは独自のアンドロイド・アプリストアを持つほか、中国におけるオンデマンド経済の急成長を受けて、サービスマーケットプレースへの投資も進めている。その結果、アメリカと同じように、巨大だがプラットフォームを超えた互換性は乏しく、頂点とするプラットフォーム運営会社に所有され、調整されるプラットフォーム・エコシステムが生まれている。(38)

また、各エコシステムは事実上独占的な地位を築いている領域がある（アリババはネット通販、テンセントはメッセージングとゲーム、バイドゥは検索）が、これらのライバル・エコシステムが存在するということは、各プラットフォームが常に激しい競争にさらされていることを意味する。ただしその競争は、伝統的な競争と大きく異なる。20世紀の競争は、基本的に同じ業界内のライバル間で起きていたが、現在の競争は業界を超える。最も激しい競争は、互換性のないプラットフォーム・エコシステムと傘下のビジネスの間で起きるだろう。独自のエコシステムを生み出さないプラットフォームは、緩やかに消えていくだろう。原因は資金難（たとえばフォースクエア、グルーポン、イェルプ）や、より大きなプラットフォームによる買収（たとえばオープンテーブル、ウェイズ、タンブラー）などが考えられる。

つまり、長期的に安定した地位にあるプラットフォームは存在しない。ある業界で独占的地位にあるプラットフォームでも、容易にライバルにそのネットワークを利用され、盗まれうる。たとえこうしたライバルが、見たところ無関係の業界によって運営されていても、だ。検索エンジンだったグーグルが、アンドロイドによってモバイルＯＳに参入したのがいい例だ。エコシステムが成熟するプラットフォームが増えるにしたがい、「他業種」への進出はもっと増えるだろう。

プラットフォーム・ビジネスの機会を見つける方法

本書の第1～4章では、現在そして未来の経済におけるプラットフォーム企業の重要性を論じた。私たちは、アプリコを単なるアプリ開発会社から、プラットフォーム・ビジネスの構築と育成の全側面を扱うプラットフォームイノベーション会社に変身させることにしたインサイトを、皆さんとシェアしたかった。ここまでで、その仕事はやり終えられたと思う。

私たちはまた、プラットフォームの機能を皆さんに伝え、またそれと同じくらい重要なことに、それが古いビジネスのアプローチとどう違うのかもお知らせしたかった。これは第5～8章のテーマだった。そこで次は、こうしたインサイトを、実際に読者の皆さんの世界に活用する方法を考えたい。まずは、潜在的なプラットフォームのチャンスを見つける方法をアドバイスしたいと思う。あなたが大手企業に勤めているか、スタートアップで仕事をしているか、あるいはスタートアップを立ち上げようと思っているのか、それともプラットフォーム経済の進化を理解したいだけなのかはわからない。でも、そのどれであっても、これから示すヒントは、プラットフォーム・ビジネスモデルが次に破壊しようとしている業界を見つける助けになるだろう。第2章で述べたように、技術の進歩は、現在プラットフォームが大きな成功を収めている最大の理由の一つだ。では、次の技術革新の波が来たら、プラットフォーム・ビジネスモデルは廃れてしまうのかというと、そうではない。むしろその正反対だと言いたい。このあと詳しく説明するように、次世代のコネクテッド技術は、ますます多くのプラットフォームの構築を可能にするだろう。プラットフォームは今後も存在し続ける。本書で学んだこと（とこれから書き記すヒント）を利用して、その知識を皆さんの武器にしてほしい。

1. 取引コストを減らしてボトルネックを取り除ける技術を探す

テクノロジーによって、高い取引コストを下げられたり、高いコストを生むボトルネックを取り除ける業界を探そう。多くの人は、自動化できて、アルゴリズムで運営できる取引はないかな、と思うだろう。テクノロジーによって取引コストが下がるほど、消費者とプロデューサーの両方の価値が高まるチャンスは増える。一番いいのは、取引の全ステップを取り除けることだ。取引コストは必ずしもお金とはかぎらない。特に時間と労力も含まれることを思い出してほしい。だから、たとえば電話をかける必要性をなくして、スマートフォンでボタンを押せばいいようにすれば、それは正しい方向性だ。でも、あなたが作るのは、もっと便利で、使いやすいだけの商品やサービスではない。従来より安くすることを目指す必要がある。便利だけれど高いサービスの市場規模は、便利で安いサービスの市場よりも小さい。

第3章で述べたとおり、医療業界がいい例だ。病院の予約を取るプラットフォームのゾクドク

（ZocDoc）は、この業界で最初に成功を収めたプラットフォームの一つだ。病院側にとっては、ゾクドクを使うことで医者のスケジュール管理をする事務員の必要性を減らせる。また、医者が自分の予定を管理して、空いている時間枠を患者に提供するのを可能にする。その一方で、患者は電話で予約をする必要がない。ボタンを押すだけでいつでも予約を取れる。書類作業（保険情報や既往歴）の多くも自動化されるから、患者は予約時間よりはやめに病院に行って、個人情報を記入したり、何種類もの書類に必要事項を記入する手間を省ける。

ウーバーは、配車係がドライバーと乗客を結びつける必要性を取り除いた。ウーバーのアルゴリズムのほうが、この作業を人間よりも効率的にできる。テクノロジーが消費者とプロデューサーのどちらか一方に、はるかに大きなインパクトを与える場合もある。たとえば、中国でネット通販はアリババ以前から存在した。しかしタオバオのマーケットプレースのおかげで、ベンダーは独自のウェブサイトを作ったり、ビジター集めに頭を悩ませずに、店を出せるようになった。アリババがこの両方を、プロデューサーにとって簡単で安価にしたからだ。幅広い商品にアクセスできるようになったという意味では、消費者も多くの恩恵を得るが、取引コストを最も削減できたのはプロデューサーだ。

2．複雑もしくは見過ごされているネットワークを探す

さあ、ネットワークのポテンシャルがわかったら、次はいつでもどこでもそれを探してみよう。ひとたびネットワークのことを理解できたら、自分の働き方が変わるものだと、リンクトインの

リード・ホフマンCEOは言った。[39] だが、ネットワークを構築するのは大仕事だ。だから、少しばかり「ずる」をすることをお勧めしたい。つまり、ゼロからネットワークを作ろうとしないことだ。既存のネットワークや活動を利用しよう。フェイスブックが、現実の世界での人間関係をベースに大学ごとのＳＮＳプラットフォームを作ったのを思い出してほしい。マーク・ザッカーバーグがフェイスブックを作ったのは、ハーバードがいつまでたっても、（アナログの）学生フェイスブック（顔写真入り学生名簿）をオンライン化しなかったからだ。彼は、「友達とつながりたい」という満たされない需要を持つ学生ネットワークを活用したのだ。

もう一つのいい例は、出前代行プラットフォームのグラブハブだ。グラブハブは、お腹が空いたけれどソファから立ち上がりたくない人たちと、もっと売り上げを増やしたいレストランを結びつけて大当たりした。レストランの出前は昔から存在したし、消費者はすでにレストランに注文はしていたが、グラブハブはその取引に介在する多くの手間を取り除いた。もういくつものレストランのメニューをファイルしておく必要はないし、電話の相手が、注文を正しくメモしてくれているか心配する必要もない。いつ出前が届くのか、やきもきする必要もない。グラブハブは、レストランと食事客の見えないネットワークを利用したプラットフォームによって、それらを明瞭にしたのだ。

最近では、デリバリーだけを請け負うサービスを提供するプラットフォームも生まれた。配達スタッフがいないレストランは、たとえばポストメートと提携して、遠方の顧客の注文も受けられるようになった。

目に見えないネットワークを見つけるもう一つの方法は、未活用の資源を探すことだ。それを既存

グラブハブ
サービスマーケットプレース
プラットフォーム

のコミュニティーやマーケットプレースに持ち込めば、それまでは現実化されていなかった経済的・社会的利益をたくさん生み出すことができる。その資源の量が多いほど、消費者が得る価値は増える。エアビーアンドビーは、使っていない家やアパート、あるいはソファでさえ貸し出せるようにすることで、これを実現した。エアビーアンドビーがマーケットプレースを構築して、そのネットワークを育てたおかげで、未活用のスペースが利用できるようになった。そして世界中の旅行者を喜ばせた。少し形は違うが、アップルのｉＯＳプラットフォームも、未活用の資源をマーケットプレースにもたらした。アップルは、アプリ開発者と消費者を結びつけるネットワークの可能性を見出した。しかし大きな違いが一つあった。この資源の供給元はまだ存在しなかったのだ。

ｉＯＳとアップストアが登場するまで、携帯端末向けアプリはさほどたくさんなかった。開発者側には満たされない巨大な需要があったが、アップルはまずサードパーティー製アプリがもたらす価値に気がつく必要があった。ひとたびアップルが、開発者にとってアプリ開発をしやすい環境を作ると、そのプラットフォームはたちまち飛躍的な成長を遂げた。アップルがそうしたように、あなたもコアビジネスに付加価値をもたらす補完的プロダクトを探すべきだ。たとえそのプロダクトがまだできていなくても。

3. 大規模で分断された未活用の資源を探す

第三に、大規模で分断された資源を探そう。資源は大きい方がいい。なぜなら小さな業界は、ネットワークを構築する手間を正当化するほどのスケールがないからだ。また、その資源はバラバラに分散しているほうがいい。すでにまとまっているなら、あなたが活用する必要はないからだ。

ドットコム・バブルの末期は、ビジネス・ツー・ビジネス（法人間取引、B2B）のマーケットプレースが大人気だった。1995〜2001年につくられたB2Bマーケットプレースは1500カ所を超える。[40] いずれもとてつもない成功を収めるだろうと、専門家たちは予測した。ガートナーグループは2000年、これらのマーケットプレースの取引量は2004年までに7兆3000億ドルに達すると予測した。ゴールドマン・サックスは2005年までに4兆5000億ドルになると予測した。[41] 市場が盛り上がっている間、VCは何億ドルもの資金をさまざまなマーケットプレースに投入した。バイオテクノロジーのケムデックス（Chemdex）、法人調達のアリバ（Ariba）、自動車のコビジント（Covisint）、化学のエレミカ（Elemica）、小売業のエージェントリクス（Agentrics）などがあった。だが、2001年までに、これらのマーケットプレースはほぼすべて崩壊した。ラッキーな会社は、大手企業にソフトウエアベースの直線的ソリューションを提供する会社として生き延びた。予想された何兆ドルもの経済活動が現実になることはなかったし、数億ドルの投資資金がほぼ一夜にして消えた。

何が起きたのか。それは、サプライヤーが現れなかったのだ。消費者側には需要があった。だが、これらの業界では少数のサプライヤーが支配的な地位を確立していたため、新たなマーケットプレースを必要としなかった。むしろ比較ショッピングによって商品やサービスの価格が下がることを心配した。また、多くの顧客を満たす販売経路がすでに確立されていたから、新たに顧客をまとめあげる必要性を感じなかった。2000年末にオープンしたデル・マーケットプレースは、典型的な例だ。このサイトではデルのコンピューター、サーバー、関連ハードウエア、そしてオフィス商品を所定のサプライヤーから買うことができたが、わずか数カ月後の2001年2月に閉鎖されてしまった。デルは苦い経験を通じて、消費者の関心が存在しないことを学んだが、本当の問題はそこではなかった。そのマーケットプレースが開いている4カ月間に、サプライヤーとして登録した業者は三つしかなかったのだ。[42] サプライヤーがいない以上、流動的なマーケットプレースは構築できなかった。在庫のない店だった。買い手は現れたが、買うものがない（またはほとんどない）とわかるとすぐに立ち去ってしまった。

こうしたB2Bマーケットプレースの失敗は、ドットコム時代にB2Bで大きな成功を収めたアリババとは対照的だ。アリババは、ほかのマーケットプレースとは非常に異なるアプローチをとった。大規模だがすでにまとまった業界を追いかけるのではなく、小さな企業を追い求めたのだ。この戦略は、アリババの創業者である馬雲CEOのアイデアだった。馬は、「インターネットの革命的なところは、小さな企業が独立して営業できるようにすることだ」というビジョンを持っていた。彼は、中国の無数の中小企業をインターネット時代に導くことで、その救世主になろうとした。「アジアは、輸出品のサプライヤーが世界一集まっている基地だ」と、馬は言った。「小企業が大いに密集しているのに、ほとんどは大手貿易会社につながる流通経路を持っていない。作った商品を市場に届ける手段をもっていないのだ。（しかし）アリババのネットワークを使えば、アメリカ中、そしてヨーロッパ中にアクセスできる」。彼はこれらの小企業を、「砂浜の砂粒」になぞらえた。「インターネットはそのすべてをくっつけることができる。インターネットは彼らを、大きな石に対抗する無敵の勢力にできる」[43]。馬は正しかった。中国の巨大な、しかしバラバラな小企業市場を統合することで、彼はデジタル帝国を築き、中国のｅコマースを育てた。ウーバーの成功のカギとなったのも、未活用の大量の資源がバラバラに存在する業界を追い求めたことだった。その資源を一つのネットワークに統合することで、ウーバーは消費者がタクシーを拾うのをずっと簡単にし、ドライバーが乗客を見つけるのをずっと簡単にした。乗客は目的地に早く到着できるし、ドライバーはもっと多くの仕事ができる。

しかし最も興味深い例は、クラスパス（ClassPass）だろう。パヤル・カダキアＣＥＯは、もとは地元のフィットネススタジオ向けのＳａａＳのソリューションを構築したが、初期の売り上げは振るわなかった。そこでそのアイデアを発展させて現在のクラスパスを構築した。定額を支払えば、クラスパスのネットワークに参加しているジムすべてのクラスを利用できるプラットフォームだ。そのホームページには、「何千ものクラスを一つのパスで」とある。クラスパスは、バラバラに存在した多くのフィットネスクラブのオプションをまとめあげて、そのすべてにアクセスできるプラットフォームを消費者に提供する。その成功のカギは、ジムの在庫のマネタイズに専念したことだ。多くのフィットネスクラブは、上限を大幅に下回る人数で運営されている。クラスパスは、各ジムがクラスパスのプラットフォームを通じてその在庫を提供できるようにした（クラスパスが未活用の資源を提供し、停滞したネットワークを活性化するなど、成功するプラットフォームの条件を複数満たしていることに注目してほしい）。ジムは新たな顧客を獲得できるし、消費者は個々のジムに登録するよりずっと安い料金で、さまざまなクラスに参加できる。

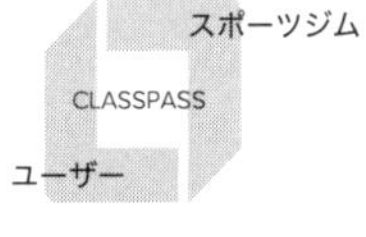

クラスパス
サービスマーケットプレース
プラットフォーム

次に見るべきもの

プラットフォームのチャンスを探すときは、これまで述べた三つの要因に目を光らせるべきだと覚えておこう。つまり取引コストを下げたり、ボトルネックを取り除くテクノロジー。見えないか需要が満たされていないネットワーク。そしてバラバラに存在する大量の未活用の資源だ。このうち一つがあれば、プラットフォーム企業を成長させるには十分かもしれない。だが、三つ揃っていればいいに越したことはない。ただし、たとえ価値あるプラットフォーム・ビジネスを構築するチャンスが存在しても、タイミングが重要だ。では、次は何を探すべきか。この三つの要素が収斂しつつある業界がいくつかある。

第一は医療業界だ。本書でも何度か触れたが、この業界にはドクター・オンデマンド、テレドック、ゾクドクなど、医者と患者を新しい形でコネクトするプラットフォームが、すでにいくつか存在する。だが、これらのプラットフォームは安易な獲物を追い求めているにすぎない。医療業界には（特にアメリカでは）、まだ大量の無駄と非効率が存在する。そして無駄と非効率が存在する場所ではどこでも、プラットフォームが成功を収めるチャンスがある。たとえば、すでに一部の消費者の間では比較的人気がある医療用ウエアラブル端末は、医療機器業界に入ってきたばかりだ。こうした端末は、ユーザーの健康を改善するうえで、巨大な可能性を持つ。だが、それを使いこなすには、医者と患者の統合的なネットワークを構築する必要がある。最近は、アップルやグーグルといったシリコンバレーの大物の参入が続いているが、市場にはまだ大きな可能性がある。

さらに、コネクテッド技術がもっと業界に浸透すれば、ヘルスケア市場に焦点を絞ったプラットフォームが、もっとたくさん登場する可能性が高い。その一例がフィギュア1（Figure 1）だ。これは医者向けインスタグラムと言っていいだろう。このプラットフォームによって、医者たちは特定の分野に詳しい医者と知り合える。医者が専門家のネットワークにアクセスできれば、患者はよりよいケアを受けられる。厳しい規制が医療分野の変革スピードを極めて遅くする可能性はあるが、この分野は明らかに変化の機が熟している。さいわいアメリカではまだ、ユーザーのヘルスデータに「医療保険の携行性と責任に関する法律（ＨＩＰＡＡ）」が適用されない。このためアップルヘルス（Apple Health）やフィギュア1など、新しいデータソースを活用した医療系プラットフォームで、さまざまなイノベーションが起きてきた。だが、いずれ米食品医薬品局（ＦＤＡ）がＨＩＰＡＡの適用範囲を拡大して、ウエアラブル端末などから生まれる個人のヘルスデータにもＨＩＰＡＡが適用されるようになるかもしれない。そうなれば医療系プラットフォームの多くは、ユーティリティーが大幅に制限されるだろう。それでも、テクノロジー（と法令）が変われば、プラットフォームが疾病の治療成績を高める可能性は高まるだろう。

もう一つ大きな変化が起きそうな部門は、モノのインターネット（ＩｏＴ）だ。「なんのこと？」と思った読者のために説明すると、ＩｏＴとは、機器が人間とではなく、機器どうしで直接コミュニケーションをとるシステムのこと。車、建物、電子機器などインターネットによって動く機器（センサーを搭載できる機器すべて）は、他の機器とデータを直接やりとりするようになるだろう。

どんなモノも、他の機器とインテリジェントにコネクトし、コミュニケーションをとれる。これらの機器がコンテンツも認識して、ユーザーや状況にダイナミックに反応したり、調整できるようになることが期待されている。このアイデアは大いにもてはやされているが、あまり実現していない。セキュリティーとプライバシーの問題が依然として大きなネックになっているのだ。Internet of Shit（インターネット・オブ・シット、「くそったれのインターネット」）というツイッター・アカウントは、IoTがおかしな事態を巻き起こした例を紹介している。たとえば、「うちのトイレのソフトウエア・アップデートが終わるまで永遠に待たされた！」といったツイートが並ぶ。だが、こうした問題が解決されれば（かなり大甘な推測であることは認めよう）、この業界には巨大な可能性がある。そしてIoTが成功する場所ではどこでも、その中心にインターネットプラットフォームがあるだろう。これらの機器がコミュニケーションを取り合えるようにするには、互いに「話」をして情報を交換しなければならない。このタスクは言うよりも難しい。というのも、これらの機器が使っているプロトコルや規格、技術は無数にあり、互換性がないからだ。別の言い方をすると、多くの機器が異なる言語を使っている。これらのバラバラの資源すべてを連携させ、機器間の交流ルールを作る開発プラットフォームが必要だ。しかし現在多くのプラットフォームが競い合うなか、ほとんどのユーザーが一つのプラットフォームを支持するように意見をまとめるのは容易ではない（この状況は、市場が分断化されすぎると価値が失われる典型例だ）。

IoTの普及は、プラットフォームを超えて経済全体に大きな影響を与えるだろう。保険会社は、IoTを利用して契約者が車を安全に運転する能力や、契約者の自宅の状況に基づき、保険料を調整しはじめている。その延長線上には、自動運転車がある。そして自動運転車は、一つか二つの支配的な開発プラットフォームによってコネクトされる可能性が高い。アップルとグーグルはここ数年、この分野で大きな動きを見せており、主要プレーヤーになりつつある。ウーバーもそうだ。トラビス・カラニック前ＣＥＯは、ウーバーが自動運転車の技術への投資を強化すると公言していた。２０１５年2月には、カーネギーメロン大学のロボット工学部を事実上買い上げるほどの投資をしている。まずはウーバーの一部車両に自動運転車を加えて、市場にどういうものか提示し、この新しいテクノロジーをめぐる規制の枠組みづくりを後押しする可能性が高い。だが、それが済んでも、ウーバーが自動運転車を大量に所有して、動かすようになるとは思えない。これまで基本的にロジスティクスと輸送のプラットフォームだったのに、物的資産（歳月とともに価値が急速に下落する）を大量に抱え込むビジネスモデルに転換するべき理由は見当たらない。しかもウーバー自身が車を所有すれば、事故などの責任はずっと重くなる。

ＩｏＴは、産業界の効率を改善する巨大なポテンシャルがある。専門家は、ＩｏＴの可能性について天文学的な数字を予測している。たとえばガートナーは、２０２０年までに、コネクトされた「モノ」は２５０億アイテムに達すると予想する。これはパソコンやデスクトップコンピューター、スマートフォンを含まない数字だ。これらを加えると、アイテム数は70億増える。２０１５年末の時点でコネクトしていたアイテムは49億と推定されるから、２０２０年までに５００％以上増える計算になる。さらにガートナーは、ＩｏＴは２０２０年までに1兆９０００億ドルの経済価値を生み出すという。市場調査会社ＩＤＣは８兆９０００億ドルと、さらに楽観的な予測をしている。(44)

だが、この価値の大部分は、「モノ」のメーカーが作り出すものでも、手にするものでもない。本当の価値は、これらのモノをすべて結びつけるプラットフォームにある。興味深いことに、この領域では、直線的企業の代表であるＧＥが、自社のハードウエアすべてをコネクトして、モニターする独自のネットワークを構築する先駆けとなっている。プラットフォーム・ビジネスでは、どの業界も一握りの大手に支配されることを考えると、勝利する開発プラットフォームが明らかになるのは時間の問題かもしれない。

最後に、金融業について考えておきたい。金融と聞くと、ほとんどの人は大手銀行や資産運用会社を思い起こすだろう。だが、多くのスタートアップ・プラットフォームが、これまで高度な投資商品を購入するチャンスのなかった消費者に、新しい機会をもたらしている。たとえばエンジェルリストは、個人投資家がスタートアップに小口投資することを可能にした。おかげで多くの個人投資家は、これまでアクセスのなかった投資案件に参加するチャンスを得た。Ｐ２Ｐ融資も大きなインパクトを与えている。初期に成功を収めたのはレンディング・クラブだが、ここ数年、業界別にＰ２Ｐ融資プラットフォームが生まれている。たとえばＳｏＦｉ（ソーシャルファイナンスとも呼ばれる）は、学費ローンや住宅ローン、個人ローンのためのＰ２Ｐ融資を専門としている。だが、こうしたプラットフォームはまだ、巨大な可能性の表面を削っている程度にすぎない。金融業界を破壊する最大の可能性を秘めているのは、すでに伝説的な存在になりつつあるビットコインだ。

ビットコインとは何か。テクノロジーに詳しい友達と議論をしたくなったら、まず、この話題を振るといいだろう。簡単に言うと、ビットコインは新しいタイプの電子マネーだ。ただ、実際はもっと複雑だ。ビットコインは、プログラミング・プロトコルによって、新しいコインの発行と取引が管理されている。一般に通貨と考えられているが、むしろコモディティーに近いと考える経済学者もいる。いわばデジタル版の金だ。コモディティーのように、ビットコインは投機的投資によって価値が大きく変動する。そして金と同じように希少価値がある。1年間に発行される量は制限されており、一定のペースで自動的に半減するプロセスが、総量が2100万個になるまで続くことになっている。この数に達したら、ビットコインの新規発行は完全にストップする。

さらに、既存のほとんどの通貨と違って、ビットコインはどの国の政府の管理も受けていない。また、その所有者は完全に匿名だ（とはいえ、送金するには相手のアドレスが必要だから、より正確には仮名制といえる）。このため、ビットコインをキリストの再来並みの画期的事件とみなす人は少なくない（特に自由至上主義的な考えの人に多く見られる）。ビットコインは、経済を政府の管理から解放する「無規制の」通貨だというのだ。それが現実になるかどうかはわからない。ただ、個人的には、そのような状態になる可能性は低いと思う。それでも、ビットコインが革命的なパワーを持っていないと言うつもりはない。

ビットコインは、ブロックチェーンと呼ばれるテクノロジーに基づく貨幣だ。この二つの言葉は同義語として使われることが多い。ブロックチェーンとは、デジタルメッセージをある人から別の人に移す新しい方法で、たとえ相手を信頼していない当事者同士であっても、あるいは相手が知らない人であっても、そのメッセージの真正性は信頼することができる。基本的に、ブロックチェーンは、それまでの全取引を一カ所にまとめて記録した取引台帳だ。ブロックチェーンの各「ブロック」

は、最近の取引記録と暗号アルゴリズムでつくられる文字列（「ハッシュ」）からなる。

これらのブロックを作る人々は、マイナー（採掘者）と呼ばれる。採掘者は人間（通常はサーバーの所有者）で、ビットコインソフトウエアを使って、ランダムにハッシュを作る。採掘者たちは競って一定の難易度以下のハッシュ値を作り、ブロックチェーン内に新しいブロックを作る。このタスクを一番に完了したマイナーは報酬を得られる。現在は25ビットコインだ。ビットコインの総量が限度に達して、新規発行がストップした場合は、この25ビットコインの代わりにささやかな取引手数料をもらえるようになる可能性が高い。この報酬のために、世界中の人々は、さもなければ関心のない取引を認証するために時間とお金を費やしている（ビットコインを採掘するためのサーバー維持費は決して安くなく、運営するエネルギーコストも小さくない）。

ビットコインの熱狂的支持者の多くは、ブロックチェーンが事実上あらゆることの解決策になると考えている。また、ブロックチェーンはプラットフォームのネットワークデータをオープンにして、ほかのネットワークに持ち出すことを可能にするから、現代の支配的なプラットフォーム企業は破滅すると考えている。だがそれは言い過ぎだと、私たちアプリコは考えている。ブロックチェーンが解決する問題は、極めて特殊なものだ。すなわち自分が送るメッセージが、意図した相手に秘密のまま届くことを信頼できる。だが、ブロックチェーンは、そもそもその相手を信頼すべきかどうかは教えてくれない。また、あなたが取引しているのは物理的なモノなのかサービスなのか、相手はあなたが対価を払ったモノをちゃんと届けてくれるのか、あるいは取引当事者間で紛争が起きたらどう解決すればいいのかも教えてくれない。ブロックチェーンは、信頼の問題のごく一部しか解決してくれない。本書全体を通じて見てきたように、プラットフォームはマーケットプレースやコミュニティを構築する上で非常に積極的な役割を果たしている。そして、ほとんどの場合、ブロックチェーンはこれらのプラットフォームのごく一部にすぎない。

ブロックチェーンの技術が成長すれば、プラットフォームによる独占は終止符を打たれるどころか、むしろ多くの新しいプラットフォーム企業が生まれるだろう。かつてのＨＴＴＰやウェブのように、ブロックチェーンは分散型のインフラを構築して、新しい市場やコミュニティーが登場するチャンスをもたらすだろう。しかし、こうしたチャンスのほとんどは、それらを編成し、その潜在能力を活用するプラットフォーム企業がなければ、現実的な形をとれない（グーグルのような検索プラットフォームがなかったら、私たちはウェブとはどういうものか理解するのに大いに苦労していただろう）。新たな企業の一部は、既存の独占的なプラットフォームに代わって独占的な地位を築くかもしれない。だが、プラットフォームが支配的なビジネスモデルであり続けることに変わりない。

とはいえ、ビットコインのインパクトは大きいだろう。とりわけ金融の世界ではそうだろう。ブロックチェーンは、偽造や二重払い、そして取引処理における中央組織への依存という、電子マネーの最大の問題を解決する。ブロックチェーンは、ビットコイン採掘者のネットワークを、真実の源泉にする。採掘者たちは一番になることを競い合い、その結果は全員によって認証される。だから不正な取引をするには、ネットワーク参加者の過半数をごまかさなければならない。ブロックチェーンは、コンセンサスに基づき運営されるから、偽ブロックを作るには、ネットワーク全体における処理能力の過半数を管理下に置く必要がある。ビットコインのマイナーの数の多さ（しかも増え続けている）を考えると、これはほとんど不可能だ。あるマイナーがネットワークのかなりの部分を支配できたら、そのブロックチェーン全体が危険にさらされる。しかしこれまでのところ、そうした脅威は現実になっていない。

現在、ビットコインは、世界最大のブロックチェーンネットワークだが、ビットコインのプロトコルをわずかに変更した代替通貨は数多い。しかしブロックチェーンの性質が示唆するように、より大きなブロックチェーンのネットワークのほうが、より有用で、より安全性が高い。その結果、現時点では、ビットコインは事実上この領域で圧勝している。しかし近い将来、この状況も変わるかもしれない。すでにその兆候はあった。たとえば、ビットコインは２０１６年、初めて大がかりなガバナンス上の危機に直面した。ビットコイン・ネットワークのガバナンスは分散化されていることになっているが、実際にはソースコードにアクセスでき、それを変更する権限を持つ一握りの個人が特大の影響力を持つ。２０１６年初め、こうした個人の一部が、ビットコインのプロトコル変更に反対して、ビットコイン・ネットワークの取引容量を増やすための変更を事実上阻止した。このガバナンス危機は将来解決できるかもしれないが、プロトコルを変更するための正式なガバナンスモデルがないことは、今後のビットコインの成長を妨げるだろう。２０１５年末、リナックス財団はオープンソースのブロックチェーン構築プロジェクトに着手すると発表した。ＪＰモルガンやウェルズ・ファーゴ、ロンドン証券取引所など金融大手からなる事業体が後援につき、世界的な金融機関向けのブロックチェーンを開発するというのだ。それが一定の成果をあげるまでには時間がかかりそうだが、強力なサポーターの存在を考えると、将来ビットコイン・ネットワークのライバルになる可能性がある。

ただ、さいわいビットコインはオープンな開発プラットフォームだ。だれでもビットコインのネットワークを活用したアプリを作ることができる。このことは、厳しく管理されていて開発者がアクセスできない自動資金決済センター（ACH）などの、既存の決済プロトコルのほとんどと決定的に異なる。また、ビットコインは、既存の代替通貨よりもずっと素早く安全だ。現在の金融規制のほとんどは、詐欺やマネーロンダリング（資金洗浄）といった犯罪活動を防止するためという、もっともな存在理由がある。だが、ブロックチェーンは、そのために過度に集中管理された金融業界を打ち砕くきっかけになりうる。ビットコインは、開発者がブロックチェーンのプロトコルに基づき構築できるから、基本技術の新しい用法を無数に生み出す可能性を持つ。アップルのiOSプラットフォームが、「そのためのアプリがあります」という世界を作ったように、「そのためのビットコインアプリがあります」という世界が到来するかもしれない。

現在、ブロックチェーンを利用したスタートアップの巨大なエコシステムが存在する。そこではビットコインのブロックチェーンを取引認証方法として使用している。だが、これらのスタートアップは、劇的に新しいブロックチェーンの利用法も生み出している。たとえば、ビットコインベースのマーケットプレースやSNS、さらにはデジタル著作権の登録・追跡など、新しい試みが続いている。ビットコインの可能性に目をつけているのは、スタートアップだけではない。最近では銀行などの金融機関も、この領域に乗り出し始めた。スペインのサンタンデール銀行は2015年6月、2022年までにブロックチェーン技術は銀行のインフラコストを年間200億ドル減らす可能性があるとの報告書を発表した[45]。近年ビットコインのスタートアップやイニシアチブに投資した企業には、ゴールドマン・サックスやアメリカン・エキスプレス、スペインのビルバオ・ビスカヤ・アルヘンタリア銀行（ＢＢＶＡ）、米地銀大手のキャピタル・ワン、マスターカード、ナスダック、ニューヨーク証券取引所、シティバンク、ＩＢＭなどが名を連ねる[46]。もちろんＶＣも、ブロックチェーンベースのスタートアップに莫大な投資をしている。

このように多くの新しいプレーヤーとテクノロジーが入ってきて、金融業界の根本的なインフラを揺さぶるなか、これまで著しく集中管理が進んでいた金融業界は今後、少しばかり荒波に揉まれることになるかもしれない。取引コストを削減し、コストの高いゲートキーパーを取り除くことがもたらす可能性は巨大だし、大量の分散した金融の専門家を一つのネットワークにまとめたり、より高度な投資機会という未活用の需要を活用したりするチャンスもたっぷりある。これからの10年は、驚くような新しい形でこの業界を破壊する、未知のプラットフォームが多数出てくるだろう。もちろん確実なことは言えない。ビットコインもほとんどの金融スタートアップも、まだ規制上の大きなリスクに直面している。それに、大手銀行には新しい波を礼儀正しく迎え入れるべきインセンティブはほとんどなく、現行の規制を自分たちに有利になるよう最大限に利用しようとするのは間違いない。それでも長い年月を経て初めて、金融業界にリアルな変革をもたらすチャンスが訪れている。

これまで挙げてきた医療、ＩｏＴ、金融の業界は、みなプラットフォーム企業の影響によって、すでに変わりつつある。しかしどの業界にも、もっと大きなプラットフォームが、もっとたくさん登場するだろう。みなさんが、プラットフォーム化された未来を最大限に活用されることを祈りたい。本書から得た知識を使えば、これから直面するいかなる変化にも対処できるはずだ。そしてどんな分野であれ、プラットフォームを構築するチャンスを探してほしい。最大の長期的チャンスは、今日は目に見えないものである可能性が高い。ビットコインとブロックチェーンが金融業界で変革の可能性を生み出したように、新しいテクノロジーは新しいイノベーションのチャンスをもたらすだろう。そしてその中核には、常にプラットフォームがあるはずだ。

プロダクトマーケットプレース（Product Marketplace）
「プラットフォームの種類」を参照。

マッチング意思（Matching Intention）
プロデューサーが一定の時間内に交換できるアイテムの最大単位数。

マッチメーキング（Matchmaking）
プラットフォームの四つの機能の一つ。プラットフォームが交換と交流を円滑化するためには、消費者とプロデューサーを正しく組み合わせなければならない。

メーカー型プラットフォーム（Maker Platform）
プロデューサーが補完的プロダクトを作れるようにし、さらにそれを大規模なオーディエンスに向けて発信または頒布できるようにすることで価値を生むプラットフォーム。メーカー型プラットフォームのマッチング意思は、理論的には無限あるいは1対多数。例としては、コンテンツプラットフォームや開発プラットフォームがある。

メトカーフの法則（Metcalfe's Law）
ネットワークの価値は、あるシステムに接続されているユーザー数の２乗に比例するという理論（ネットワーク価値＝だいたい n^2）。ユーザーが増えるにしたがい、そのネットワーク内で生まれる潜在的ユニーク接続数は、$(n^2–n)/2$ の割合で増える（n はユーザー数）。それが極めて大きくなると、この関数は n^2 の限界に近づく。

ユーザー・シーケンシング（User Sequencing）
多くの人が交流したいと思うようなユーザーグループの獲得を意図的に優先すること。プラットフォームが初期ユーザーのために価値を補助する三つの方法の一つ。

四つのコア機能（Four Functions）
プラットフォームがコア取引をサポートするために行う、オーディエンス構築、マッチメーキング、ルールと基準の設定、中核的ツールとサービスの提供、の四つの活動のこと。

流動性（Liquidity）
金融市場用語で、ある市場がどのくらい取引を円滑化できるかを示す言葉。プラットフォームの場合、需要と供給が十分重なっており、ほとんどの取引が速やかに完了できるとき流動性があると見なされる。

ルールと基準（Rules and Standards）
プラットフォームの四つの機能の一つ。プラットフォームは、どんな行動が許されて奨励され、どんな行動が禁止され歓迎されないかを明らかにするガイドラインとルールを定める。

ティンダーフェース（Tinderface）
スマートフォンの画面を左右にスワイプするインターフェースのこと。デートアプリのティンダーが使っていることから。

投資プラットフォーム（Investment Platform）
「プラットフォームの種類」を参照。

取引費用（Transaction Cost）
交換の費用。相互作用に参加するコスト。取引費用は、検索・情報コスト、交渉コスト、執行コストの主に三つのカテゴリーに分かれる。

ネットワーク効果（Network Effect）
あるユーザーの行動が、同じサービスから他のユーザーが得る価値を増減させること（「逆ネットワーク効果」も参照）。

ネットワーク効果のはしご（Network Effect Ladder）
ネットワークが拡大するとき、その質も高める方法をわかりやすく示した枠組み。ネットワーク効果のはしごは、コネクション、コミュニケーション、キュレーション、コラボレーション、コミュニティーの5段の「横木」からなる。

プラットフォームビジネスモデル（Platform Business Model）
複数のユーザーグループ、消費者、およびプロデューサー間の価値の交換を円滑化するビジネスモデル。

プラットフォームの種類（Platform Type）
同じタイプの価値交換を円滑化するコア取引を持つプラットフォームのグループ。あるビジネスモデルが、どのタイプのプラットフォームに適しているか理解することは、プラットフォーム設計で最初にやるべきことの一つだ。以下に九つのタイプのプラットフォームと、そのコア取引を決める価値を示す。

1. サービスマーケットプレース：サービス
2. プロダクトマーケットプレース：物理的商品
3. 決済プラットフォーム：金銭の支払い
4. 投資プラットフォーム：投資（株か融資かを問わず、金融商品のための金銭の交換）
5. ソーシャルネットワーキングプラットフォーム：ダブルオプトイン式（友達申請型）の交流
6. コミュニケーションプラットフォーム：1対1の直接交流（例：メッセージング）
7. ソーシャルゲームプラットフォーム：複数のユーザー（味方かライバルかを問わず）を伴うゲーム交流
8. コンテンツプラットフォーム：コンテンツ（文章、写真、動画など）
9. 開発プラットフォーム：ソフトウエアプログラム

コンテンツプラットフォーム（Content Platform）
「プラットフォームの種類」を参照。

サービスマーケットプレース（Service Marketplace）
「プラットフォームの種類」を参照。

ソーシャルゲームプラットフォーム（Social Gaming Platform）
「プラットフォームの種類」を参照。

ソーシャルネットワーキングプラットフォーム（Social Networking Platform）
「プラットフォームの種類」を参照。

「タマゴが先か、ニワトリが先か」問題（Chicken-and-egg Problem）
最初期のプラットフォームが直面するユーザー獲得上の問題。ほとんどの場合、できたばかりのプラットフォームに参加するコストは、そこから得られる価値よりも大きい。つまり参加価値はマイナスだ。ネットワークが一定規模に達すれば、消費者もプロデューサーも喜んで参加するだろう。だが、規模が小さいと、ほとんどの人はみずから進んで参加しようとしない。この「タマゴが先か、ニワトリが先か」問題を解決する方法は七つある。

1. 大掛かりな初期投資によって安全を確保する
2. 同業者と協力する
3. プラットフォームがプロデューサーの役割を果たす
4. 既存のネットワークを利用する
5. セレブユーザーを取り込む
6. 消費者とプロデューサー両方の役割を果たすユーザーの獲得に力を入れる
7. シングルユーザー・ユーティリティーを提供する

チャットルーレットの法則（Chatroulette Rule of the Internet）
一定の規模のネットワークは、放置すると自然にユーザーの質と使い方が悪化する（ウェブカメラの前に全裸姿で陣取る男性が登場したりする）。

直線的ビジネス（Linear Business）
商品やサービスを作り、それを顧客に販売する会社。サプライチェーンに沿って一方向に直線的に価値が流れる。

ツールとサービス（Tools and Services）
プラットフォームの四つの機能の一つ。プラットフォームは、コア取引の各段階をサポートするツールとサービスを提供する。ツールはセルフサービス式で分散化されているが、サービスは中央で管理され、プラットフォームが継続的に関与する必要がある。

規模に達したネットワークでは、ネットワーク効果によって新規ユーザーが増え始め、成長に弾みがつく。

経路依存性（Path Dependence）
初期の判断や条件が、その後の決断に影響を与える状況のこと。たとえば、あるネットワークに将来どんなユーザーが加わるかは、既存のユーザーの構成や行動に左右される。言い換えると、ネットワークの成長はランダムではない。それゆえ、初期のネットワーク設計が極めて重要になる。

決済プラットフォーム（Payment Platform）
「プラットフォームの種類」を参照。

限界費用（Marginal Cost）
企業が1単位の在庫を作るコスト。プラットフォームは規模が大きくなると、ゼロに近い限界費用から恩恵を得る。

コア取引（Core Transaction）
消費者とプロデューサーが価値交換のためにしなければならない一連の行動のこと。どんなプラットフォームでも、コア取引は創造する、結びつける、消費する、対価を支払う、の四つの基本ステップを踏む。

交換型プラットフォーム（Exchange Platform）
主に、消費者とプロデューサー間の直接的な交換を最適化することで価値を生むプラットフォーム。そのマッチング意思は限定的で、たいてい1対1。例としては、サービスマーケットプレース、プロダクトマーケットプレース、決済プラットフォーム、投資プラットフォーム、ソーシャルネットワーキングプラットフォーム、コミュニケーションプラットフォーム、ソーシャルゲームプラットフォームなどがある。

コネクトテッド革命（Connected Revolution）
21世紀の初めのコネクテッド技術が普及することから生じた経済と社会の大きな変化。

コミュニケーションプラットフォーム（Communication Platform）
「プラットフォームの種類」を参照。

コモディティー化レベル（Commoditization Level）
あるプラットフォームのタイプにおけるコア取引の複雑性を示す表現。どのタイプにも、コモディティー化のレベルが高いプラットフォームと、低いプラットフォームがある。コモディティー化のレベルは、プラットフォームの設計に大きな影響を与える。

プラットフォーム用語集

オーディエンス構築（Audience Building）
プラットフォームの四つの機能の一つ。プラットフォームは、クリティカルマス以上の消費者とプロデューサーを獲得して、流動性のあるネットワークを構築しなければならない。

価値エコシステム（Value Ecosystem）
プラットフォームがそのネットワークを支援し、取引を円滑化するために設計し実施する一連の活動のこと。価値エコシステムは、コア取引とプラットフォームの四つの機能からなる。

価値連鎖（Value Chain）
マイケル・ポーターの1985年の著書『競争優位の戦略』（邦訳・ダイヤモンド社）で知られるようになった競争分析ツール。価値連鎖は、直線的ビジネスが顧客に商品やサービスをもたらすために行う一連の活動からなる。

間接的ネットワーク効果（Indirect Network Effect）
二つのユーザーグループ（たとえば消費者とプロデューサー）間のネットワーク効果。「クロスサイドネットワーク効果」ともいう。両グループ間でポジティブなフィードバックの循環が生まれる。

機能による補助（Product Feature Subsidies）
パワーユーザーにずっと使い続けてもらうために、こうしたユーザーに特殊機能を提供すること。プラットフォームが初期ユーザーのために価値を補助する三つの方法の一つ。

規模の経済（Economics of Scale）
主に直線的ビジネスで、生産量が増えると生産費用が下がること。ボストン・コンサルティング・グループの創業者ブルース・ヘンダーソンによって、1970年代に知られるようになった。反対の概念である「規模の不経済」は、生産量が増えるにしたがい、生産費用が上昇すること。

逆ネットワーク効果（Reverse Network Effect）
あるユーザーの行動が、同じネットワーク上の別のユーザーの経験に悪影響を与えること。

金銭的な補助（Monetary Subsidies）
消費者またはプロデューサーに直接的または間接的にお金を払って、ネットワークへの参加を促すこと。プラットフォームが初期ユーザーのために価値を補助する三つの方法の一つ。

クリティカルマス（Critical Mass）
ほとんどのユーザーにとって、ネットワークの価値が参加コストを上回るポイント。一定の

than Microsoft and Activision," *Venture Beat*, March 10, 2014, http://venturebeat.com/2014/03/10/research-firm-chinas-tencent-is-now-a-bigger-gaming-company-than-microsoft-and-activision/.

35. Eric Savitz, "5 Things You Need to Know about Chinese Social Media," *Forbes*, October 25, 2012, http://www.forbes.com/sites/davidyin/2015/02/19/tencents-wechat-sends-1-billion-virtual-red-envelopes-on-new-years-eve/.
36. Connie Chan, "When One App Rules Them All: The Case of WeChat and Mobile in China," *Andreessen Horowitz* (blog), August 6, 2015, http://a16z.com/2015/08/06/wechat-china-mobile-first/.
37. "Top 10 Android App Stores | China," *Newzoo*, http://www.newzoo.com/free/rankings/top-10-android-app-stores-china/（2015 年 7 月アクセス）
38. ただし例外もある．最も顕著なのは，2015 年 2 月，テンセント傘下の滴滴打車がアリババの快的打車と合併して市場シェアを固めて，中国に進出したばかりのウーバーを追い払ったケースだろう．2015 年 10 月には，中国のグループ購入サイト最大手の美団網（アリババ傘下）と点評（テンセント傘下）は 150 億ドルの合併を発表した．
39. Reid Hoffman, "The Information Age to the Networked Age: Are You Network Literate?" June 13, 2014, http://reidhoffman.org/information-age-networked-age-network-literate/.
40. A. Harrington, "The B2B Super Markets," *Management Consultancy*, May 7, 2001.
41. Erin Griffith, "In B2B E-commerce, Alibaba Has Solved the One Problem Amazon Can't," *Fortune*, September 8, 2014, http://fortune.com/2014/09/08/alibaba-amazon-b2b-ecommerce/.
42. David S. Evans and Richard Schmalensee, "Failure to Launch: Critical Mass in Platform Businesses," *Review of Network Economics* 9, no. 4 (2010).
43. 以下から引用．Liu Shiying and Martha Avery, *Alibaba: The Inside Story Behind Jack Ma and the Creation of the World's Biggest Online Marketplace* (New York: HarperCollins e-books, 2009).
44. Gitta Rohling, "Facts and Forecasts: Billions of Things, Trillions of Dollars," *Pictures of the Future*, October 1, 2014, http://www.siemens.com/innovation/en/home/pictures-of-the-future/digitalization-and-software/internet-of-things-facts-and-forecasts.html.
45. Yessi Bello Perez, "Santander: Blockchain Tech Can Save Banks $20 Bil- lion a Year," *CoinDesk*, June 16, 2015, http://www.coindesk.com/santander-blockchain-tech-can-save-banks-20-billion-a-year/.
46. "The March of Financial Services Giants into Bitcoin and Blockchain Start- ups in One Chart," *Insurance Tech Insights*, November 3, 2015, https://www.cbinsights.com/blog/financial-services-corporate-blockchain-investments/.

Be Terminal," uSwitch.com, July 30, 2015, http://www.uswitch.com/mobiles/news/2015/07/why_samsung_s_smartphone_business_decline_could_be_terminal/; Ben Thompson, "Smartphone Truths and Samsung's Inevitable Decline," *Stratechery*, July 8, 2014, https://stratechery.com/2014/smartphone-truths-samsungs-inevitable-decline/.
21. "Smartphone Wars: Why Is Samsung Losing Momentum?," *Bloomberg*, September 3, 2015, http://www.bloomberg.com/news/videos/b/be2c2a0b-7b24-4115-8fda-e69df9e388c6.
22. Simon Rothman, tweet, November 13, 2015, https://twitter.com/Grey-lockVC/status/665212984445296640. Rothman was speaking at the "Next Economy: What's the Future of Work?" conference.
23. たとえば以下を参照. Lisa Guernsey, "EBay Not Liable for Goods That Are Illegal, Judge Says," *New York Times*, November 13, 2000, http://www.nytimes.com/2000/11/13/business/ebay-not-liable-for-goods-that-are-illegal-judge-says.html.
24. Carlos Tejada, "U.S. Warns Alibaba Again about Selling Counterfeit Goods," *Wall Street Journal*, December 17, 2015, http://www.wsj.com/articles/u-s-warns-alibaba-again-about-selling-counterfeit-goods-1450406 612.
25. Jackson, *The PayPal Wars.*
26. "Feds: PayPal Not a Bank," *CNET*, May 19, 2002, http://www.cnet.com/news/feds-paypal-not-a-bank/.
27. Mark Cuban, "Some Thoughts on YouTube and Google," *Blog Maverick: The Mark Cuban Weblog*, October 7, 2006, http://blogmaverick.com/2006/10/07/some-thoughts-on-youtube-and-google/.
28. Anne Broache, "Viacom sues Google over YouTube clips," *CNET*, March 13, 2006, http://www.cnet.com/news/viacom-sues-google-over-youtube-clips/ ; バイアコムの事件はのちに和解.
29. David Bogoslaw, "Peer-to-Peer Lending: Problems and Promise," *Bloomberg*, April 6, 2009, http://www.businessweek.com/investor/content/apr2009 /pi2009043_811816.htm.
30. Hari Sreenivasan, "Why Is New York City Cracking Down on Airbnb?" *PBS*, August 1, 2015, http://www.pbs.org/newshour/bb/will-new-york-city-shut-airbnb-2/.
31. Zak Stone, "Living and Dying on Airbnb," *Medium*, November 8, 2015, https://medium.com/matter/living-and-dying-on-airbnb-6bff8d600c04.
32. Steven Millwar, "WeChat's Growth Continues, Hits 650 Million Users," *Tech In Asia*, November 10, 2015, https://www.techinasia.com/wechat-650-million-monthly-active-users.
33. Lily Kuo, "WeChat Is Nothing Like WhatsApp—and That Makes It Even More Valuable," *Quartz*, February 20, 2014, http://qz.com/179007/wechat-is-nothing-like-whatsapp-and-that-makes-it-even-more-valuable/.
34. Jeff Grub, "Research Firm: China's Tencent Is Now a Bigger Gaming Company

6. Cyrus Farivar, "How Zynga Went from Social Gaming Powerhouse to Has- Been," *Ars Technica*, September 12, 2013, http://arstechnica.com/business/2013/09/how-zynga-went-from-social-gaming-powerhouse-to-has-been/1/.
7. Nick O'Neill, "Zynga Launches 'FarmVille.' Does It Look Familiar?" *Social Times*, June 22, 2009, http://www.adweek.com/socialtimes/zynga-farmville/309484.
8. Vikas Shukla, "Zynga Inc: The Rise and Fall," *ValueWalk*, May 28, 2014, http://www.valuewalk.com/2014/05/zynga-inc-rise-and-fall-infographic/.
9. Farivar, "How Zynga Went from Social Gaming Powerhouse to Has-Been."
10. "Facebook and Zynga to End Close Relationship," BBC News, November 30, 2012, http://www.bbc.com/news/technology-20554441.
11. Dean Takahashi, "Zynga Accounted for $445M, or 12 Percent of Facebook's Revenue, in 2011," *Venture Beat*, February 1, 2012, http://venturebeat.com/2012/02/01/zynga-accounted-for-12-percent-of-facebooks-revenue-in-2011/.
12. Terrence O'Brien, "HTC Revenues Continue to Drop at Alarming Rates, Down 61% From Last October," *Engadget*, November 6, 2012, http://www.engadget.com/2012/11/06/htc-revenues-continue-to-drop-at-alarming-rates/.
13. Chris Velazco, "Motorola Mobility Closes Out Q4 2011 with an $80 Million Net Loss," *TechCrunch*, January 26, 2012, http://techcrunch.com/2012/01/26/motorola-mobility-closes-out-q4-2011-with-an-80-million-net-loss/.
14. Tim Culpan, "HTC Posts Record Profit Drop as Samsung, Apple Grab Sales," *Bloomberg Business*, October 8, 2012, http://www.bloomberg.com/news/articles/2012-10-08/htc-posts-record-profit-drop-as-samsung-apple-grab-sales.
15. Tim Culpan, "HTC Trading below Cash Leaves Smartphone Brand with No Value," *Bloomberg Business*, August 9, 2015, http://www.bloomberg.com/news/articles/2015-08-10/htc-trading-near-cash-leaves-a-smartphone-brand-with-no-value.
16. Ian Sherr and Evan Ramstad, "Has Apple Lost Its Cool to Samsung?" *Wall Street Journal*, January 28, 2013, http://www.wsj.com/articles/SB10001424127887323854904578264090074879024.
17. David Gilbert, "Samsung Loses 50% of Its China Smartphone Market Share as Apple Dominates," *International Business Times*, May 11, 2015, http://www.ibtimes.co.uk/samsung-loses-50-its-china-smartphone-market-share-apple-dominates-1500636.
18. Greg Kumparak, "Apple Just Had the Most Profitable Quarter of Any Company Ever," *TechCrunch*, January 27, 2015, http://techcrunch.com/2015/01/27/apple-just-had-the-biggest-quarterly-earnings-of-any-company-ever/.
19. Daniel Eran Dilger, "Samsung's Mobile Profits Plunge 64.2% after Apple's iPhone 6 Devastates Premium Galaxy Sales," *Apple Insider*, Janu- ary 28, 2015, http://appleinsider.com/articles/15/01/28/samsungs-mobile-profits-plunge-642-after-apples-iphone-6-devastates-premium-galaxy-sales.
20. 以下などを参照. Joe Minihane, "Why Samsung's Smartphone Business's Decline Could

in App Stores," *Scobleizer* (blog), March 24, 2011, http://scobleizer.com/why-colors-bad-first-experience-will-always-color-this-company-in-app-stores/.
9. Jackson, *The PayPal Wars*; Visakan Veerasamy, "The Original #GrowthHackers: How PayPal Achieved 7–10% Daily Growth in the Early 2000s," *ReferralCandy*, January 23, 2014, http://www.referralcandy.com/blog/paypal-referrals/.
10. Thoshi, "Chicken & Egg Problem: How Quora & Reddit Got Their First Users," *Byte Campaign*, January 6, 2015, http://www.bytecampaign.com/how-quora-and-reddit-got-first-users/.
11. Jeff Roberts, "Craigslist Cracks Down on Outside Services, Says Violators Must Pay '$0.10 per Server Request,'" *Gigacom*, August 19, 2014, https://gigaom.com/2014/08/19/craigslist-cracks-down-on-outside-services-says-violators-must-pay-0-10-per-server-request/.
12. Nick Summers, "The Truth About Tinder and Women Is Even Worse Than You Think," *Bloomberg Businessweek*, July 2, 2014, http://www.bloomberg.com/bw/articles/2014-07-02/tinders-forgotten-woman-whitney-wolfe-sexism-and-startup-creation-myths.
13. Bilton, *Hatching Twitter.*
14. Matt Egan, "Etsy Now Worth Over $3 Billion. Stock Jumps 88% after IPO," *CNN Money*, April 16, 2015, http://money.cnn.com/2015/04/15/investing/etsy-ipo-16-a-share-wall-street/.
15. Chris Dixon, "Come for the Tool, Stay for the Network," cdixonblog, January 31, 2015, http://cdixon.org/2015/01/31/come-for-the-tool-stay-for-the-network/.

結論　次のビッグチャンスを見つける方法

1. Alex Moazed, "3 Growth Lessons From the Billion-Dollar Company That Handles Payments for Facebook and Uber," *Inc.*, September 16, 2015, http://www.inc.com/alex-moazed/3-growth-lessons-from-the-billion-dollar-company-that-handles-facebook-and-uber-.html.
2. Ryan Lawler, "Uber Strikes Deal to Lower the Cost of Car Ownership for Drivers," *TechCrunch*, November 24, 2013, http://techcrunch.com/2013/11/24/uber-driver-car-financing/.
3. Jennifer Van Grove, "New Industry Piggybacking on Uber, Airbnb," *San Diego Union Tribune*, August 8, 2015, http://www.sandiegouniontribune.com/news/2015/aug/08/pillow-zendrive-breezee-sharing-startups/.
4. Catherine Clifford, "By 2017, the App Market Will Be a $77 Billion Industry," *Entrepreneur*, August 26, 2014, http://www.entrepreneur.com/article/236832.
5. Charlie Wells, "Piggybackers' Hitch Themselves to Airbnb, Uber," *Wall Street Journal*, February 18, 2015, http://www.wsj.com/articles/piggybackers-hitch-themselves-to-airbnb-uber-1424305849.

Says CEO Ben Silbermann," *All Things D*, October 20, 2012, http://allthingsd.com/20121020/the-secret-behind-pinterests-growth-was-marketing-not-engineering-says-ceo-ben-silbermann/.

47. この枠組みの基礎となったインサイトは，アプリコのグレッグ・バトル社長による．
48. Ramana Nanda and Liz Kind, "AngelList," Harvard Business School Case 814-036, September 2013 (2013 年 11 月改訂).
49. 以下に基づく . "List of Wikipedias," September 2015, https://meta.wikimedia .org/wiki/List_of_Wikipedias.
50. Michael Mandiberg, "7,473 Volumes at 700 Pages Each: Meet Print Wikipedia," *Wikimedia Blog*, June 19, 2015, http://blog.wikimedia.org/2015/06/19 /meet-print-wikipedia/.
51. Andrew Lih, *The Wikipedia Revolution: How A Bunch of Nobodies Created The World's Greatest Encyclopedia* (New York: Hyperion, 2009).［アンドリュー・リー『ウィキペディア・レボリューション――世界最大の百科事典はいかにして生まれたか』千葉敏生訳，早川書房，2009 年］
52. 2013 年の SXSW で開かれたパネルディスカッションでの発言．
53. "Episode 45—Ryan Fujiu, Product Lead on Lyft's Growth Team," *500 Startups Podcast*, http://www.stitcher.com/podcast/500-startups/e/episode-45-ryan-fujiu-product-lead-on-lyfts-growth-team-35017106.

第8章　なぜプラットフォームは失敗するのか、どうすれば失敗を避けられるのか

1. Ty McMahan, "Sequoia to Color Labs: Not Since Google Have We Seen This," *Wall Street Journal*, Venture Capital Dispatch, March 11, 2011, http://blogs.wsj.com/venturecapital/2011/03/24/sequoia-to-color-labs-not-since-google-have-we-seen-this/.
2. 以下から引用．Jefferson Graham, "Color App for iPhone Lets Others Peek at Your Photos, Video," *USA Today*, March 23, 2011, http://usatoday30.usatoday.com/tech/news/2011-03-23-iphone-photo-sharing.htm.
3. 以下から引用．Danielle Sacks, "Bill Nguyen: The Boy in the Bubble," *Fast Company*, October 19, 2011, http://www.fastcompany.com/1784823/bill-nguyen-the -boy-in-the-bubble.
4. Mike Melanson, "Color CEO: The Tech Justifies the $41 Million," *readwrite*, March 24, 2011, http://readwrite.com/2011/03/24/color_ceo_the _tech_justifies_the_41_million.
5. 以下から引用．Sacks, "Bill Nguyen."
6. Melanson, "Color CEO"; Claire Cain Miller, "Investors Provide Millions to Risky Startups," *New York Times*, June 20, 2011, http://www.nytimes.com/2011/06/20/technology/20color.html.
7. Adrian Chen, "Extremely-Hyped Startup Fails to Live Up to Extreme Hype," *Gizmodo*, http://gizmodo.com/5813600/extremely-hyped-startup-fails-to-live-up-to-extreme-hype.
8. Robert Scoble, "Why Color's Bad First Experience Will Always 'Color' This Company

31. Seth Fiegerman, "Inside the Failure of Google+, a Very Expensive Attempt to Unseat Facebook," *Mashable*, August 2, 2015, http://mashable.com/2015/08/02/google-plus-history/.
32. 「逆ネットワーク効果」という表現は，以下から拝借した．Bernard Lunn, "Is There a Reverse Network Effect with Scale?" *readwrite*, March 16, 2009, http://readwrite.com/2009/03/16/is_there_a_reverse_network_effect_with_scale.
33. Kevin Maney, "'First Mover Advantage' No Longer an Advantage," *USA Today*, July 18, 2001.
34. Steve Blank, "Steve Blank: Here's Why the First-Mover Advantage Is Extremely Overrated," *Business Insider*, October 19, 2010, http://www.businessinsider.com/steve-blank-first-mover-advantage-overrated-2010-10.
35. 詳細は以下を参照．David S. Evans, "Governing Bad Behavior by Users of Multi-Sided Platforms," *Berkeley Technology Law Journal* 27, no. 2 (Fall 2012).
36. Angwin, *Stealing Myspace*.
37. Xu Lin, "First Impressions Count," *China Daily*, http://www.chinaculture.org/chineseway/2012-05/17/content_433892.htm,（2015年6月アクセス）
38. Nancy Jo Sales, "Tinder and the Dawn of the "Dating Apocalypse," *Vanity Fair*, August 31, 2015, http://www.vanityfair.com/culture/2015/08/tinder-hook-up-culture-end-of-dating.
39. Julia Greenberg, "Tinder Completely Freaked Out on Twitter," *Wired*, August 11, 2015 http://www.wired.com/2015/08/tinder-completely-freaked-twitter/.
40. これらのコメントは，ザッカーバーグがYコンビネーターのスタートアップスクール（2009～2013年）で話した内容から引用．動画は以下で閲覧可能．https://www.youtube.com/user/siwuzzz/videos.
41. Nick Summers, "Facebook's 'Porn Cops' Are Key to Its Growth," *Newsweek*, April 30, 2009, http://www.newsweek.com/facebooks-porn-cops-are-key-its-growth-77055.
42. 詳細は以下を参照．danah boyd, "White Flight in Networked Publics? How Race and Class Shaped American Teen Engagement with MySpace and Facebook," in *Race after the Internet*, ed. Lisa Nakamura and Peter A. Chow-White (New York: Routledge, 2011).
43. Tim Arango, "Hot Social Networking Site Cools as Facebook Grows," *New York Times*, January 11, 2011, http://www.nytimes.com/2011/01/12/technology/internet/12myspace.html?_r=0.
44. Shane McGlaun, "Microsoft Spends 1 Billion on Exclusive Xbox One Games," *Dailytech*, May 30, 2013, http://www.dailytech.com/Microsoft+Spends+1+Billion+on+Exclusive+Xbox+One+Games/article31656.htm.
45. Josh Halliday, "Twitter Founders Launch Two New Websites, Medium and Branch," *Guardian* (UK), August 15, 2012, http://www.theguardian.com/technology/blog/2012/aug/15/twitter-founders-new-branch-medium.
46. Liz Gannes, "The Secret Behind Pinterest's Growth Was Marketing, Not Engineering,

13. danah boyd, "None of This Is Real: Identity and Participation in Friendster," in *Structures of Participation in Digital Culture*, ed. Joe Karaganis (New York: Social Science Research Council, 2007).
14. Chafkin, "How to Kill a Great Idea."
15. Angwin, *Stealing Myspace*; Stuart Dredge, "MySpace—What Went Wrong: 'The Site Was a Massive Spaghetti-Ball Mess,'" *Guardian* (UK), March 6, 2015, http://www.hitc.com/en-gb/2015/03/07/myspace-what-went-wrong-the-site-was-a-massive-spaghetti-ball-me/.
16. Angwin, *Stealing Myspace.*
17. Felix Gillette, "The Rise and Inglorious Fall of Myspace," *Bloomberg Business*, June 22, 2011, http://www.bloomberg.com/bw/magazine/content/11_27/b4235053917570.htm#p2.
18. 前記からの引用.
19. 同上.
20. Kirkpatrick, *The Facebook Effect.*
21. Carolyn, "Welcome to Facebook Everyone," Facebook note, September 26, 2006, https://www.facebook.com/notes/facebook/welcome-to-facebook-everyone/2210227130.
22. Rob Hof, "Facebook Declares New Era for Advertising," *Bloomberg Business*, November 6, 2007, http://www.businessweek.com/the_thread/techbeat/archives/2007/11/facebook_declar.html.
23. "Number of Active Users at Facebook over the Years," Associated Press, May 1, 2013, http://finance.yahoo.com/news/number-active-users-facebook-over-years-214600186—finance.html.
24. たとえばザッカーバーグは2012年のインタビューで，フェイスブックが拡大を急がなかったこと（まずハーバードでだけスタートして，少しずつ大学を増やした）が，最終的な成功に大きく貢献したと語っている.「フェイスブックは100万人のユーザーを獲得するのに1年かかったが，私たちはとてつもないスピードだと思っていた」とザッカーバーグは言う.「時間をかけたことが，結果的に大きな助けになったと思う」. Mark Zuckerberg at Startup School 2012," YouTube, October 25, 2013, https://www.youtube.com/watch?v=5bJi7k-y1Lo.
25. Luz Lazo, "Uber Turns 5, Reaches 1 Million Drivers and 300 Cities World- wide. Now What?" *Washington Post*, June 4, 2015, https://www.washingtonpost.com/news/dr-gridlock/wp/2015/06/04/uber-turns-5-reaches-1-million-drivers-and-300-cities-worldwide-now-what/.
26. Kirkpatrick, *The Facebook Effect.*
27. Angwin, *Stealing Myspace.*
28. Gillette, "The Rise and Inglorious Fall of Myspace."
29. 同上.
30. ただしそれは，数年後にフェイスブックが登場して，オーカットのお膝元を打ち砕くまでのこと．グーグルは2014年にオーカットを完全に閉鎖した.

27. Bilton, *Hatching Twitter*.
28. プラットフォームのモデリングサービスの詳細は，以下のアプリコのウェブサイトで入手可能．http://www.applicoinc.com/services/.

第7章 ネットワークに仕事を任せよう

1. Nick Bilton, "The Surreal World of Chatroulette," *New York Times*, February 20, 2010, http://www.nytimes.com/2010/02/21/weekinreview/21bilton.html.
2. Sam Anderson, "The Human Shuffle," *New York*, February 5, 2010, http://nymag.com/news/media/63663/.
3. Michelle Kessler, "Webcam 'Chatroulette' Generates Conversation—and Controversy," *USA Today*, February 23, 2010, http://content.usatoday.com/communities/technologylive/post/2010/02/webcam-chatroulette-generates-conversation—and-controversy/1#.VpbDF4QnaHk.
4. Michael Arrington, "Chatroulette Enlists Shawn Fanning in the Fight against the Masturbators," *TechCrunch*, June 13, 2010, http://techcrunch.com/2010/06/13/chatroulette-enlists-shawn-fanning-in-the-fight-against-the-masturbators/.
5. Erick Schonfeld, "Chatroulette Quadruples to 4 Million Visitors in February," *TechCrunch*, March 29, 2010, http://techcrunch.com/2010/03/29/chatroulette-4-million-visitors/; Andrew Lipsman, "Chatroulette Takes the College Crowd by Storm," *comScore*, March 16, 2010, http://www.comscore.com/ita/Insights/Blog/Chatroulette-Takes-the-College-Crowd-by-Storm; Jennifer Valentino-DeVries and Lauren Goode, "Chatroulette, by the Numbers," *Digits*, March 2, 2010, http://blogs.wsj.com/digits/2010/03/02/chatroulette-by-the-numbers/.
6. Robert J. Moore, "Chatroulette Is 89 Percent Male, 47 Percent American, And 13 Percent Perverts," *TechCrunch*, March 16, 2010, http://techcrunch.com/2010/03/16/chatroulette-stats-male-perverts/.
7. Mary Elizabeth Williams, "R.I.P. Chatroulette, 2009–2010," *Salon*, June 29, 2010, http://www.salon.com/2010/06/29/requiem_for_chatroulette/.
8. "Finding Love Online, Version 2.0," *Bloomberg Business*, June 10, 2003, http://www.bloomberg.com/bw/stories/2003-06-09/finding-love-online-version-2-dot-0.
9. 以下から引用．Julia Angwin, *Stealing Myspace: The Battle to Control the Most Popular Website in America* (New York: Random House, 2009).
10. Fast Company Staff, "A Cautionary Tale," *Fast Company*, May 1, 2007, http://www.fastcompany.com/59447/cautionary-tale.
11. Max Chafkin, "How to Kill a Great Idea," *Inc.*, June 1, 2007, http://www.inc.com/magazine/20070601/features-how-to-kill-a-great-idea.html.
12. Gary Rivlin, "Wallflower at the Web Party" *New York Times*, October 15, 2006, http://www.nytimes.com/2006/10/15/business/yourmoney/15friend.html?pagewanted=2&_r=2.

12. "The Twitter Platform's Inflection Point," *AVC*, April 7, 2010, http://avc.com/2010/04/the-twitter-platform/.
13. Staci D. Kramer, "Bill Gross on Ubermedia, the Power of Twitter and Why He's Acquiring," *Gigaom*, February 12, 2011, https://gigaom.com/2011/02/12/419-bill-gross-on-ubermedia-the-power-of-twitter-and-why-hes-acquiring/.
14. 以下から引用．Juan Carlos Perez, "Twitter Clamps Down on Client Apps," *PC World*, March 11, 2011, http://www.pcworld.com/article/222045/article.html.
15. 以下から引用．Michael Sippey, "Delivering a Consistent Twitter Experience" *Twitter Blogs* (blog), June 29, 2012, https://blog.twitter.com/2012/delivering-consistent-twitter-experience.
16. Yoree Koh, "Only 11% of New Twitter Users in 2012 Are Still Tweeting," *Digits*, March 21, 2014, http://blogs.wsj.com/digits/2014/03/21/new-report-spotlights-twitters-retention-problem/; and Jim Edwards, "The Number of People Actively Using Twitter May Actually Be in Decline," *Business Insider*, April 27, 2015, http://www.businessinsider.com/twitter-users-may-be-in-decline-2015-4?r=UK&IR=T.
17. Nick Bilton, *Hatching Twitter: A True Story of Money, Power, Friendship, and Betrayal* (New York: Portfolio/Penguin, 2013).［ニック・ビルトン『ツイッター創業物語――金と権力、友情、そして裏切り』伏見威蕃訳，日本経済新聞出版社，2014 年］
18. Bill Gurley, "You Don't Have to Tweet to Twitter," *Above the Crowd* (blog), November 15, 2011, http://abovethecrowd.com/2011/11/15/you-dont-have-to-tweet-to-twitter/.
19. "Twitter Boss Admits Firm Is Failing Victims of Trolling," *BBC News*, February 5, 2015, http://www.bbc.com/news/technology-31146659.
20. Alyson Shontell, "Here's What the First Hires at Apple, Google and Other Top Tech Companies Are Doing Now," *Entrepreneur*, November 1, 2014, http://www.entrepreneur.com/article/239115.
21. Jackson, *The PayPal Wars*.
22. 以下から引用．Liz Gannes, "Airbnb Now Wants to Check Your Government ID," *All Things*, April 30, 2013, http://allthingsd.com/20130430/airbnb-now-wants-to-check-your-government-id/.
23. Katie Roof, "Checkr Is Raising $30M+ For Its Background Checking API, Y Combinator Investing," *TechCrunch*, October 13, 2015, http://techcrunch.com/2015/10/13/checkr-series-b/#.e9v15e:kySL.
24. この問題はプラットフォームに限ったことではなく，どんなビジネスにもつきまとう雇用リスクだ．ただ，小規模で中央で管理された直線的ビジネスよりも，巨大な分散型ネットワークのほうが，そのリスクははっきりわかる．
25. Liz Gannes, "After Home-Trashing Incident, Airbnb Builds an In-House Enforcer Team," *All Things*, July 16, 2013, http://allthingsd.com/20130716/after-home-trashing-incident-airbnb-builds-an-in-house-enforcer-team/.
26. 同上．

view/1057/977.
5. David Kirkpatrick, *The Facebook Effect* (New York: Simon and Schuster, 2010).［デビッド・カークパトリック『フェイスブック――若き天才の野望（5億人をつなぐソーシャルネットワークはこう生まれた）』滑川海彦，高橋信夫訳，日経BP社，2011年］
6. 同上.

第6章　見える手

1. この比率は，ウーバーのドライバーと顧客に関する一般に入手可能な限られたデータに基づく概算．とりわけウーバーの資金で作成された研究報告書 Jonathan V. Hall and Alan B. Krueger, "An Analysis of the Labor Market for Uber's Driver-Partners in the United States," January 22, 2015 (http://dataspace.princeton.edu/jspui/bitstream/88435/dsp010z708z67d/5/587.pdf) を，Nitasha Tiku, "Leaked: Uber's Internal Revenue and Ride Re- quest Numbers," *Valleywag*, December 4, 2013, http://valleywag.gawker.com/leaked-ubers-internal-revenue-and-ride-request-number-1475924182 でリークされた顧客数と照合して使用した．また，"Uber Spearheads Growth of the Shared Economy in Mexico," *Global Delivery Report*, July 9, 2014 (http://globaldeliveryreport.com/uber-spearheads-growth-of-the-shared-economy-in-mexico/) も，ドライバーと乗客の比率を約1対8としている．ただし厳密な最新のデータは入手不可能.
2. Tom Cheredar, "Airbnb Admits Gaming Craigslist, Blames Rogue Contractors," *Venture Beat News*, June 2, 2011, http://venturebeat.com/2011/06/02/airbnb-admits-gaming-craigslist/.
3. Alex Moazed, "5 Things You Can Learn From One of Airbnb's Earliest Hustles," *Inc.*, June 30, 2015, http://www.inc.com/alex-moazed/cereal-obama-denver-the-recipe-these-airbnb-hustlers-used-to-launch-a-unicorn.html.
4. Eric M. Jackson, *The PayPal Wars* (Los Angeles: World Ahead, 2004).
5. 同上.
6. Brian X. Chen, "App-Powered Car Service Leaves Cabs in the Dust," *Wired*, April 5, 2011, http://www.wired.com/2011/04/app-stars-uber/all/.
7. "Statistics," YouTube, https://www.youtube.com/yt/press/statistics.html（2015年6月アクセス）
8. クリストス・グッドロウのコメントは以下より引用．Jillian D'Onfro, "The 'Terrifying' Moment in 2012 when YouTube Changed Its Entire Philosophy," *Business Insider*, July 3, 2015, http://www.businessinsider.com/youtube-watch-time-vs-views-2015-7.
9. Eric Meyerson, "YouTube Now: Why We Focus on Watch Time," *YouTube Creator Blog*, August 10, 2012, http://youtubecreator.blogspot.com/2012/08/youtube-now-why-we-focus-on-watch-time.html.
10. "Twitter Usage Statistics," Internet Live Stats, http://www.internetlivestats.com/twitter-statistics/（2015年11月アクセス）
11. David Kirkpatrick, *The Facebook Effect*.

December 8, 2014, http://papers.ssrn.com/sol3/papers.cfm?abstract_id=2524368. なお，E・グレン・ワイルは，かつてアプリコの顧問を務めていた.

12. David Plouffe, "Uber and the American Worker," *Medium*, November 5, 2015, https://medium.com/@davidplouffe/uber-and-the-american-worker-bdd499ec5323#.24uxoctyq.
13. Georgios Zervas, David Prosperio, and John Byers, "The Rise of the Sharing Economy: Estimating the Impact of Airbnb on the Hotel Industry," May 7, 2015, http://papers.ssrn.com/sol3/papers.cfm?abstract_id=2366898.
14. Paul Carsten, "Alibaba's Singles' Day Sales Surge 60 Percent to $14.3 Billion," *Reuters*, November 11, 2015, http://www.reuters.com/article/us-alibaba-singles-day-idUSKCN0SZ34J20151112.
15. 中国農村部におけるタオバオ村の存在については，以下の 2014 年の報道などを参照. Eunice Yoon, "Inside a Taobao Village," CNBC, September 17, 2014, http://www.cnbc.com/2014/09/17/inside-a-taobao-village.html. タオバオ村の増加については，以下などを参照. Xu Wenwen, "'Taobao Villages' Soar Past 200," *Shanghai Daily*, December 30, 2014, http://www.shanghaidaily.com/hangzhou/Taobao-Villages-soar-past-200/shdaily.shtml.
16. なお，これは無制約の規制緩和と「自由貿易」を主張するものではない. 第 5 章で述べるように，プラットフォームが価値を生み出すうえでは，取引を円滑化する市場を構築するルールと基準を策定することが重要になる.
17. Tim Wu, "In the Grip of the New Monopolists," *Wall Street Journal*, November 13, 2010, http://www.wsj.com/articles/SB10001424052748704635704575604993311538482
18. 以下を参照. Fred Vogelstein, *Dogfight: Apple and Google Went to War and Started a Revolution* (New York: Sarah Crichton Books, 2013).［フレッド ボーゲルスタイン『アップル vs. グーグル――どちらが世界を支配するのか』依田卓巳訳，新潮社，2013 年］

第 5 章　ビリオンダラー企業をデザインする

1. 以下から引用. Jana Kasperkevic, "Airbnb Founder: Best Way to Get Inside Your Customers' Heads," *Inc.*, May 3, 2013, http://www.inc.com/jana-kasperkevic/joe-gebbia-airbnb-99u-empathize-users-storyboard-their-experience.html.
2. ここでは異性愛者の例を挙げたが，これらのプラットフォームはすべて同性愛者も利用可能. ここで異性愛者を例にしたのは，こうした企業に関する記事や統計のほとんどがそうしているからにすぎない. しかしわれわれの経験では，同性愛カップルであろうが異性愛カップルであろうが，OK キューピッドのようなプラットフォームの状況はさほど変わらない. つまり多くのユーザーにはメッセージが殺到する一方で，まったく返事がこないユーザーもいる.
3. Tomasz Tunguz, "If You Chase Two Rabbits . . . ," *Tomasz Tunguz* (blog), July 28, 2015, http://tomtunguz.com/if-you-chase-two-rabbits/.
4. Lada A. Adamic, Orkut Buyukkokten, and Eytan Ada, "Orkut: A Social Network Caught in the Web," *First Monday* 8, no. 6 (June 2003), http://firstmonday.org/article/

14. この考え方は，以下の研究でも裏付けられている．Libert, Wind, and Fenley, "What Airbnb, Uber, and Alibaba Have in Common."
15. 一つめの引用は以下より．Dennis Schaal, "Interview: OpenTable CEO on How Its Game Changes within Priceline," *Skift*, September 29, 2014, http://skift.com/2014/09/29/interview-opentable-ceo-on-how-its-game-changes-within-priceline/. 二つめの引用は以下より．"OpenTable CEO Matt Roberts Talks Restaurants_," July 11, 2012. YouTube, https://www.you tube.com/watch?v=BJy3wrjzLJk.
16. Ellen Huet, "What Really Killed Homejoy? It Couldn't Hold on to Its Customers," *Forbes*, July 23, 2015, http://www.forbes.com/sites/ellenhuet/2015/07/23/what-really-killed-homejoy-it-couldnt-hold-onto-its-customers/.
17. Mae Anderson, "Amazon Launches Etsy Rival 'Handmade At Amazon,'" Associated Press, October 8, 2015, http://www.huffingtonpost.com/entry/handmade-at-amazon_561668d1e4b0e66ad4c689ca.

第4章　現代の独占

1. 2014年7月25日のMITのプラットフォーム戦略サミットにおける曽鳴のコメント．
2. 以下から引用．Chris Nuttall and Mure Dickie, "Ebay's Strategy in China Shattered," *Financial Times*, December 19, 2006, http://www.ft.com/intl/cms/s/0/7d963794-8f8b-11db-9ba3-0000779e2340.html#axzz3j7J7sRPL.
3. 以下から引用．Porter Erisman, *Crocodile in the Yangtze: The Alibaba Story* (Talus-Wood Films, 2012).
4. Porter Erisman, *Alibaba's World: How a Remarkable Chinese Company is Changing the Face of Global Business* (New York: Palgrave Macmillan, 2015).［ポーター・エリスマン『アリババ――中国eコマース覇者の世界戦略』黒輪篤嗣訳，新潮社，2015年］
5. 以下から引用．Helen H. Wang, "How EBay Failed in China," *Forbes*, September 12, 2010, http://www.forbes.com/sites/china/2010/09/12/how-ebay-failed-in-china/.
6. "Standard Oil Company and Trust," *Encyclopaedia Britannica*, http://www.britannica.com/topic/Standard-Oil-Company-and-Trust.
7. Zeng, MIT Platform Strategy Summit.
8. Josh Dawsey, "War With Uber Hurt de Blasio with Allies," *Wall Street Journal*, July 30, 2015, http://www.wsj.com/articles/war-with-uber-hurt-de-blasio-with-allies-1438304186.
9. Edward T. Walkers, "The Uberization of Activism," *New York Times*, August 6, 2015, http://www.nytimes.com/2015/08/07/opinion/the-uber-ization-of-activism.html
10. カラニックは同年，テッククランチのイベントで話した．動画は以下で閲覧可能．http://techcrunch.com/2012/09/12/ceo-travis-kalanick-says-uberx-numbers-are-probably-at-or-above-lyft/.
11. 以下などを参照．E. Glen Weyl and Alexander White, "Let the Right 'One' Win: Policy Lessons from the New Economics of Platforms," *Social Science Research Network*,

fredwilson/status/494485051607089153.

2. この話と関連する引用はすべて以下より．"The Dentist Office Software Story," *AVC* (blog), July 30, 2014, http://avc.com/2014/07/the-dentist-office-software -story/.
3. 以下から引用．Sramana Mitra, *Billion Dollar Unicorns: Entrepreneur Journeys* (Amazon Digital Services, 2014), Kindle eBook.
4. Brian Horowitz, "EHR Adoption to Hit 80 Percent in Health Care Market by 2016: IDC," *eWeek*, June 1, 2012, http://www.eweek.com/c/a/Health-Care-IT/EHR-Adoption-to-Hit-80-Percent-in-Health-Care-Market-by -2016-IDC-515677.
5. "Telehealth Companies See Investor Funding Jump in 2014—The Doctor is Always In," *CB Insights* (blog), August 17, 2014, https://www.cbinsights.com/blog/telehealth-financing-record/.
6. Erin McCann, "Google Testing Telehealth Waters," *HealthCare IT News*, October 13, 2014, http://www.healthcareitnews.com/news/google-testing-telemedicine-waters.
7. Bill Gurley, "All Revenue Is Not Created Equal: The Keys to the 10X Revenue Club," *Above the Crowd* (blog), May 24, 2011, http://abovethecrowd.com/2011/05/24/all-revenue-is-not-created-equal-the-keys-to-the-10x-revenue-club/.
8. Josh Constine, "Facebook Beats in Q2 with $4.04B Revenue, User Growth Slows to 3.47% QOQ to Hit 1.49B," *TechCrunch*, July 29, 2015, http://techcrunch.com/2015/07/29/facebook-earnings-q2-2015/
9. この計算は 2015 年 6 月現在一般に入手可能な市場データに基づく．
10. 以下などを参照．Talia Goldberg and Jeremy Levine, "Valuations: What Is Happening and Does It Matter?," *Slideshare*, February 2015, http://www.slideshare.net/taliagold/valuation-presentation-blog-version; Boris [Wertz], "How We Determine Valuations for Marketplaces," *Version One*, July 20, 2015, http://versionone.vc/how-we-determine-valuations-for-marketplaces/; Barry Libert, Yoram Wind, and Megan Beck Fenley, "What Airbnb, Uber, and Alibaba Have in Common," *Harvard Business Review*, November 20, 2014, https://hbr.org/2014/11/what-airbnb-uber-and-alibaba-have-in-common.
11. S&P500 種の全データは、2014 年第 3 四半期時点の一般に入手可能な市場データで計算．S&P500 種に含まれる純粋なプラットフォーム企業 10 社の純利益を計算し，その合計を S&P500 種の全構成企業の純利益の合計と比較．その割合を，アプリコのトレンドラインに基づき算出した，向こう 25 年間の S&P500 種に占めるプラットフォーム企業数に当てはめた．
12. ユニコーン企業に関するデータは 2015 年 7 月 29 日時点のもので，CB インサイトのユニコーン・リスト (https://www.cbinsights.com/research-unicorn-companies) と，ウォール・ストリート・ジャーナル紙の記事 "Billion-Dollar Startup Club" (http://graphics.wsj.com/billion-dollar-club/) ならびにアプリコの独自調査に基づく．
13. IDC, "Worldwide Smartphone Shipments Increase 25.2% in the Third Quarter with Heightened Competition and Growth beyond Samsung and Apple, Says IDC," press release, October 29, 2014, http://www.idc.com/getdoc.jsp?containerId=prUS25224914.

6. Ronald Coase, "The Institutional Structure of Production," in Nobel Lectures, *Economics 1991-1995*, ed. Torsten Persson (Hackensack, NJ: World Scientific Publishing, 1997).
7. Martin Reeves, George Stalk, and Filippo L. Scognamiglio Pasini, "BCG Classics Revisited: The Experience Curve," *BCG Perspectives*, May 28, 2013, https://www.bcgperspectives.com/content/articles/growth_business_unit_strategy_experience_curve_bcg_classics_revisited/.
8. Oskar Lange, "The Computer and the Market," in *Socialism, Capitalism and Economic Growth: Essays Presented to Maurice Dob*, ed. C. F. Feinstein (Cambridge, UK: Cambridge University Press, 1967).
9. このエピソードと百科事典ビジネスの詳細は，以下の名著から引用．Philip Evans and Thomas S. Wurster, *Blown to Bits: How the New Economics of Information Transforms Strategy* (Boston, MA: *Harvard Business Review* Press, 1999).［フィリップ エバンス，トーマス・S. ウースター『ネット資本主義の企業戦略――ついに始まったビジネス・デコンストラクション』ボストンコンサルティンググループ訳．ダイヤモンド社，1999年］
10. Paul Krugman, "Why Most Economists' Predictions Are Wrong," *Red Herring*, June 1998.
11. SINTEF, "Big Data, for Better or Worse: 90% of World's Data Generated Over Last Two Years," May 22, 2013, *ScienceDaily*, www.sciencedaily.com/releases/2013/05/130522085217.htm.
12. John F. Gantz, Stephon Minton, Vernon Turner, and David Reinsel, "The Digital Universe of Opportunities: Rich Data and the Increasing Value of the Internet of Things," IDC whitepaper, April 2014.
13. 2013年4月12日に北京大学スタンフォードセンターで開かれたフォーラムにおけるアリババの曽鳴の発言より．*Big Data Is the Future of the Internet*, February 21, 2014, https://www.youtube.com/watch?v=yOIkB0mxqxs.
14. マーク・ザッカーバーグの2015年8月27日付フェイスブック投稿より．https://www.facebook.com/zuck/posts/10102329188394581.
15. 以下のアリババの四半期決算書による。"Alibaba Group Announces March Quarter 2015 and Full Fiscal Year 2015 Results," May 7, 2015, http://www.alibabagroup.com/en/news/press_pdf/p150507.pdf.
16. Peter Thiel with Blake Masters, *Zero to One: Notes on Startups, or How to Build the Future* (New York: Crown Business, 2014).［ピーター・ティール，ブレイク・マスターズ『ゼロ・トゥ・ワン――君はゼロから何を生み出せるか』瀧本哲史訳，関美和訳，NHK出版，2014年］.
17. Edward Tse, *China's Disruptors: How Alibaba, Xiaomi, Tencent, and Other Companies are Changing the Rules of Business* (New York: Penguin, 2014).

第3章　限界費用ゼロの会社

1. フレッド・ウィルソンの2014年6月30日付ツイートより．https://twitter.com/

8. 以下などを参照. David Goldman, "10 Big Dot-Com Flops," *CNN Money*, November 6, 2015, http://money.cnn.com/gallery/technology/2015/03/02/dot-com-flops/index.html.
9. Adam Cohen, *The Perfect Store: Inside eBay* (New York: Little, Brown, 2002).
10. Julia Ferris, Dr. Mike Goldsmith, Ian Graham, Sally MacGill, Andrea Mills, Isabel Thomas, and Matt Turner, *Big Ideas that Changed the World: Incredible Inventions and the Stories behind Them* (New York: DK Publishing, 2010). [ジュリー・フェリスほか『発明大図鑑――ひらめきが世界を変えた!』奥沢朋美, おおつかのりこ訳, 児玉敦子訳, 岩崎書店, 2011年]
11. Cohen, The Perfect Store.
12. 同上.
13. Daniel Gross, "My eBay Job," *Slate*, May 21, 2008, http://www.slate.com/articles/business/moneybox/2008/05/my_ebay_job.html.
14. Cohen, *The Perfect Store.*
15. "The World's Most Valuable Brands," *Forbes*, http://www.forbes.com/powerful-brands/list.
16. Red Hat finance information, Google Finance, https://www.google.com/finance?q=NYSE:RHT.
17. Rip Empson, "Led by Former Microsofties, GitHub Brings the Party to Enterprise with New Windows Client," *TechCrunch*, May 21, 2012, http://techcrunch.com/2012/05/21/github-launches-windows-client/.
18. アプリコのギットハブは以下で閲覧可能. https://github.com/applico.
19. GitHub statistics, CrunchBase, https://www.crunchbase.com/organization/github.
20. Cade Metz, "How GitHub Conquered Google, Microsoft, and Everyone Else," *Wired*, March 12, 2015, http://www.wired.com/2015/03/github-conquered-google-microsoft-everyone-else/.
21. 詳細はアプリコのオープンソースプラットフォームのデータベースを参照. www.platforminnovation.com

第2章　ハイエク対コンピューター

1. 以下から引用. Paul Boag, "Are We Thinking about Digital All Wrong?," *Smashing Magazine*, March 14, 2014, http://www.smashingmagazine.com/2014/03/14/are-we-thinking-about-digital-all-wrong/.
2. スウェーデン王立科学アカデミーのプレスリリース(1975年10月14日付)http://www.nobelprize.org/nobel_prizes/economic-sciences/laureates/1975/press.html.
3. Friedrich Hayek, *Individualism and the Economic Order* (Chicago, IL: University of Chicago Press, 1948). [『個人主義と経済秩序』ハイエク全集1-3, 嘉治元郎訳, 嘉治佐代訳, 春秋社, 2008年].
4. 同上.
5. この比喩は, マイクロソフトのシニアリサーチャーであるE・グレン・ワイルのもの.

and Mail, March 31, 2009, http://www.theglobeandmail.com/technology/with-new-blackberry-rim-ramps-up-smart-phone-war/article1065647/.
14. "iPhone App Store Downloads Top 10 Million in First Weekend," press re- lease, July 14, 2008, http://www.apple.com/pr/library/2008/07/14iPhone-App-Store-Downloads-Top-10-Million-in-First-Weekend.html.
15. Zach Spear, "App Store Daily Download Rates Now Double December Volumes," *Apple Insider*, January 16, 2009, http://appleinsider.com/articles/09/01/16/app_store_daily_download_rates_now_double_december_volumes.html.
16. App Store and Google Play statistics can be found at http://www.statista.com.
17. 以下から引用. Erick Shonfeld, "RIM CEO Jim Balsillie To Steve Jobs: 'You Don't Need An App For The Web,'" *TechCrunch*, November 16, 2010, http://techcrunch.com/2010/11/16/rim-ceo-balsillie-jobsapp-web/.
18. John Gruber, "WWDC 2007 Keynote News," June 11, 2007, http://daringfireball.net/2007/06/wwdc_2007_keynote.
19. 以下から引用. Jonathan S. Geller, "Open Letter to BlackBerry Bosses: Senior RIM Exec Tells All as Company Crumbles Around Him," June 30, 2011, http://bgr.com/2011/06/30/open-letter-to-blackberry-bosses-senior-rim-exec-tells-all-as-company-crumbles-around-him/.
20. 以下から引用. Hicks, "Research, No Motion."

第1章　プラットフォームが世界を食い尽くす

1. Marc Andreessen, "Why Software is Eating the World," *Wall Street Journal*, August 20, 2011, http://www.wsj.com/articles/SB10001424053111903480904576512250915629460.
2. Danny Wong, "In Q3, Facebook Drove 4X More Traffic than Pinterest," *Shareaholic Reports*, October 27, 2014, https://blog.shareaholic.com/social-media-traffic-trends-10-2014/.
3. Henry Blodget, "Google's Crash Took 40% of Internet Traffic Down with It," *Business Insider*, August 18, 2013, http://www.businessinsider.com/google-goes-down-2013-8.
4. "Top Sites in the United States," Alexa.com, http://www.alexa.com/topsites/countries/US.
5. Brenda Goh, "Chinese Rivals Snap at Alibaba's Heels in Cross-Border e-Commerce Race," *Reuters*, February 25, 2015, http://www.reuters.com/article/us-china-retail-internet-idUSKBN0LT2FK20150226.
6. Cecilia, "Yu'E Bao Exceeded 578.9 Bln Yuan in 2014," *China Internet Watch*, January 7, 2015, http://www.chinainternetwatch.com/11837/yue-baos-2014/.
7. W. Brian Arthur, *Increasing Returns and Path Dependence in the Economy* (Ann Arbor: University of Michigan Press, 1994).〔W. ブライアン・アーサー『収益逓増と経路依存——複雑系の経済学』有賀裕二訳，多賀出版，2003 年〕

原注

以下に引用記載のないコメントは，著者とのインタビューまたは直接の会話による．

プロローグ　燃えるプラットフォーム

1. 以下から引用．Andrew Hill, "Inside Nokia: Trying to Revive a Giant," *Financial Times*, April 11, 2011, http://www.ft.com/intl/cms/s/0/20137ef0-6480-11e0-a69a-00144feab49a.html#axzz417XSTdSN.
2. "Full Text: Nokia CEO Stephen Elop's 'Burning Platform' Memo," *Wall Street Journal*, February 9, 2011, http://blogs.wsj.com/tech-europe/2011/02/09/full-text-nokia-ceo-stephen-elops-burning-platform-memo/.
3. 以下から引用．Andrew Hill, "Inside Nokia: Rebuilt from Within," *Financial Times*, April 13, 2011, http://www.ft.com/intl/cms/s/0/9ec857b6-65f7-11e0-9d40-00144feab49a.html#axzz3wUbbzzoW.
4. Ritsuko Ando and Bill Rigby, "Microsoft Swallows Nokia's Phone Business for $7.2 Billion," *Reuters*, September 3, 2013, http://www.reuters.com/article/us-microsoft-nokia-idUSBRE98202V20130903.
5. Donald Melanson, "Fortune Names RIM Fastest Growing Company in the World," *Engadget*, August 18, 2009, http://www.engadget.com/2009/08/18/fortune-names-rim-fastest-growing-company-in-the-world/.
6. 以下から引用．Charles Arthur, "RIM Chiefs Mike Lazaridis and Jim Balsillie's Best Quotes," *Guardian* (UK), June 29, 2012, http://www.theguardian.com/technology/2012/jun/29/rim-chiefs-best-quotes.
7. 以下から引用．Al Sacco, "RIM's CEO: What Went Wrong and Where Black- Berry Goes from Here," *InfoWorld*, July 10, 2012, http://www.infoworld.com/article/2617392/blackberry/rim-s-ceo—what-went-wrong-and-where-blackberry-goes-from-here.html.
8. 以下から引用．Jesse Hicks, "Research, No Motion: How the BlackBerry CEOs Lost an Empire," *The Verge*, February 21, 2012, http://www.theverge.com/2012/2/21/2789676/rim-blackberry-mike-lazaridis-jim-balsillie-lost-empire.
9. 以下から引用．Ian Austen, "Research In Motion Eyes a Rebound," *New York Times*, April 10, 2011, http://www.nytimes.com/2011/04/11/technology/companies/11rim.html?_r=0.
10. Andy Rubin, "Where's My Gphone?," November 5, 2007, https://googleblog.blogspot.com/2007/11/wheres-my-gphone.html.
11. Jim Dalrymple, "Apple Reaches iPhone Goal, Reports $1.14B Profit," *Mac-world*, October 22, 2008, http://www.macworld.com/article/1136282/appleearnings.html.
12. "Apple Reports Fourth Quarter Results," press release, October 21, 2008, https://www.apple.com/pr/library/2008/10/21Apple-Reports-Fourth -Quarter-Results.html.
13. Matt Hartley, "With New BlackBerry, RIM Ramps Up Smart-phone War," *Globe*

索引

[著者]

アレックス・モザド
Alex Moazed

アプリコの創業者・CEO。モバイル技術とプラットフォーム技術の専門家。ブルームバーグ、CNBC、FOX にコメンテーターとして出演。Inc. 誌、ウォール・ストリート・ジャーナル紙、ニューヨーク・タイムズ紙に紹介記事が掲載された。非営利の開発者支援団体「アプリケーション・デベロッパーズ・アライアンス」の共同創設者でもある。

ニコラス・L・ジョンソン
Nicholas L. Johnson

アプリコのプラットフォーム責任者としてアプリコのプラットフォーム研究を統括。クライアントのビジネスモデル設計や最先端プラットフォーム構築を支援する。アプリコに加わる前は、著名シンクタンクの新経済思考研究所（INET）でエディターを務め、INET 顧問のノーベル経済学賞受賞者 6 人とも仕事をした。

[訳者]

藤原朝子
Tomoko Fujiwara

学習院女子大学非常勤講師。訳書に『シリア難民――人類に突きつけられた 21 世紀最悪の難問』（ダイヤモンド社）、『未来のイノベーターはどう育つのか――子供の可能性を伸ばすもの・つぶすもの』（英治出版）など。慶大卒。

● 英治出版からのお知らせ

本書に関するご意見・ご感想を E-mail（editor@eijipress.co.jp）で受け付けています。
また、英治出版ではメールマガジン、Web メディア、SNS で新刊情報や書籍に関する記事、イベント情報などを配信しております。ぜひ一度、アクセスしてみてください。

メールマガジン：会員登録はホームページにて
Web メディア「英治出版オンライン」：eijionline.com
ツイッター：@eijipress
フェイスブック：www.facebook.com/eijipress

プラットフォーム革命

経済を支配するビジネスモデルはどう機能し、どう作られるのか

発行日	2018 年 2 月 10 日 第 1 版 第 1 刷 2021 年 8 月 15 日 第 1 版 第 6 刷
著者	アレックス・モザド、ニコラス・L・ジョンソン
訳者	藤原朝子（ふじわら・ともこ）
発行人	原田英治
発行	英治出版株式会社 〒150-0022 東京都渋谷区恵比寿南 1-9-12 ピトレスクビル 4F 電話 03-5773-0193 FAX 03-5773-0194 http://www.eijipress.co.jp/
プロデューサー	高野達成
スタッフ	藤竹賢一郎 山下智也 鈴木美穂 下田理 田中三枝 安村侑希子 平野貴裕 上村悠也 桑江リリー 石﨑優木 山本有子 渡邉吏佐子 中西さおり 関紀子 片山実咲
印刷・製本	大日本印刷株式会社
校正	小林伸子
装丁	英治出版デザイン室

ISBN978-4-86276-249-8 C0034 Printed in Japan